I hope you enjoy reading as much as I loved writing this book.

all my love

希望你在閱讀這本書時,
能感受到與我寫作時同樣的喜悅。

改變你想法的
101篇文章

101 ESSAYS that will CHANGE the way YOU THINK

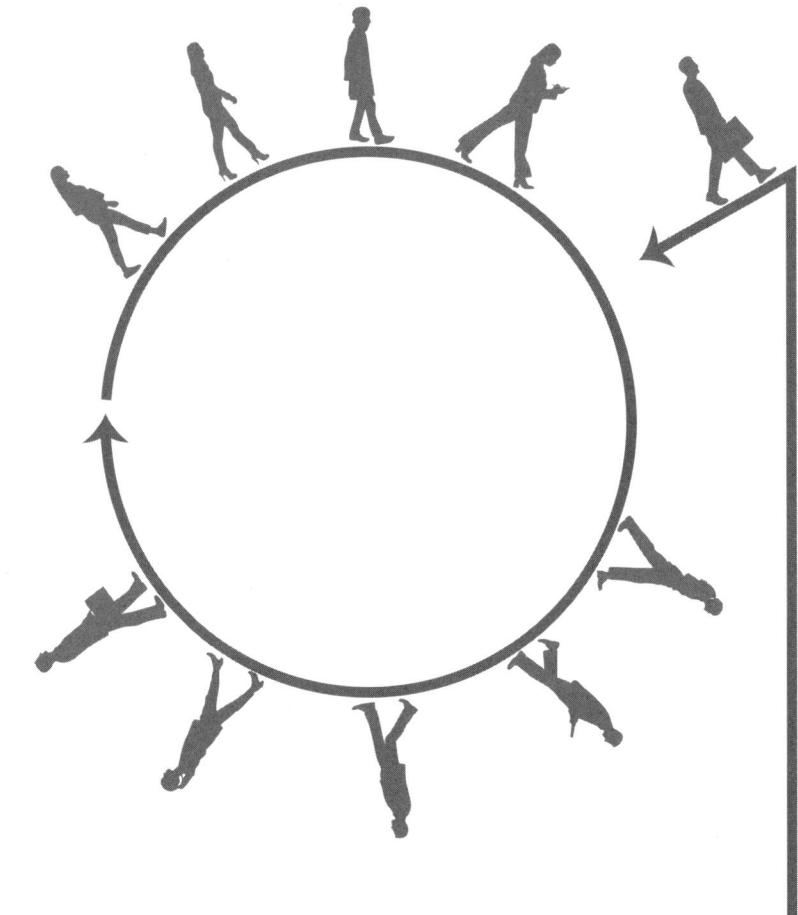

布莉安娜・魏斯特 著
BRIANNA WIEST

朱浩一 譯

〔引言〕
前所未有的思考方式

　　哈拉瑞（Yuval Noah Harari）博士在他的著作《人類大歷史》中解釋，地球上曾經不僅只有智人（Homo sapiens）。事實上，當時可能有多達六種不同類型的人類存在：智人、尼安德塔人、梭羅人、直立人等等。

　　智人能夠存活到今天，而其他人類卻沒有繼續進化，是有其原因的：那就是前額葉皮質。這一點，我們可以從骨骼的結構推斷出來。本質上來說，相較於其他曾經存在的人類，我們有能力進行更複雜的思考，從而能夠組織、培養、教導、實踐、適應，並將一個適合我們生存的世界傳承給下一代。正是因為我們的想像力，讓我們能夠在幾乎可說是一無所有的情況下，打造出今天的地球。

　　從某種意義上來說，「思維創造現實」的這個觀念，不只是一個美好的想法，也是進化的事實。正是因為有了語言和思想，我們才能在自己的腦海中創造出一個世界。而最終，也正是因為有了語言和思想，我們才能進化成為今天的社會——無論是更好還是更壞。

　　幾乎每一位傑出的大師、藝術家、教師、創新者、發明家，以及幸福的普通人，都會以某種類似的方式，去看待自身的成功。世界上許多「登峰造極」的人都明白，要改變自己的生活，就必須先改變自己的想法。

　　正是這些人，向我們傳達了一些歷史最為悠久的傳統智慧：**相信就會成真；想法可以掌控；障礙即是出路**[1]。很多時候，在我們要以一種前所未有的方式去進行思考之前，我們必然會感受到最強烈的不適感。這種新的體悟

1　請參閱：《挫折逆轉勝》（*The Obstacle is the Way*，2024 年，遠流出版）

會創造出一些可能性，而倘若我們不是被迫去學習新的東西，這些可能性是絕對不會存在的。我們的祖先為什麼要發展農業、社會、醫藥等等？是為了生存。我們這個世界現在所具備的各種要素，曾經都只不過是人類用來應對恐懼的手段罷了。

從更理性的角度來看，如果你能有意識地學會將生活中的「問題」視為機遇，讓你可以擁有更深層的理解，進而發展出更好的生活方式，那麼你就會走出痛苦的迷宮，並學習到何謂茁壯成長。

我相信身而為人的根本，就是學習如何思考。從而學習如何去愛、分享、共存、包容、付出、創造等等。我相信我們的最初與首要之務，就是實現我們與生俱來的潛能——為了我們自己，也為了這個世界。

在我寫的所有文字中，都蘊含了一句話：「這個想法改變了我的人生。」因為想要改變人生，就要先改變想法——而這就是改變我人生的第一個想法。

布莉安娜・魏斯特——二〇一六年七月

想要改變人生，就要先改變想法

目錄 CONTENTS

引　言｜前所未有的思考方式　003

第1篇
阻擋夢想的潛意識行為　013

第2篇
習慣的力量　017

第3篇
高情商的人不會做的十件事　021

第4篇
曾經的愛人，是如何又成了陌生人？　024

第5篇
社交智商高的人擁有的十六種特質　026

第6篇
改變的不適感，表示你走對了　031

第7篇
你壓抑的感受說了什麼？　035

第8篇
身體的任何一部份，都不能代表「我」　038

第9篇
你做的比你想的還要好的二十個跡象　040

第10篇
我們如何阻礙自己獲得幸福？　043

第11篇
登頂的快樂　049

第12篇
知行差距：了解你的阻力　051

第13篇
比起內耗更值得去思考的一〇一件事　053

第14篇
二十多歲後就該放棄的期望　061

第15篇
現在的我，想要做什麼？　066

第16篇
八種認知偏差正在形塑你體驗人生的方式　068

第17篇
心理強大的人不會做的事 072

第18篇
我們對情緒的十個主要誤解 075

第19篇
你沒有意識到的小事，正在影響你的身體感受 078

第20篇
享受你擁有的，而不是追逐你沒有的 081

第21篇
不讓非理性想法毀掉人生的一〇二種方法 084

第22篇
自由自在地創作 095

第23篇
一切的發生都是為了幫助你 097

第24篇
讓你沒辦法快樂的就是你自己 099

第25篇
突破困境的三階段 101

第26篇
為了獲得他人的愛而感到疲憊，你應該問自己這個問題 103

第27篇
生命就在此時此地 105

第28篇
「你是誰」以及「人生方向」的十六個問題 107

第29篇
如何知道你的成長比你認為的還要多？ 109

第30篇
你生命中唯一的問題就是你的思考方式 111

第31篇
爭吵的七個層次 115

第32篇
十二個跡象顯示，你受夠了「正常」 117

第33篇
如何不再擔心生命的樣貌？ 120

目錄 CONTENTS

第34篇
為什麼你不應該追求安心感？　124

第35篇
自尊心的六大支柱　126

第36篇
為什麼你應該感謝傷你最深的人？　129

第37篇
停止搞清楚人生　131

第38篇
為心靈排毒（在不需要徹底遠離塵囂的情況下）　133

第39篇
關於生活，你想得太多，做得太少　137

第40篇
激情與理性　140

第41篇
擁有想要的生活之前，你需要了解的一些事　146

第42篇
情緒健康的人具備的十件事　150

第43篇
如何去衡量生活是否美好？　154

第44篇
有一種不使用言語的聲音，就是聆聽　157

第45篇
這些體驗還沒有找到字詞來形容　159

第46篇
自己是自己最大的敵人（而你沒有意識到這件事）　162

第47篇
如果我們看見的是靈魂而非肉身　164

第48篇
你還沒有找到真愛的十六個原因　166

第49篇
如何在今年（真正地）改變你的生活？　171

第50篇
我們是如何迷戀他人的價值觀？　174

第51篇
要如何放掉對一個人的愛？ 178

第52篇
為什麼我們潛意識裡喜歡找自己麻煩？ 180

第53篇
為什麼靈魂需要一個身體？ 182

第54篇
為什麼一定要有時候「什麼都不做」？ 185

第55篇
你還在感情關係中苦苦掙扎嗎？ 189

第56篇
生活中的十六種情緒壓抑 192

第57篇
五十個人分享最解放自我的想法 195

第58篇
你才不過二十多歲，重新開始還不算太晚 202

第59篇
阻礙生命的十七個想法 204

第60篇
如何成為值得擁有你想要的生活的人？ 207

第61篇
我們期望他人做到，卻很少考慮改變自己 211

第62篇
你不用完完全全「愛自己」才值得別人的愛 214

第63篇
還沒找到真愛之前，你需要問的三十個問題 216

第64篇
學習誠實的勇氣 220

第65篇
心碎之必要的七個理由 223

第66篇
為什麼要緊緊抓住那些不適合我們的東西？ 227

第67篇
二十幾歲的你，不應該把時間浪費在這些事情上 229

目錄 CONTENTS

第68篇
練習滿足感　235

第69篇
失去過愛情的人所知道的事　239

第70篇
練習簡單　242

第71篇
十八個提醒，給不知道人生在做什麼的人　244

第72篇
停止自我厭惡　246

第73篇
你不知道人生的下一步時，問自己十個問題　251

第74篇
所謂的放手，並不存在　254

第75篇
你是一本短篇故事集，而非長篇小說　256

第76篇
這個世界正在經歷「認知轉變」　258

第77篇
不去感覺受傷，你就不曾受到傷害　261

第78篇
練習獨處　263

第79篇
如何養育出沒有焦慮問題的下一代？　265

第80篇
為什麼我們都需要痛苦？　267

第81篇
所有的關係，都是你與自己的關係　269

第82篇
關係更緊密的十五個小方法　271

第83篇
你值得擁有更多快樂　274

第84篇
如何獨立思考的八個步驟　276

第85篇
領悟無法回報的愛　278

第86篇
不是每個人都會以你理解的方式來愛你　280

第87篇
如何馴服你內在的惡魔？　282

第88篇
為什麼我們拒絕正向思考？　284

第89篇
不抗拒的哲學　285

第90篇
當你覺得自己不值得被愛的時候　286

第91篇
十五種最常見的認知扭曲　288

第92篇
比身體外貌更重要的一〇一件事　292

第93篇
生活之禪　299

第94篇
健康的社交敏感度　302

第95篇
你唯一擁有的，只有現在　304

第96篇
無腦無念的藝術　306

第97篇
內在的小小聲音　308

第98篇
負面思考也有力量　311

第99篇
療癒焦慮之必要　314

第100篇
停止追逐快樂吧　318

第101篇
最後，你需要知道的事　320

第 1 篇

阻擋夢想的潛意識行為

每一個世代,都存在某種「主流文化」,那是人們會不自覺認定為「真理」或觀念的主導模式。

我們很容易就能找出一九三〇年代德國或一七七六年美國的主流文化。在那些時代、那些地方,何謂「好」或何謂「真理」,其認定方式清清楚楚,即便那些「好」和「真理」,未必是正確無誤。

我們很難客觀地看到現階段的主流文化所帶來的影響,然而一旦你深深地將某種觀念認定為「真理」,那就不再只是「社會文化」或是「主觀看法」。

我們的內心之所以會有這麼多糾結,因為我們過著自己其實並不想要的生活。我們在不知不覺之間,接受了何謂「正常」與「理想」。

任何一種主流文化,往往告訴我們應該為了什麼而活(國家、宗教、自我等)。就如同目前所處的社會中,存在著許多方式,讓我們試圖向前邁進時,卻也搬石頭砸自己的腳。

以下是其中八種最普遍的觀念:

01 | 你相信要創造最美好的生活,關鍵在於決定自己想要什麼,然後努力去追求。但事實上,從心理學的角度來看,你根本無法預測什麼會讓你幸福。[2]

你的大腦只能理解它已知的資訊,所以在你想要了解未來,你會以過

---

2 請參閱:《快樂為什麼不幸福?》(*Stumbling on Happiness*,2006 年,時報出版)

去為藍圖構築一個解決方案或理想目標。如果事情沒有按照你所期望的發展，你會認為自己失敗了，因為你沒有重新創造出自己想要的東西。實際上，你很可能創造了更美好的東西，但它卻是陌生的，因此你的大腦會誤以為它是「不好的」。（這個故事告訴我們：「活在當下」並不是禪宗和悟道者的崇高理想，而是讓生活不被錯覺滲透的唯一方法。你的大腦真正能理解的東西就是當下。）

02｜你會用過去已知的事實來衡量現況，你相信成功就在「前方」，所以會不斷試著記錄生活片段，藉此來判斷自己是否感到幸福。

任何特定時刻，都能用來代表你的人生。因為我們相信，一旦達成各種目標、完成各種事情就會成功。我們用各種標準來衡量現況：我們人生的「完成度」夠高嗎？我們的故事聽起來夠精采嗎？別人會有怎樣的評價？人生就只有這樣而已嗎？但我們忘記了萬事萬物都是過眼雲煙，我們沒有辦法用單一情況來概括整體人生。我們沒有辦法「抵達」任何地方。你唯一的終點就是死亡。實現目標並非成功，你在過程中的成長才是重點。

03｜憑你的「直覺」做出判斷時，你認為快樂是「正面的」，而恐懼和痛苦是「負面的」。

當你要去做一件真心喜愛且願意投入的事情時，你會感到一股巨大的恐懼和痛苦，因為你覺得自己脆弱無助。但負面的感受不應該總是被解讀為阻力，其實這個感受同時顯示你正在挑戰一件令人卻步卻值得一做的事情。真正不想做的話，你其實會對它漠不關心。恐懼＝興趣。

04｜你會在生活裡製造出不必要的問題，因為你害怕真真切切地活著。

習慣在生活裡製造出不必要的麻煩，其實是一種迴避的技巧。這麼做會分散你的注意力，讓你不用去感受到自己的脆弱，或是為你害怕的事情

負起責任。你以為不安源於某個原因，但事實並非如此。你會這麼做，核心在於你害怕做真正的自己，害怕過想要的生活。

05｜你認為要改變信念，就必須換一種新的思考方式，而不是用行動，來驗證自己的想法。

所謂的信念，指的是你某些行動驗證了真實性。如果你想要改變生活，就要先改變信念。如果你想改變信念，那就應該走出去體驗，去驗證那些想法的真實性，而非本末倒置。

06｜你認為「困境」是實現目標的障礙，但其實它們是途徑。

被譽為「哲學家皇帝」的羅馬帝國皇帝馬可‧奧理略（Marcus Aurelius）做了一個很好的總結：「阻礙行動的終會促成行動。阻擋道路的終會成為道路。」簡單來說，遇到「困境」會迫使你採取不同的想法、行為、選擇與行動去解決。「困境」會成為你實現夢想生活的催化劑。它唯一會做的，就是迫使你離開自己的舒適圈。

07｜你認為過去定義了你，更糟的是，你認為這是不可改變的現實，但實際上，你對過去的看法，會隨著你的改變而改變。

我們的經驗總是諸多層面，你可以選擇去想起各種回憶、經驗、感受、一段經歷的「重點」……而你所選擇的，跟你現在的心境有關。很多人會陷入讓過去定義或困擾自己，只因為他們成長得還不夠，還無法意識到過去不僅沒有阻止實現自己想要的生活，其實還反過來促成這件事。當然這不表示我們要忽視或掩蓋令人痛苦或創傷的事件，而是去接納，給它們一個位置，把它們好好安放在你個人的成長故事中。

08｜你發現自己處於憤怒時，你想去改變他人、改變情況、改變事物（或者你只是抱怨／不開心）。大多數負面情緒的反應，是你發現了那個

隱藏的自己。

　　有時候你會因為一些原因，而習慣認定自己是「不好的」，從而壓抑它們，並用盡一切力量不去承認它們的存在，這些部分就是你的「陰影」。在看到別人呈現出這些特質時，你會感到非常憤怒，這並不是你不喜歡這樣的行為，而是你極力想要抵抗並且隱藏自己的「陰影」。你喜愛別人的地方，就是你喜愛自己的地方；你討厭別人的地方，就是你想要切割自己的地方。

第 *2* 篇

習慣的力量

　　歷史上最成功的人，在各自的領域被許多人稱為「天才」、技藝大師，除了天賦之外，還有一個共同點：他們都依循固定（和特定）的日常習慣。

　　你會覺得例行事務枯燥乏味，與你心目中的「美好生活」背道而馳。我們以為幸福來自於尋求「更多」——無論這個「更多」是什麼。但其實，日常習慣，指的並不是你日復一日在同樣的辦公室裡待上同樣的時間。你的日常習慣，可能是每個月去不同的國家旅行，也可以是例行性地打破常規。重點不在於日常習慣的內容是什麼，而是透過重複的動作和可預期的結果，讓你的潛意識變得穩定而安然。

　　無論你希望自己的日常生活裡包含了什麼，那都不重要，重要的是你做出了決定，然後堅持下去。簡而言之，習慣很重要，因為固定的習慣會產生情緒，而情緒又會塑造你「後天」的個性。

　　能真正給我們帶來幸福的事物，都不會只是短暫而即時的滿足，而是引發我們的抗拒、需要我們的犧牲。然而，有一種方法可以消除這種「犧牲感」，那就是把一項苦差事「常態化」，或者用常規來克服自我的抗拒。以上的論述——加上所有其他的理由——說明了日常習慣為什麼這麼重要（而幸福的人往往都更願意依循日常習慣）。

01 | 你的習慣會創造你的情緒，而情緒就是你看待生活的濾鏡。

　　一般人認為情緒是由想法或是壓力——也就是那些突發性的、讓我們

方寸大亂的日常事件——造成的。事實並非如此。因研究人類情緒而享譽國際的心理學家羅伯特・塞耶（Robert Thayer）認為，情緒是由我們的習慣產生的：我們睡眠時間的多寡、我們的移動頻率、我們在想什麼、我們多常去想某件事情等等。重點是，讓我們感到煩躁不安的，是不斷地去經歷某些想法的思維模式，這麼做會強化該想法，讓它看起來更合情合理。

02 | 要學會讓理智來主導你，而不是恐懼或衝動。

未被馴服的心靈，猶如布滿地雷。如果缺乏規範、重心、根基、自制的話，任何雞毛蒜皮的小事，都能讓你誤以為自己想得到那些其實根本就不想要的東西。「今晚我不想要為明天的簡報做準備，我想要出去喝一杯。」這樣的想法，從短期來看似乎沒什麼問題，但從長期來看，卻是糟糕透頂。就為了晚上出去喝杯酒，而搞砸一場超級重要的會議，感覺實在不怎麼值得。學習制定日常習慣，等同於學習引導自己理智地生活，並將所有只能帶來短暫滿足的「垃圾」都拋諸腦後。

03 | 幸福不在於你做了多少，而在於你做得有多好。

「更多」並不代表著「更好」。幸福不是不斷體驗新的事物；而是以嶄新且不同的方式去體驗你已經擁有的。遺憾的是，我們經常被教導應該要用熱情去驅策每一個想法、行動、決定，於是就陷入了一個困境：我們害怕因為做得不「夠多」，而得不到幸福。

04 | 開始規範日常行為後，面對未知，而關閉自己的「戰逃反應」。[3]

這就是為什麼人們很難適應改變，也是為什麼生活規律的人會體驗到這麼多的快樂：簡單來說，因為恐懼本能可以關閉一段很長的時間，讓他

3　譯者註：受到壓力時，身體可能會出現肌肉緊繃、心跳加速等生理反應，讓我們得以選擇「戰鬥」或是「逃跑」，藉此面對危險，這是人類的本能反應。可是這種反應如果出現的時間較長，或經常出現，就會對人體造成損耗。

們得以樂在其中安心地去享受當下。

05｜孩童時期，日常習慣提供我們安全感；成人以後，日常習慣賦予我們目標感。

有趣的是，這兩種感覺比你想像的更相似（至少，它們的源頭是相同的）。這與對未知的恐懼是一樣的：小時候，我們認不得路，更不知道自己為什麼活著？我們未做過的事情會不會很可怕？會不會害我們受傷？長大成人之後，如果能過著規律的生活，我們就能用一個簡單的想法來安慰自己：「我知道該怎麼做，我以前就做過。」

06｜你會感到滿足，因為日常習慣會不斷肯定你做出的決定。

假如你做了決定，要寫一本書，而且你決心不管花多久的時間，每晚都要寫三頁，那麼你肯定的不只是最初的選擇，還有完成此事的能力，這無疑是獲得自我認同最健康的方式。

07｜在你自我規範後，日常習慣將成為你進入「心流」的途徑。[4]

所謂的「心流」（雖然你八成有聽過，但我還是解釋一下），基本上是指，當我們全心投入手邊的事務時，所有的想法或煩惱都會消失，我們徹底活在當下，一心只剩下眼前的事情。你越常訓練身體在不同的時間做出不同的反應——例如早上七點起床，下午兩點開始寫作等等——你就越能因出於習慣而輕鬆且自然地進入心流狀態。

08｜沒有養成規律習慣時，我們就會告訴自己，「恐懼」說明我們正在做錯誤的事情，但其實只意味著我們過度關注結果。

4　請參閱：《心流：高手都在研究的最優體驗心理學》（*Flow: The Psychology of Optimal Experience*，2019 年，行路出版）

生活缺乏規律，是慣性拖延的溫床。這種行為給了我們縫隙和空間，讓我們的潛意識可以說：「好了，你現在可以休息一下了。」而實際上，你要做的事情是有死線的。如果你習慣在那個時候休息一下，就會放縱自己，因為「你已經習慣了」。

第 3 篇

高情商的人不會做的十件事

情緒智商可能是我們社會中最為強大，但價值卻被嚴重低估的特質。

無論是經過長時間的沉思，還是完全不假思索[5]，邏輯和理性是日常生活能夠良好運作的根基，這樣的結論都不會改變。領導者嚴重忽略了社會政治議題中的人為因素，不需要我引用離婚率，你也肯定相信我們總是選擇了錯誤的伴侶（我們也沒有能力維持長期的親密關係）。

我們以為最聰明的做法，就是不帶任何情感。要有效率，你就得成為一台機器，一個運作良好、服膺消費主義、熟悉數位化、沒有自我意識但目標清楚且明確的機器人。這樣的想法讓我們深受其害。

以下是有能力覺察自身感受的人會擁有的習慣。他們知道如何表達、處理、拆解、調整生命經驗，他們清楚知道事件的結果是自制與努力，或是命運、運氣、他人等外部因素。他們是真正的領導者，他們擁有最完整、最真實的生命，我們應該從他們身上得到啟發。以下將列舉十件高情商的人不會做的事情。

01｜他們不會理所當然對某個情況的想法和感覺認為是真實，也不會對最終結果進行任何假設。

他們明白情緒只是一種反應，而不是對正在發生的事情的準確判斷。他們接受這些情緒反應可能跟自身的問題有關，並不一定符合眼前的客觀事實。

5　請參閱：《決斷 2 秒間：擷取關鍵資訊，發揮不假思索的力量》（*Blink: The Power of Thinking Without Thinking*，2015 年，時報出版）

02｜他們的情緒源頭不是來自外部。

他們產生情緒不是因為「別人做了什麼」，也不是「別人需要解決的問題」。他們知道，自己才是一切體驗的最終原因，這讓他們不會掉進消極式憤怒的陷阱，掉進那樣陷阱的人會認為，既然錯誤跟自己無關，總有個人得來搞定這件事。

03｜他們不會假裝知道什麼能讓自己真心感到快樂。

無論何時，我們唯一能夠參考的就是過去所發生的事，因此實際上沒有辦法判斷什麼會讓我們真心感到快樂。相反地，我們只會感覺到，自己從過往的負面經驗中被「拯救」了出來。由於明白這一點，所以他們會敞開心胸，去面對生活中的任何經驗，因為他們知道任何一件事情都是好壞參半。

04｜他們並不認為感到恐懼，是代表自己走錯了路。

漠不關心，才表示你走錯了路。感到恐懼，表示你正在朝熱愛的事物前進，只是被陳舊的信念或沒有得到療癒的創傷阻礙了（或者，更確切地說，創傷是被召喚來獲得療癒）。

05｜他們知道幸福是一種選擇，但不覺得有必要無時無刻追求幸福。

他們不會陷入幻想：「幸福」是一種持續的快樂狀態。他們會給自己時間，來處理正在經歷的一切。他們允許保持自然自在的狀態，在這種順流的狀態中，他們找到了滿足。

06｜他們不容許想法受到他人的左右。

他們意識到，社會制約和心猿意馬是人類永恆的天性，人類常常會被原先並不屬於他們的思想、信念、心態所左右。為了解決這個問題，高情商的人會檢視自己的信念、反思初衷，並決定這個參考標準是否真的適合自己。

07 ｜ 他們意識到，不動如山的冷靜絕非高情商的表現。

他們不會隱瞞也不會試圖平撫自己的感受到近乎無感的地步。然而，在還不適合表達感受之前，他們確實有能力隱藏情緒反應。他們不會壓抑情緒；他們能有效地管理情緒。

08 ｜ 他們知道，感受不會害死自己。

他們已經培養出足夠的毅力和體悟，知道任何事情——即便是最糟糕的——都只是暫時的。

09 ｜ 他們不會隨隨便便就跟人變成親密的朋友。

他們明白，真正的信任和親密關係，需要花時間去慢慢建立。但他們不會因而有所防範或封閉，他們會花心思去判斷與誰付出真心。他們對所有人都很和善，但只有信任的關係會讓他們敞開真心。

10 ｜ 他們清楚知道一時的不順心並不等同於一輩子都不快樂。

他們避免推測未來，也就是把當下的狀態延伸到可預見的未來。眼前的這一刻只是生命中的短暫經歷，而非一輩子。

高情商的人允許自己有「不順心」的日子，他們接受自己就是個凡人，在這樣的順流中，他們找到了最深的平靜。

第 *4* 篇

曾經的愛人，
是如何又成了陌生人？

　　回想看看，一個對你來說曾經是一切的人，為什麼卻又失去了所有意義？我們如何學會了遺忘，又如何強迫自己去遺忘。在那個過渡時期，我們是怎麼走過來的。

　　相較於那段感情關係，分手之後的各種變化，總是讓你明白──悲傷是比快樂更好的老師──像這樣兩人分道揚鑣成為陌生人，到底有什麼意義？你們依舊難以忘懷彼此。也許你別無選擇，但他再也不是那個知道你每天的焦慮、知道你裸體的模樣、知道你的哭點、知道你有多愛他的人。

　　一旦生活繞著某個人轉時，縱使後來只剩下一些些記憶的殘像，我們依舊會繞著那些殘像轉個不停。你們一起去過的地方、說過的話、聽過的歌，都在你的腦海裡留下了深刻的回憶。

　　某一天，我們發現自己站在排隊結帳的隊伍中，突然聽到某首歌的旋律，才意識到我們的思緒又在圍繞著舊愛打轉。我們無法停止想念。

　　你是否真的忘記舊愛的生日？你是否真的忘掉了你們之間所有的第一次，無論是親密的或是其他的？你們的週年紀念日真的已經是一年當中普通的一天嗎？你做過的事、曾經許下的諾言，真的不會在你心中再起波濤嗎？因為分手了，所以往事與誓言如今都已成空嗎？或是你別無選擇，只能鐵了心無視往日情懷呢？我猜想，是大腦要你繼續往前走，並且強迫你的心跟上吧。

　　我願意相信，你或許永遠愛著某個人，或許你根本就沒有真正愛過。兩個人相遇產生化學反應，雙方都會有所改變。有時，我們傷人太深，深

到我們沒辦法再冒險回到他們身旁。我不願意相信，分手，是因為彼此不再認為對方重要。我知道愛情不是無足輕重的，我猜想，又或許是盼望，我們只是強迫自己不再需要對方。

也許只是因為，我們都在自己的小宇宙，有時會和其他人的重疊，而那一點點的交集，會讓我們的某一部分改變。小宇宙之間的碰撞可以摧毀我們、改變我們、移動我們。有時我們會合二為一，有時我們會分道揚鑣，而失去自以為熟悉的東西，會讓我們感到悵然。

無論如何，你的小宇宙總會慢慢擴張。於是你會對愛有更多的了解、知道愛有什麼能耐；也會為心中的空洞、床上的空白，以及旁邊椅子上的空蕩感到苦楚。那個人，是否還會回來填補那個洞……我不知道。是否還會出現其他人，與深刻的他有著相似的輪廓……我也不知道。

在愛情發生之前，我們都是陌生人。我們在愛情裡所做的選擇無法解釋，我們發現了一個魅力無法擋的人，我們發現對方心靈與自己相通。同學、夥伴、鄰居、家人、朋友、表親……我們的生活與他們彼此交織，就連他們也都覺得這種關係是密不可分的，這是一種美好的感受。但我們渴求的不是這種愜意又容易的關係，我現在所描寫的不是這種關係，我們不會在這種關係結束之後念念不忘。我們都在等待另一個小宇宙與我們產生火花，來改變我們無法單靠自己就改變的事物。奇妙的是，在分手風暴歸於平靜之後，我們眼中會看到另一片星空，而我們不知道，也無從選擇，與誰的碰撞，能帶給我們這樣的感觸變化。

在愛情發生之前，我們都是陌生人。但是我們忘記了，我們不希望最終成為那個熟悉的陌生人。

第 5 篇

社交智商高的人擁有的十六種特質

　　雖然你可能不知道什麼樣的人可以稱之為高社交智商，但你很有可能遇過對別人說的話充耳不聞的人。遇到這種人，情況還可以的話，你只會覺得心情沮喪；如果情況嚴重，你很可能就會覺得渾身不舒服。

　　在與他人交流時，雖然我們會希望雙方都能感到自在，但我們不應該僅以禮貌的點頭或親切的微笑，來取代真誠的表達。

　　社交智商高的人的想法和舉止，無論何時何地，都能超越文化的藩籬。他們與他人溝通，並讓他人感到自在，同時又展現自己的特質和想說的話。當然，這就是人際關係的基礎，也是我們的大腦渴求的東西，更是我們個人茁壯成長的基礎。

　　以下是社交智商高的人的核心特質：

01｜他們不會試圖勾起與談對象的強烈情緒反應。

　　他們不會在溝通時誇大自己的成就，贏得他人的敬畏；也不會誇大自己的艱辛，激起他人的同情。有時討論的話題並不需要做出強烈的反應時，有人的情緒就會特別誇張，這樣反而讓其他人感到不自在又有壓力，會覺得是否應該配合對方，演出虛假的情緒反應。

02｜對於人、政治觀點或想法，他們不會把話說死。

　　要讓自己顯得很愚蠢，最快的方法是說：「這麼想是錯的。」（對你

來說,這個想法可能是錯的。但對別人它是對的。)聰明的人會說:「我個人不了解這個想法,所以沒辦法表示認同。」把話說死,就是對於存在其中的多重觀點視而不見,這只能說明你的狹隘和短視。

03│他們不會立刻否認他人的批評,也不會因此而產生強烈的情緒反應,讓自己顯得難以接近或不願改變。

有些超難相處的人,就算別人以最委婉的方式暗示他們的行為會讓人不舒服,他們還是大為光火,讓問題變得更惡化。高社交智商的人在回應批評之前,會先把他人的批評聽清楚——未經深思熟慮的立即性情緒反應,只不過是一種自我防禦罷了。

04│他們不會把自己對他人的看法當作事實。

社交智商高的人,不會說出「他是個混蛋」這種彷彿是事實的話。相反地,他們會說:「我跟他之間有過一段不愉快的記憶,讓我覺得非常不舒服。」

05│他們從不單憑行為就過度概括一個人。

他們不會用「你老是」或「你從來沒有」來表達自己的觀點。同樣地,他們的論點會以「我覺得」而不是「你就是」來開頭。他們選擇讓人沒有威脅性的說法,不僅能讓他人敞開心扉,也能讓彼此好好對話,帶來你想要的改變。

06│他們的表達很精準。

他們有話直說,不會迴避問題。他們說話平靜、簡單、扼要,而且經過思考。他們對話的目的是溝通,而不只是獲得他人的回應。

07 | 他們知道如何以健康的方式調整自己的情緒。

　　換句話說，他們知道世界不是繞著自己轉的。他們能夠好好傾聽別人的意見，不會擔心對方說的話是在批評自己。他們能夠擺脫自我的投射，嘗試理解他人的觀點，而不是假定別人的一字一句都在指涉自己。

08 | 他們不會試圖指出他人的無知。

　　一旦指責他人有錯，你就會強化他們的防衛心態，讓他們無法從另一個觀點去思考問題。如果你先認同他們的立場（「真有趣，我從來沒有這樣想過……」），然後提出你的觀點（「我最近知道的是這樣……」），再透過詢問（「針對那點，你有什麼想法？」），讓對方仍然擁有話語權，你就能夠使他們敞開心胸參與對話。如此一來，他們就不會一味防衛，而你們雙方也能夠擁有學習他人觀點的機會。

09 | 他們認可他人的感受。

　　認可他人的感受，就是接納他們的感受，而不是試圖運用邏輯來反駁、否認或改變他們的想法。（舉例來說：「我今天很難過。」「呃，你有什麼好難過的，你的生活超棒的吧！」）其中主要誤解在於，認可感受與認同觀點不同。有很多觀點不需要也不值得被認同，但每個人的感受都值得被看見、接納和尊重。認可某人的情緒，就是認可他們的真實自我，即使你的反應跟他們的不同。換句話說，你認可對方這個人，也接受對方跟你有所不同。

10 | 他們意識到自身的「陰影」，就是別人那些讓他們感到不滿的特質、行為和思維模式。

　　一個人會憎恨某位提供錯誤訊息的政客，可能是對自己缺乏才智或力有未逮的投射。一個人會強烈討厭特別消極的朋友，可能是自己在生活中傾向

於將自己的權力交託他人,兩者之間的關聯性也許沒有那麼明顯,但當涉及到強烈的情緒反應時,陰影總是存在。如果你真的不喜歡某件事,你大可直接從中抽身,擺脫它。

11 ｜ 他們不會跟只在乎輸贏,而不在乎學習的人爭論。

如果一個人開始狡辯,或是訴諸低劣的邏輯,只為了讓自己看起來似乎占了上風,你就可以辨識出對方是只在乎輸贏的人。社交智商高的人知道,不是每個人都想溝通、學習、成長、建立關係——所以他們也不會強迫對方這麼做。

12 ｜ 對他們來說,聆聽的重點只在聆聽,而非回應。

在聽別人說話時,他們會把注意力放在對方說了什麼,而不是自己應該回應什麼。這也被稱為「保留空間」（Holding space）[6]的另一種實踐方式。

13 ｜ 他們不會在網路上發表任何羞於讓父母看見、向孩子解釋、讓雇主讀到的東西。

縱使實際上,你在社群的發文都會成為過去,但是發表你自己都無法認同的內容,意味著你對自己並不真誠（那些內容只是你希望獲得他人認可的部分自我）。

14 ｜ 他們不會認為自己有資格斷言對錯。

他們不會說:「你錯了。」他們會說:「我認為你錯了。」

---

6 譯者註:指的是讓對方表達和處理自己的感受,我們不批判、不修補、不試圖去影響什麼,只是單純陪著對方。

15｜他們不會為了反駁某個觀點就亂扣帽子或因人廢言。

　　這裡的亂扣帽子，指的是藉由攻擊對方的人格，來轉移他人的注意力，進而模糊（可能非常合理的）對方的觀點。

　　舉例來說，如果一天吃三塊糖的人說：「我認為小孩每天吃太多糖果很不健康。」一個社交智商高的人不會回答：「你有什麼資格講這種話？」他們能看出說話者的目的是什麼。一般來說，受某個問題困擾最深的人，往往最能夠道出這個問題的重要性。

16｜他們最注重跟自己之間的關係，並且孜孜不倦地努力去維持。

　　社交智商高的人知道，你跟其他人的關係，只是你跟自己關係的延伸。

第 6 篇
改變的不適感，
表示你走對了

處在改變的邊緣時，就會出現不適感。遺憾的是，我們常常將不適感與不快樂混為一談。於是在逃避不適感的同時，也在想辦法應付後者。我們都需要經歷少許的不適，才能突破困境，獲得新的領悟、打破固有思維，激勵自己創造出真正的改變。不適感是一種信號，一個非常有用的信號。以下是幾種（你不太想要擁有的）感覺。這表示你正走在對的路上：

01│感覺好像在重新經歷童年時的掙扎。

你發現，小時候曾遇到的問題，長大後又再次出現。雖然表面上，似乎意味著你沒有克服這些問題，但實際上會有這樣的想法跟感受，正是你做出改變的契機。

02│感到迷失，沒有方向。

感到迷失，是一種跡象。表示你不再對未來的描述和設想，你更關注當下。在習慣這種感受之前，你會感覺自己好像偏離人生的軌道（但事實上，你沒有）。

03│左腦迷糊。

更常運用右半腦後（你更常運用直覺力、更懂得處理情緒、更善於創造），有時候你會覺得左腦的功能好像變差了。例如注意力、組織能力，和記住小細節等等，都會突然變得比較困難。

04 | 突如其來的憤怒或悲傷湧上心頭，且不斷加劇，直到你再也無法忽視它們的存在。

情緒會爆發，通常是因為它們「滿」了，需要被正視。我們的職責，就是學會停止跟它們抗爭、停止抵抗，只要徹徹底底地去覺察它們（在那之後，我們就能控制這些情緒，而不是被情緒所控制）。

05 | 睡眠模式變得凌亂而碎裂。

比起以前，你的睡眠時間或許變長很多，又或許變短很多。你會因為無法停止思考某件事情而在深夜醒來。你會發現自己不是精力充沛，就是精疲力竭，很少有中間的情況。

06 | 一件顛覆人生的事情正在發生或是剛剛才結束。

你突然不得不搬家、離婚、失業、發生車禍等等。

07 | 強烈需要獨處。

你突然不再沉迷於每個週末都要出去跟人交流。其他人所遇到的問題不再讓你感興趣，而是讓你疲憊，你正在重新調整自己的看法與期望。

08 | 你幾乎總能清清楚楚地記得那些情感濃烈、情節生動的夢境。

如果夢境是潛意識跟你溝通的方式（或是日常經驗的投射），那麼大腦肯定試著跟你說什麼。此前，你從未經歷過情感如此濃烈的夢境。

09 | 你的朋友圈在縮小；跟想法負面的人待在一起越來越不自在。

想法負面的人，他們很少意識到自己的負面言行。你覺得說什麼都不自在（而且更重要的是，你不想要繼續出現這樣的情況），你會有點想起

老朋友。

10｜感覺自己對人生所抱持的夢想正在破滅。

　　此刻你沒有意識到的是，舊的生活正在退場，讓一個超越你想像的美好生活登場。新的生活將更貼合真正的你，而不是你以為的未來的自己。

11｜感覺你最大的敵人就是你的思維。

　　你開始意識到想法會影響自己的體驗。我們通常要被逼到無計可施，才會嘗試去控制自己的想法——直到這時，我們才會意識到，原來我們一直都在控制自己的想法。

12｜你不確定自己到底是什麼樣的人。

　　過去，你對自己「應該」是什麼樣的人抱有一個想法。如今，那個「應該」的幻象正在消失。你會感到不確定，因為「你是什麼樣的人」本來就還沒定案！你正處於轉變的過程中，如果自己變得更糟了，我們會覺得既憤怒又封閉，但你感受到的卻是不確定。換句話說：如果你體會到不安或不確定，那麼通常更美好的自己將會到來。

13｜意識到自己還有多遠的路要走。

　　能意識到這一點，是因為你看到自己的目標。這意味著你終於知道想前往何方、想成為什麼樣的人。

14｜「洞察」到你不想知道的事情，例如某個人真正的感受，或是一段關係將無法持續下去，或是這份工作不會再做太久。

　　許多「非理性」的焦慮，其實源於潛意識感知到了某些事物，但你卻因為它們不合邏輯，而沒有認真看待。

15 | **強烈地渴望說出自己的真正想法。**

　　你感到憤怒，因為你任由他人擺布、任由他人的意見影響你的想法。這種憤怒表示，你終於準備好不再盲從他人，並且要先尊重自己，進而愛自己。

16 | **意識到你是唯一要為自己的人生和幸福負責的人。**

　　這種情感上的自主權是很可怕的，因為這意味著如果你搞砸了，你必須負起所有的責任。但與此同時，你也會意識到，這是獲得真正自由的唯一途徑。在這件事情上，冒險總是會有回報。

第 7 篇
你壓抑的感受說了什麼？

所謂的高情商，並不是你已經培養「不去」感覺到任何「負面」情緒的紀律和智慧，才會很少感受到負面情緒；也不是你能夠輕而易舉地選擇所思所想、選擇不受情緒控制，或者你能夠平心靜氣地去面對任何情況。

真正的情緒成熟，指的是你有沒有辦法讓自己徹徹底底地去感受一切。所有的一切。無論是什麼情緒。真正的情緒成熟，其實就是知道，無論發生再糟糕的事情……到頭來，那也只是一種感受罷了。

沒錯！就只是一種感受。你可以試著去想像一種最糟糕的情況，最可怕的地方在於……你對它的感覺。你會如何看待它、你會假設它帶來什麼樣的負面影響，以及這些想法最終將如何影響……你的感受。

覺得恐懼、胸口一緊、身體的某個部位抽痛或刺痛，宛如飢餓帶來的腸胃不適或自尊心受挫。覺得自己一文不值，缺乏歸屬感。（有趣的是，肉體的感受總是快速而短暫，但我們對於痛苦所抱持的想法卻似乎總是揮之不去……）

我們迴避任何的感受，我們或多或少被教導過，感受自有其生命。只要我們意識到它們的存在──哪怕只有片刻──它們就是存在。

你有沒有感受過幾分鐘以上的喜悅？憤怒呢？沒有嗎？緊張、沮喪和悲傷呢？那些感受持續的時間更長，不是嗎？幾週、幾個月，甚至幾年，對吧？

這是因為，那些不是感受。它們是症狀。我們稍後會談到它們的成因。

你必須知道的是，痛苦只是源於拒絕接受現狀。就是這樣。從字源上來說，痛苦一詞來自拉丁文的「由下往上承受」，或是「抵抗、忍受、壓在下面」。

所以療癒之道就是，允許自己去感受。

療癒之道就是，挖出你的創傷、尷尬和失去，並允許自己去感受在經歷這些經驗時無法擁有的情緒。療癒之道就是，讓自己去過濾和處理當時為了繼續往前進，甚至是為了生存下去，而必須壓抑的情緒。

我們都害怕自己的感受過於強烈，尤其是在我們經歷那些感受的當下。別人會教我們，不要太有愛心，否則我們就會受傷；不要太聰明，否則我們會被霸凌；不要太害怕，否則我們會很脆弱。要順從其他人的期望，調整我們的感受。小時候，如果父母覺得我們的流淚時機不恰當──縱使那是我們當下的情緒體驗──我們就會受到懲罰（這也難怪我們到了現在，還是以同樣的方式去回應）。

重點在於，害怕擁有太多感受的人不是你，而是那些說你瘋狂、誇張、錯誤的人。是那些不知道該如何處理的人、是那些希望你保持平靜的人、是那些希望你繼續沒有感覺的人，而不是你自己，你知道我是怎麼知道的嗎？

你的麻木不是什麼都感受不到，而是什麼都感受到了，卻從來沒有學會處理任何情緒。麻木不是沒有感覺，無感才是沒有感覺。麻木是所有的情緒一起湧上。

你的悲傷在說：「我仍然期望情況能有所不同。」你的內疚在說：「我害怕別人覺得我做了壞事。」你的羞愧在說：「我害怕別人覺得我是壞人。」

你的焦慮，源於對這個過程的抗拒，源於你最後的緊握不放，縱使你越來越意識到，自己並沒有辦法控制這些情緒的湧現。你的疲倦，源於你對真實自我、對你真心想成為的那個自己的抗拒。你的煩惱，源於你壓抑許久的憤怒。你的憂鬱──當然除了生理因素之外──源於所有的情緒都將浮出水面，而你卻低吼著要把它們都藏起來。

你得到結論，自己不能再這樣下去了。你正在錯過美好的事物，你偏離了軌道，你感到自己困住了，你感到迷失了方向，你明白其實無須改變自己的感受，你只需要學會靠近它們，看看它們想告訴你些什麼。

試著改變自己的感受，就像是發現了一個路標，但它指向的方向與你原本想去的地方完全相反。於是你就下了車，試圖去轉動這個路牌，而不是你

的前進方向。

如果把伴隨著體驗而產生的各種情緒藏起來，從不給自己時間去處理那些情緒，並試圖強迫自己在特定時刻擁有特定感受的做法，那會對我們造成的影響就是，我們漠視了帶給我們真正平靜的東西：允許一切發生，不帶任何評斷。

所以，重點並不在於改變你的感受，而是去聆聽。不要接受它們的表面意義──那很重要──而是實實在在地順從直覺的引導，去了解它們想表達什麼。感受是你與自己溝通的方式。

每種感受都是有價值的。你錯過了太多，因為你試圖改變每一種感受，或認為有些感覺是對的或錯的、好的或壞的、你應該要有或不應該有的，而這都是因為，你害怕告訴自己一些你不想聽到的話。

你竭盡全力去壓抑的那些感受，是你引導自己的最重要方式。你對於聆聽感受的擔憂，並非源於你自身的想望。而是害怕自己不符合周遭人們的期盼；你害怕自己做得比他們期盼的更多或更少，你害怕自己變得比他們期盼的更好或更壞，或僅僅只是與他們的期盼不同。

一旦選擇看重他人的認可而非自我的認可時，你就陷入了：與自己的本能抗爭，一味迎合他人的需求。與此同時，一個聆聽感受、靠近感受、允許感受、跟隨感受、覺察感受、感覺感受和體驗感受的世界和一生……就不斷地離你遠去。

悲傷不會殺死你。憂鬱也不會。但抗拒感受會殺死你。忽略感受會殺死你。試圖逃避感受而非面對感受會殺死你。否認感受會殺死你。強壓感受會殺死你。讓感受無處容身，只能闖入你的潛意識深處，與之合而為一並控制你。雖然沒有嚴重到你會選擇自盡或摧毀一切你所得到的美好事物（雖然你很可能會這麼做）。

但它會殺死你，因為它會剝奪你所擁有的每一點生命：你要不讓自己感受一切，要不麻木自己，什麼都感覺不到。你無法選擇情緒。你要不順應它們的流動，要不抗拒它們的本性。到頭來，要怎麼選擇，操之在你。

第 *8* 篇

身體的任何一部分，都不能代表「我」

　　假設一下，我們把你所有的器官都從體內拿出來，放在桌子上。

　　感受你的心跳；想像心臟離開你的身體。你不會看著心臟想：「那個是我。」你會想：「那個是我的心臟。」

　　現在，感受你的呼吸。感受它跟你的心跳同步，你通常不會意識到它們的存在，然而它們都在不斷地運作著。你不會說：「我就是我的呼吸。」你會說「我在呼吸。」

　　想想你的肝臟。還有你的腎臟。想想你的骨頭和血液。想想你的雙腿、你的手指、你的頭髮和你的大腦。你平靜地看著它們。它們只是身體的一部分。它們終歸（大部分）是可以切除和替換的，而且它們的存在完全只是暫時的。你不會在想到它們的時候，看到自己。想到它們的時候，你只會看見它們的形狀。如果你再把它們拆分，它們就只是細胞的集合。你不會在看到它們的時候，腦袋裡浮現：「那就是我！」你會想：「那些是我身體的一部分。」

　　為什麼在我們把它們收集並連結起來之後，情況就會有所不同？

　　有一股具有強烈存在感的能量，匯聚在你的胸口、喉嚨，或許腦袋裡也有一點。那是你的中心。你不會在雙腿上感受到自我。你不會在兩臂上感受到情緒，那些東西都在你的核心之處。

　　在那同樣的空間裡，同時存在著我們看不見的器官跟感受得到的能量。如果移除了後者，那我們還會剩下些什麼？裡面還存在著什麼？一旦「你」不存在了以後，還有什麼？

你有沒有去感受過體內的它們？你有沒有去思考過它們？你有沒有去逐一感受過身體的每個部位，並且意識到這些部位無法代表「我」呢？你有沒有感受過，只有當「你」跟這些身體的部位結合為一時，「你」才會充滿生命力呢？你有沒有發現你所謂的「屬於你的」跟所謂的「你」之間的差別呢？

知道自己是誰，能夠讓你站穩腳步，有跡可尋，堅定未來的目標。但是，一旦我們把特定的意義套用在自己喜歡、重視和想望的事物時，我們就創造出執念。接著，我們會努力將事情控制在自己認可的範圍之內。只要超出控制範圍，我們會有痛苦和挫敗感。我們開始相信，現在的狀態就是永遠。沒有達成我們心中的期望，便成為我們最大的不滿。

比起真實的自己，我們更在意別人對我們的看法；比起日復一日的工作，我們更在意自己的頭銜；比起實實在在、細水長流的愛，我們更在意「你能保證永遠愛我嗎？」。也就是說，相較於事物本身的真實模樣，我們更喜歡的是自己對事物所抱持的想法。我們喜歡將自己視為單純的肉身，因為這會讓我們無須去面對一個開放性的問題：「除了這具肉身之外，還存在些什麼？」

但如果「還存在些什麼？」這個問題不是終點，而是起點呢？如果意識到這件事情，可以讓我們從很多事情之中解放，平息很多想法、緩解很多疼痛呢？如果自我療癒並非導正心態、改變觀點、更動我們對美的標準，而是略微轉化自己的存在、覺知、能量呢？

在這樣的情況下，修復身體的任何部分，都沒有辦法療癒整體。

唯一能夠改變自己和人生的就是，覺察到身體的任何部分都不能代表「我」。「我」是一個整體，「我」是自己的終點，「我」是自己的起點，「我」是那個——那唯一的一個——會改變、會成長、能促使覺察之光芒閃爍，讓你得以質疑構成「人」的所有元素。

我並不是真的要求你思考這些理論。我只是想問你有沒有感覺到。

第 9 篇
你做的比你想的還要好的二十個跡象

01｜**你付清了這個月的帳單，甚至還有多餘的錢可以用在非必需品上**。不管你在付錢刷卡後嘮嘮叨叨地說了些什麼話，都沒關係。重點是你費盡千辛萬苦搞定了這件事。

02｜**你質疑自己。懷疑人生。有些日子覺得自己很悲哀**。這表示你仍追求自我成長。那些最優秀的人，會在一天結束回到家裡之後，心裡想著：「或者……可能還有其他的辦法。」

03｜**你有一份工作**。無論工作時間長短，無論工作頻率高低，你所賺的錢，都能幫助你每天有東西可以吃、有地方可以睡、有衣服可以穿。即便情況不如你所預想，也不意味著你的失敗──你重視自己的獨立性，也對自己負責。

04｜**你有時間去做自己喜歡的事情**，縱使「你喜歡的事情」只是坐在沙發上，點一份外賣，看看Netflix。

05｜**你不必擔心下一餐在哪裡**。冰箱或儲藏櫃裡有食物，而且你的食物存量足夠，讓你得以挑選自己想要吃些什麼。

06｜**你吃某種食物，單純只是因為自己喜歡，而不是為了活下去**。

07｜**你有一兩個知心好友**。人們總會擔心朋友的數量，但最終往往會意識到，你的朋友圈有多少人，跟你能感受到的親密感、認可感、社群感、愉悅感的多寡無關。到頭來，我們真心想要的是，那些無論如何都能理

解（並且關愛）我們的幾個知心好友。

08 ｜ 今天早上，你能夠支付搭地鐵、喝咖啡，或是給自己的車加油。能夠負擔這些最渺小、最便利（通常也是生活必需品）的金額，對你來說是理所當然。

09 ｜ 你已經不再是一年前的自己了。你正在學習、成長，並且能夠清楚知道自己的改變是好是壞。

10 ｜ 你有時間和方法去做一些超出基本生存需求的事情。過去幾年，你可能去過一場音樂會；你為自己買了幾本書；如果想要的話，你可以去鄰近的城市一日遊──你不必為了謀生而整天工作。

11 ｜ 你有可供挑選的多種衣物。你不用擔心遇到暴風雪時沒有帽子和手套可以戴。你有夏天穿的涼爽衣物和參加婚禮用的服裝。你的衣服不但足夠你遮風遮陽，還讓你能夠依據各種不同的場合搭配成合宜的樣貌。

12 ｜ 你可以感覺到生活裡有哪些地方不太對勁。第一步，也是最關鍵的一步，就是能夠察覺。你能夠對自己說：「有些事情不太對勁，雖然我還不確定怎麼樣比較好。」

13 ｜ 如果能跟年輕的自己交談，你有辦法說：「**我們做到了，我們成功了，我們從那件可怕的事情中挺過來了。**」人們將過去的創傷帶到現在的生活中。如果你需要證據來證明我們確實把過去的自己帶到了現在，你只需要對自己的內在小孩說：「一切會好起來的」，再看看你──也就是他們成為的人──會有怎麼樣的反應，就知道了。

14 ｜ 你有一個屬於自己的空間。這個空間甚至不必是一個住家或一間公寓（但如果是就太棒了）。你只需要一個房間、一個角落、一張書桌，讓你能夠隨意地創作或休息。在這裡，你可以決定誰能夠成為這個奇妙小世界的一部分，以及在這裡發揮什麼樣的功用。這是少數幾件我們能實際掌控的事情之一。

15 | **你失去了一段關係。**比你擁有過一段關係更重要的是,你或你的前任沒有選擇復合。你敞開了自己,迎向了其他的可能性。

16 | **你對某件事情感興趣。**可能是如何讓生活過得更快樂,或維持更親密的關係、閱讀或是電影、性愛或是社會,或是成為世界的中心都沒關係,只要能激發你的探索欲望就可以。

17 | **你知道如何照料自己。**你知道自己一天需要睡多少個小時,隔天才不會覺得不舒服,你知道心碎的時候可以找誰談心,你知道自己做什麼會開心,你知道人不舒服的時候該怎麼做……諸如此類。

18 | **你在朝著一個目標努力。**即使你已經精疲力盡,即便感覺還很遙遠,你還是保有自己的夢想,無論這個夢想有多麼模糊、多麼容易改變。

19 | **但你並沒有抱持固執的態度,為自己的未來做任何事情。**一些最快樂、適應力最強的人,總是能將任何環境變成自己的理想狀態。他們十分沉浸於當下,所以無法制定複雜的計畫,也不會堅持有什麼具體的結果。

20 | **你經歷過一些亂七八糟的事情。**看看目前面臨的挑戰,並將它們與你過去認為永遠無法克服的挑戰比較。你可以透過自身的經驗讓自己放心。人生並沒有變得更輕鬆,但你變得更有智慧了。

第 10 篇

我們如何
阻礙自己獲得幸福？

大多數人都不想要幸福，這就是他們不幸福的原因。他們只是沒有意識到這個事實而已。

我們生來會不惜一切代價，去追逐自己最重要的欲望（想像一下，在面臨生死攸關的緊急情況下，腎上腺素激發出的超人力量）。那麼，我們最重要的欲望是什麼？通常是安心感，或者是熟悉感。

阻礙自己感受到幸福的原因有很多，但多數人都認為，要獲得幸福，就要放棄很多的東西。沒有人願意相信，幸福是一種選擇，因為如此一來，會不會幸福的責任就是自己了。這和自怨自艾的原因是一樣的：拖延行動、向外界抗議。彷彿越說事情有多糟糕，別人就越有可能去幫你改變。

幸福，不是當事情如你所願，瞬間湧上的快樂情緒，就算當下能讓你感受到一時快樂，終究太短暫。無論如何，這不是永續的幸福。真正的幸福，是努力練習在平常培養內心的穩定感與力量。

每個人都有一個自己對於幸福的承受度——蓋伊・漢德瑞克（Gay Hendricks）稱其為「上限值」[7]。這是我們容許自己能夠感受到的幸福的最大值。其他心理學家稱之為「情緒基線」，也就是我們「自然而然」會感受到的幸福程度，即使某些事件或情況暫時改變了我們的情緒，情緒最終也會回到原來狀態。

---

[7] 請參閱：《跳脫極限：征服內在的恐懼，擺脫現狀，踏進人生新境界》（*The Big Leap: Conquer Your Hidden Fear and Take Life to the Next Level*，2020 年，久石文化）

我們之所以沒有讓自己的情緒基線持續升高，是因為上限值的緣故——一旦我們當下所感受到的幸福，超出了過往習慣且自在的程度，就會不自覺地開始進行自我破壞。

我們生來就會去尋求自己熟悉的事物。因此，即使認為自己在追求幸福，但實際上是在尋找自己最習慣的東西，並且我們會一次又一次地，將其投射到實際存在的事物上。「上限值」阻礙我們想要的正面生活。其實這只是一小部分心理障礙。以下再跟大家介紹一下其他的心理障礙。

01｜每個人對良好感覺的承受度都是有限的。

當情況超出這個限度時，我們就會進行自我破壞，以便回到舒適圈。我們都聽膩了「走出舒適圈」這個陳腔濫調，但不可否認，它能讓人們開始適應那些不適感，而這是拓展對幸福承受度的途徑。

02｜人們喜歡保持一個「好感度的上限」：每個人都希望取得一定程度的「成功」——既能讓別人欽佩，又不會對他人構成威脅。

人們所做的多數事情，都是為了「獲得」他人的愛。許多欲望、夢想和野心，都是建立在嚴重匱乏的心靈空間。正因如此，一些情感最豐富的人，同時也會是最成功的人：他們會不計後果，將自身的渴望——被認同、被愛、自我的圓滿——作為燃料，不斷前行。

重點在於：人們相信，一旦自己的成功超過了某個限度，其他人就會批判和忌妒他們（而不是讚美他們）。一發現上述的情況，他們就會停下自己的發展，或者盡力淡化／削弱自己的成功，藉此獲得認同，繼續維持良好的關係。

03｜多數人喜歡熟悉事物帶來的安心感，而不是未知事物帶來的無助感。

從客觀角度來說，「未知事物」要好得多。如果我們根據人類天生渴望的東西（安心感、他人的接納、生命的意義等等）來重新定義「幸福」，那

麼我們就可以做出選擇——從最終與我們想要實現的目標一致的事物中尋求安心感。

04｜許多人擔心「幸福」＝放棄取得更多成就。

從本質上來說，幸福就是樂在當下。幸福是抵達最終目標，穿過終點線，讓成就感湧上自己的心頭。如果每天都這麼做的話，會讓人覺得人生的比賽彷彿已經結束了，所以我們下意識地將「幸福」和「樂在當下」與「放棄」連結起來。但事實恰恰相反：通往更美好生活的道路不是「為了取得成就而不斷承擔苦難」，而是由點點滴滴的愉悅、感激、意義和目標不斷積累建立起來的。

05｜人們一旦知道了事實，就會拖延行動——從「知道到行動」這段過渡期——痛苦就會滋長。

大多數時候，我們不是不知道該做什麼（或不知道真正的自己是個什麼樣的人）。問題是出在「正確」與「輕鬆」之間的拉扯，是出在長遠目標與短期目標之間的利益衝突。我們聽見了本能的呼喊，卻拒絕遵從。這是不適感最常見的根源：知與行之間的差距。我們沉迷於拖延時間、迷戀偏離正軌，但也以為透過不立即採取行動，期待會有轉機的空間。而實際上我們只是在加劇自己的不適感（雖然我們沒有必要遭受這樣的痛苦）。

06｜人們相信冷漠比較安全。

我們都害怕失去。有些人試圖在發生更大的痛苦之前，就先行斬斷自己的情感，讓自己冷漠，彷彿他們一開始就不想要或不喜歡那些事物。潛藏的情緒是，萬事萬物都會迎來終點、一切都是無常，雖然這些想法或多或少沒有錯，但死亡會賦予生命意義。事實上，正因為我們可能會失去所擁有的東西，它們才變得神聖、珍貴和美妙。重點不在於你所承受的痛苦，而在於你為了什麼而苦。你可以選擇讓自己無法感受美好，就沒有失

落感；或者你也可以選擇春光明媚的生活，並在那樣的生活結束時陷入悲傷——但至少你曾深深地體驗過。

07｜很少有人知道如何練習感覺美好（也不知道為什麼需要練習）。

若是想要提高你的上限值、提升你的情緒基線，並順利融入你人生的各個新篇章，而不是因為不熟悉而將它們破壞殆盡，這件事情幾乎是非做不可。練習感覺良好並不困難，只需要花一點點時間，讓自己真的去感受生命的美好就可以了。將這種感受延長個幾秒鐘，深深地回想一些令你感激的事情，並盡可能讓那種感受迴盪你的全身。去尋找正面的事物吧，你會發現，一旦認定自己能感受到美好，就會越容易感受到它。

08｜人們認為快樂是由一連串的物質條件所促成的情緒反應，而不是一種感知／意識的選擇和轉變。

那些堅信物質條件才能創造快樂的人似乎堅定不移，因為這麼做比較容易。但面對自我情緒時，這是一種偷工減料的做法。也許看似合乎邏輯，而且容易辦到。既然如此，你為什麼不堅定地遵循這樣的做法呢？因為終歸來說，這麼做是錯的。這種說法堅決地認為，你一定要等待，才能感到快樂；而正如我們所知，除非你將情緒基線整體提升了，否則你所能感知到的快樂也只是一個接一個的高低起伏，無法長久。從統計數據上來看，一些世界上最快樂的國家，幾乎可說是陷入嚴重貧窮的地步。一些最為知名、最為和善、為地球增添了許多光彩的人，在逝世時，名下的財產只有幾分錢。這些人的共同點是，他們都感受到了生命的意義、歸屬感和愛：無論有形的／物質的條件如何，你都可以選擇去感受和加強這些東西。

09｜很多人不知道情緒基線是可以變動的，因為它總是被描述是「與生俱來的」。

這句話我已經聽過千百萬遍了。焦慮的女人說：「我這人就是這樣。」

腦子裡有十多種非理性恐懼的男人將其歸因於「他的個性」。問題是，除非你自己決定，否則任何東西都不必然非要是構成你的一部分——尤其是焦慮和恐懼。事實上，這些東西從來都不是一個人必要的一部分；它們都是後天習得的行為。它們是沒有受到控制的自我反應，它們是自我發出的警示燈及揮舞的旗子，警告我們事情不對勁，但我們卻選擇迴避，不肯做出改變（主要是透過逃離我們無法控制的情況）。

10｜人們相信苦難會讓自己有價值。

不知道為什麼，我們總會覺得，在人生當中，如果要擁有美好的事物，就應該經歷苦難，否則我們就沒有辦法「贏得」那樣事物，也因此，它們不是完全屬於我們的。但另一方面，我們也認為美麗、快樂的事物不需要有意識地去創造，就可以很輕易地屬於我們——這樣的想法很可怕，因為相反的情況也可能發生。

11｜許多人相信自己可以戰勝恐懼，抵達終點。

擔憂已經成了西方文化的娛樂活動。終歸來說，它讓我們看不見一個事實：我們擺盪在兩種極端之間——要不就是事事不在乎，要不就是過度在乎一件事情到徹底摧毀自己的地步。

擔憂會讓我們習慣最壞的結果，如果事情真的發生了，就不會造成我們那麼大的痛苦。我們思考了每一種不理性的可能性，這樣我們就可以在它突襲我們之前，預先對其解釋、做好準備。我們試著去想像別人可能會對我們說的每一個「壞」話，這樣他們就沒辦法成為第一個那麼做的人。

但這並沒有改變任何事情，你仍然無法預料到麻煩事何時會發生，你永遠也不會知道人們的真實想法，也不知道他們有多頻繁冒出各種思緒。你沒有辦法隨時準備好應對自己的不理性恐懼，因為你缺乏讓自己去做好應對的心理準備。你不可能戰勝恐懼，抵達終點。你並沒有成功逃避痛苦，你正在積極地追求更多痛苦。

12｜快樂的人常常被認為天真又脆弱。

在絕大多數的情況下,快樂的人會被貼上愚蠢、無知、盲目樂觀、跟現實脫節的標籤。但唯一會對他們抱持這種想法的,總是為自己的負面情緒辯解的人。他們總覺得,那些負面情緒不是自己有辦法去控制的。那些不去選擇更美好生活的人,才是真的天真又脆弱,「快樂的人」或許會失去他們擁有的一切,但從來都不去選擇全心全意投入人生之人,什麼也沒有擁有過。

第 *11* 篇

登頂的快樂

　　曾被時代雜誌選為百大人物的作家埃瑞克・格雷滕（Eric Greitens）說，快樂有三種主要形式：歡愉的快樂、感恩的快樂和登頂的快樂[8]。他把它們比作三原色，也就是構成整個可見光譜的基礎。

　　歡愉的快樂主要是感官的——飢腸轆轆時一頓美好的餐點、雨後的空氣、在溫暖舒適的床上醒來。感恩的快樂就是心懷感謝之情——是你看見一生摯愛睡在身旁，於是輕聲地說：「謝謝你」；是你細數自己擁有的一切；是你在對著比自己更偉大的事物說話時，表達出的謙卑與敬畏之情。

　　然後就是登頂的快樂。一種源於追求遠大事物的快樂。不是你攻頂成功高舉雙手的那一刻，而是愛上那攀登的過程。是一份有意義的工作，是流動，是生命意義的追尋。這樣的追尋烙出了我們的身分、塑造了我們的特質，並將我們的生命能量導引至更遠大的事物之上，而不是日復一日永不饜足地渴望滿足我們那些轉瞬即逝的欲望。

　　就像少了其中一種原色，其他顏色就無法存在一樣（缺了黃色，就不會有任何一種綠色），如果欠缺了這三種快樂中的其中一項，一個人的生命幾乎不可能蓬勃發展。

　　沒有一種快樂可以取代另一種，它們全部都是必要的，但我們還是會想嘗試這麼做。

　　例如，一個人如果不想追求登頂的快樂，只想沉迷於歡愉的快樂，也許他會酗酒無度。但這永遠不會是解決辦法。

---

[8] 請參閱：*Resilience: Hard-Won Wisdom for Living a Better Life*，2016 年，Mariner books

「就算用多不勝數的紅色，也無法創造出藍色。歡愉不會讓你獲得自身的圓滿。」

登頂的快樂，是情緒具有韌性的體現。它是馬斯洛的需求層次理論[9]的最頂層。它是審慎的、自發的、堅持的。人們經常會迴避追求這種快樂，因為它所帶來的不適感相當明顯，而且回報也不是即時的。在馬拉松訓練的最初幾天，在肺部緊縮並且想要嘔吐時，就算看到別人陶醉其中，你也完全無法感同身受。但是隨著時間過去，你的跑步能力會得到提升，你會開始想像自己能做到什麼地步，你會愛上那個過程。

儘管這三種快樂感各不相同，但它們都會受到環境的影響。跟那些理所當然認為有飯吃和有地方住的人相比，三天沒有吃東西的人，更能感受到歡愉的快樂。

同樣地，有些人對工作沒有熱情，只是機械式地完成任務。那些從未體驗過往目標勇往直前、不斷努力，獲得樂趣的人，並不知道在付出努力的終點處，有著豐厚的回報。

在面對生活中的各種樂趣與複雜性時，許多人都成了色盲，這是因為我們缺乏了三原色的其中一部分。我們想要成為作家，卻不想去培養年復一年每天都坐下來寫作四個小時所需的紀律；我們想成為傳奇人物、天才和大師，但卻不怎麼關心如何去培養自己達成這個目標所需的紀律。要成為任何領域的佼佼者——我們姑且抓個數字吧——至少都需要一萬小時的努力。

快樂不僅僅是給自己的五感帶來強烈的刺激，也源於內心的平靜——因為我們知道，我們正在成為那個我們想望也需要成為的自己。這就是追求登頂的快樂會得到的：不是成就，而是自我。我們會將這種自我融入生活中的一切。它就像一管彩色顏料，會讓我們的人生光譜變得生動而有活力。

9　譯者註：由美國心理學家馬斯洛（Abraham Maslow）於1943年所提出的觀點。他將人的需求分為多個層次，彼此之間相互疊合。唯有低層次的需求得到滿足了，人才會往更高層次的需求邁進。需求層次理論的層次由下往上分別為生理需求、安全需求、愛與歸屬需求、尊重需求、認知需求、審美需求、自我實現需求、超越需求（馬斯洛於晚年所提出）。許多人會以金字塔圖來呈現需求層次理論。

第 *12* 篇

知行差距：
了解你的阻力

　　古希臘人稱之為意志薄弱（Akrasia），禪宗稱之為抗拒，你我稱之為拖延，網路上的每一位生產力大師都稱之為「卡住」。史丹佛大學教授傑夫瑞・菲佛（Jeffrey Pfeffer）和羅伯・蘇頓（Robert Sutton）稱之為「知行差距」——明明知道最好應該做什麼，但還是跑去做其他事情的經驗。[10]

　　常識告訴我們，如果我們每晚多花一個小時寫小說、吃得更好、早點起床、選擇正面思維、說話誠實、更真誠地交流，我們的生活就會過得更好。但真正的問題，以及真正要做的，不是去了解什麼對我們有好處，而是我們為什麼做出了其他的選擇。了解自我抗拒的構成，是我們拆解它的唯一方法。

　　我們進行自我破壞的原因有很多，其中大多數都與安心感有關。現代社會（革新、文化、財富、成功）讓我們相信，所謂「美好的生活」必須是最舒適的，或者能夠為我們提供一種沒有痛苦而安定的生活。這與人類天生就尋求安心感，我們的生存本能有直接的關聯，畢竟我們生理上就是這麼設定的。但唯有在我們能夠更深刻地去實踐對智性的追尋，並且更理解自己的各種深層情緒之後，這樣的想望才有其意義。

　　要克服自我抗拒，就是要去改變你對安心感的看法。你要學會是否有其他的可能性，你要學會改變自己的思維，思考「如果不做眼前的這件

10　請參閱：*The Knowing-Doing Gap: How Smart Companies Turn Knowledge into Action*，2000年，Harvard Business School Press

事，將面臨怎樣的不適感」，而不是聚焦於做這件事帶給你的不適感。

如果不加以控制，知行差距將讓你無法成為理想的自己，而是徒具外表的一副空殼。它會破壞你最親密、熱情的關係；讓你空有任何值得努力的目標，卻因為無法達到每日的生產力，而毫無實現的可能。它會讓你處在因猶豫不決而引發的焦躁狀態（我應該去做嗎？還是不應該呢？我應該遵循哪種感受的引導？）。你必須要能夠掌控自己，以長遠角度來思考。如果有另一種可能性，如果不做這件事的話，你的人生將會變成什麼模樣。

你會如何量化今年的表現？你都做了些什麼事？你浪費了多少時間？如果你的餘生，都像今天──或者任何平凡的一天──一樣日復一日地不斷重複，那麼你會有什麼樣的結局？你會有什麼成就？你會有多快樂？你會培養起怎麼樣的感情關係？回首往事時，你會不會懊悔，自己很可能因為沒有「準備好」，而錯過了本來應該屬於你的、你將熱愛一生的事物？本來你可以用來玩音樂、寫作、畫畫，或做其他事情的時間呢？它們都消失到哪裡去了？

你永遠沒辦法為重要的事情預做準備。如果等到自己準備好了才開始行動，只會導致知行差距不斷擴大。無論是工作、增強自己的忍耐力，或是在十分在意的人面前暴露自己脆弱的一面，都會讓人感到不適；但沒有比一輩子都沒有得到自己真心想望的事物更令人感到不適的了。

焦慮會在我們無所事事的時候累積，恐懼和自我抗拒會在我們逃避工作時滋長，多數的事情並不像我們想像的那麼困難或惱人。終歸來說，它們都是有趣而有益的，也讓我們藉此展現真實的自我，這也是我們之所以會渴望它們的原因。只要一步一步緩慢前進，你就會知道自己是對的。前進之後，你就會感到平靜，而這是知而不行永遠無法辦到的。相對於思考一種新的行動方式，倒不如身體力行去嘗試一種新的想法。所以今天就做一件小事，讓那股動能開始累積吧。

記得感謝內心的那股力量，它會你知道，你有更大的生命藍圖──那幅藍圖正在推動你離開舒適圈。

第 *13* 篇
比起內耗更值得去思考的一〇一件事

01 | 擁有你想要的生活，會是什麼樣的感覺。你住在哪裡、穿什麼衣物、在超市買什麼、存下多少錢、做過什麼最引以為傲的工作。你週末做些什麼、床單是什麼顏色、會拍些什麼照片。

02 | 你需要改進的那些地方，不是因為別人不喜歡，而是因為你不喜歡。

03 | 事實上，有些時候，表現愛自己的極致方式，就是承認你不喜歡自己，並想出步驟，來改變那些你知道可以做得更好的地方。

04 | 列出那些非常適合你，以及做那些事情時所帶給你的感受。

05 | 你將如何量化今年。你想要告訴別人自己讀了多少本書、完成了幾個計畫、你培養或重新建立了多少段友情或親情關係、你如何度過自己的每一天。

06 | 你以為熬不過去的事情，它們如今看起來是多麼地微不足道。

07 | 你今天將創造什麼、吃些什麼、跟誰聯繫（這幾件事真正與你有關）。

08 | 你最擅長的學習方式是什麼，以及如何將那樣的領悟力運用到生活（去做更實際的事情，或更認真地聆聽別人，試著多多去嘗試等等）。

09 | 事實上，你並不需要特別漂亮、有天分或成功，就能體驗到可以讓生命變得更深刻的事物：愛、知識、社群、人與人之間的連結等等。

10｜在天地間，儘管我們都是微不足道的塵埃，但對於構成人類核心，我們都是不可或缺。缺少了任何一個人，就不會有現在的一切。

11｜你可以好好地使用一種語言的各種動詞變化來練習對話。

12｜今早上街時，你對露出微笑的對象；你經常傳訊息的那個人；你經常拜訪的家人──所有微小但真摯的人際連結，因為已經成為你的理所當然，而被你忽視了。

13｜二十年以後，你將如何記得這段時光。你會希望自己做過或不再去做的事情、你忽略掉的事情、你沒有意識到應該心存感激的那些小事。

14｜你真正記得的日子有幾天。

15｜二十年以後，你很可能不會記得這一天。

16｜曾經在你身旁的那個人，老實說，你一點也不喜歡。現在的你，已經沒有義務再欺騙自己了。

17｜列出你最近為自己做的所有事情。

18｜可以提高日常生活品質的小方法，例如整合債務，或學會烹飪簡單易做的獨門料理，或清理衣櫥。

19｜你失敗的關係模式，以及有多少原因是自己的問題。

20｜表面上看起來難以克服，但潛意識裡你其實很喜愛存在的那些「問題」。沒有人會緊握某些東西不放，除非他們認為這對自己有好處（通常可以讓他們維持「安全感」）。

21｜想想看，也許你目前遇到的問題根本就不是問題，而是你的觀點有所偏差，或者你壓根就沒有想去解決，只是把注意力集中在自己過不去的點上。

22｜你失敗的真正原因，還有你如何努力去做得更好，不僅是為了你自己，也是為了那些愛你、依賴你的人。

23 ｜你目前的處境，或許是計畫之外或你不想要的。但有可能會成為通往夢寐以求之地的道路——只要你開始朝著這個方向去想。

24 ｜你終究難逃一死。

25 ｜如何更積極地利用和重視目前所擁有的一切。

26 ｜在別人的眼中，你過著什麼樣的生活。不是因為其他人的看法比你自己的感覺更有價值，而是因為換一個視角這件事情很重要。

27 ｜你在人生中取得的成就。

28 ｜**你希望他人怎麼定義你。**你想被看成是一個什麼樣的人。（和善？聰明？大方？明智？樂於助人？）

29 ｜你一貫的行為和與人的互動方式，現階段別人會如何定義你，這樣的定義是不是你真正想要的。

30 ｜你對事實和真相的假設，如何影響你對現實的看法。

31 ｜除了你慣用的思考方式之外，還有哪些其他的選擇；如果你假設的事情不是真的，那什麼才是真的。

32 ｜你現在正在做的任何事情的細節。

33 ｜你要如何才能將更多的心力，放在你值得花時間、關注和精力的工作上，而不是那些讓你分心的事情上。

34 ｜如何幫助其他人，即便只是坐下來跟老朋友聊聊天、幫忙買一份晚餐、跟他人分享讓你有共鳴的一篇文章或一句名言。

35 ｜其他人的動機跟欲望。

36 ｜事實上，你不會用跟別人一模一樣的方式去思考，或許你跟他們之間的摩擦不是摩擦，而是你對他們——以及他們對你——理解上的偏差。

37 ｜你認識的人的行為模式，以及他們告訴你的真實面貌。

38｜事實上，我們假定他人一如我們的想像——這種想像彙整自一起經歷過的情感經驗——而不是他們的行為所揭露的行事風格。用他人反覆的行為來對一個人下結論，會更為準確。

39｜如果你只能告訴世界上的每一個人一件事，你會說什麼。

40｜如果你能告訴年輕時的自己一件事，你會說什麼。

41｜要花多少年的練習，才能學會你最愛的歌曲裡所演奏的每一種樂器。想想你最喜愛的那首歌曲。你要耗費多麼漫長的練習時間，才能學會彈奏裡面的每一種樂器啊。而無論是要創作出一段旋律，或是想要忘卻一段觸動你靈魂深處的音樂，都是多麼耗費心力與創造力的一件事。

42｜你的食物源自何處。

43｜你的大目標是什麼。你所擁有的時間既寶貴又有限。如果你不知道自己想做什麼，你就幾乎什麼也做不了。

44｜如果你要搬到現居國家的另一頭，但只能帶走一箱東西，你會在箱子裡放些什麼。

45｜清空你的收件匣。

46｜你的寵物有多愛你。

47｜遭遇痛苦時，你要如何讓自己充分而健康地去感受和表達出來（而非只是驚慌失措並試圖盡快擺脫它）。

48｜劇情的轉折。在你最喜歡的那些書籍中，你最喜歡的那些角色的複雜性和矛盾性。

49｜如果自身的欲望和利益不再是你唯一的優先考量，你會很樂意為誰而活。

50｜未來的你會如何看待和評價現在的你。

51｜一趟即將到來的旅程，無論有沒有先行預定好行程。你要做些什麼、你打算拍些什麼照片、你可以探索些什麼、你會和誰一起去、你會遇見誰。

52｜人生中最艱難的那些夜晚。你會採取哪些不同的做法，如果你可以重新回到那些時刻，並提供建議給過去的自己，你會怎麼做。

53｜人生中最美好的那些夜晚。不單只是你當時在做什麼、跟誰在一起，還有你當時在想什麼、關注什麼。

54｜事實上，做任何事情，都不容易：談戀愛很難，不談戀愛也很難。從事一份你熱愛並投入情感的工作很難，到了一定年紀卻還沒實踐夢想，一切都不容易，關鍵在於你覺得自己的付出是否值得。

55｜你認為值得付出努力的事。你願意為了什麼受苦。

56｜你偏愛的審美觀。你不僅想要在其中生活和工作，而且會讓你覺得最適合自己的那種空間。

57｜你認為哪些行動、選擇和行為，可以拯救你的父母。

58｜你獨有的、最深層的恐懼。

59｜你獨有的、最深層的恐懼，說明了你獨有的、最深層的哪個想望。

60｜那些小小的驚喜。夏天開窗時雨水的氣味、你最喜歡的T恤、孩提時你喜愛的那些歌曲、飢腸轆轆時你最愛吃的食物。

61｜你的故事。你經歷過的那些奇怪、簡單、美好的事情，以及你要怎麼做才能更順利地跟他人分享。

62｜如果沒有了恐懼，你會被什麼東西所驅動？

63｜如果沒有了恐懼，你會被驅動去做什麼事？

64｜對你來說，多少叫做「足夠」。要有多少錢、多少愛、多少生產力，才叫做足夠。感到滿足的前提是要知道什麼叫做「足夠」——否則你就會不斷地尋求更多。

65｜你美夢成真的那些時刻。所有你鍾愛的人都來參加你的生日派對，或者搭上一班前往泰國的飛機，或者成功減掉了你一直想減掉的體重，或者無債一身輕，或者裝修好一棟房子。

66｜如果每個月有額外的一千美金可支配所得，你會怎麼做。

67｜你可以採取哪些行動，來讓自己朝著夢寐以求的生活方向前進——你可以在什麼地方找到發展人際關係的機會、你可以在附近的城市拜訪跟找到哪些朋友、你要怎麼做才能多出去走走。

68｜陽光照在皮膚上的感覺。

69｜春天的氣息。

70｜相較於幾小時或幾天的時間，你可以用幾分鐘的時間來做些什麼。

71｜你對自我的認知，有多少是由文化、社會期望或他人的意見所建構起來的。

72｜你對自我的認知，有多少是仰賴文化、期望或他人的意見在支撐的。

73｜當你獨處時，你是個什麼樣的人。

74｜年輕的時候，你想成為什麼樣的人。那些想法又如何影響了你現在的生活。

75｜如果現實時空是一個虛擬成像的幻境，而且你握有掌控權，你的行為會有什麼不同。

76｜如果你的命運，取決於你特定時刻的想法和行動，你的行為會有什麼樣的不同。

77｜各種古代哲學理論，哪種哲學最能引起你的共鳴。

78｜還沒有被寫出來的歌曲的旋律。

79｜事實上，改變人生的方法，就是改變你的思維方式，而改變思維方式的方法，就是改變你的閱讀內容。

80｜如果你是依據自己的興趣，而不是其他人的「好評」，來選擇要讀的書籍和文章，你會讀些什麼。

81｜如果你是依據自己的興趣，而不是其他人的「好評」，來選擇要聽的音樂，你會聽些什麼。

82｜真正能讓你興奮的東西。

83｜你最欣賞別人身上的什麼特質（這也是你最喜歡自己的地方）。

84｜你最不喜歡別人身上的什麼特質（這是你發現自己不具備，或者不喜歡自己的地方）。

85｜愛如何拯救你的人生，如果這件事辦得到的話（愛確實辦得到）。

86｜宇宙是多麼無垠；我們是多麼微不足道；也許每個人都只是另一個人的倒影和延伸。

87｜那些問題是多麼複雜；那些答案卻是那麼簡單。

88｜對你來說，「正確」是什麼樣的感覺。人們常常只會注意到苗頭不對的警示訊號，卻沒有注意到方向正確的微妙訊號。

89｜你生命中，每一個重要的進展，都有多少隨機、偶然的事件涉及其中。

90｜一句座右銘，或是很多句座右銘，所有這些座右銘都可以支持你堅定不移的信念，未來將會有所不同，你會找出實現的方法。

91 ｜ 事實上，那些值得選擇和維繫的愛情，會讓你的地球自轉軸微微傾斜，讓世界的轉動方式不再相同，讓一切隨之改變。

92 ｜ **如何精進吵架的藝術。**如何極具說服力地傳達你的想法和感受，又不會讓他人陷於自我防禦狀態，也不會在應該加深彼此連結的地方，引起爭論。

93 ｜ 如果你的主要興趣不再是自己的想望和需要，那麼你會為了什麼而活。

94 ｜ 那些依賴你的人，如果你從他們的生命中徹底消失，他們將會受到多大的打擊。

95 ｜ 如果繼續維持現狀，五年後的你將會在哪裡、成為一個什麼樣的人。

96 ｜ 到目前為止，關於生命，你所學到的最重要的事情。

97 ｜ 到目前為止，你是如何學到這些最重要的事情的。

98 ｜ 有多少人夜不成眠地哭泣，希望自己可以擁有你所擁有的東西──工作、愛情、公寓、教育、朋友等等。

99 ｜ 在多少個夜裡，你曾經在床上哭泣，希望自己可以擁有現在你所擁有的東西──工作、愛情、公寓、教育、朋友等等。

100 ｜ 你可以怎麼做，來不斷提醒自己這一點。

101 ｜ **完全實現自我的你，是什麼模樣。**那個自我擁有什麼樣的思維。會對什麼心懷感激，會愛誰。要成為理想中的自己的第一步，也是最重要的一步，就是想像他們。一旦你做到了這一點，剩下的一切都會水到渠成。

第 14 篇

二十多歲後
就該放棄的期望

01 | 你注定不同凡響。

不同凡響的人就是那麼——罕見。意識到這一點,並不表示你要放棄自己的潛力,而是表示你正在消除掉一些幻想——過去你所以為的完整自己以及完美生活的幻想。我們總愛宣言「萬中選一」的成功故事,彷彿這是努力工作和實踐自我之後,自然而然會達成的最終目標。事實並非如此。你真正應該問自己的是,有什麼工作,是即便缺乏掌聲,你仍舊願意去做的?有什麼事情,是就算沒有得到他人的認可,也值得投注心力的?如果得不到多數人的認可,只有極少數的人愛你,你會有什麼樣的感受?在平凡中發現不平凡,才是真正的不同凡響。

02 | 你的人生才剛剛開始。

讀到這篇文章的人,有些人活不過二十多歲。有些人活不過中年,甚至活不過今年。如果有必要,可以在你的桌子上放一個骷髏頭——沒有人認為自己會英年早逝,但這並不意味著這種事不會發生。

03 | 你的缺點更情有可原,你的優點更與眾不同。

許多人基本上都抱持著這樣的心態:相信自己不必對心中的擔憂負起太多的責任,而自己在擅長的領域則是表現出色,但這樣的想法,最終只

會讓你變得弱小。如果不承認自己的錯誤選擇帶來嚴重的後果,你肯定會再犯同樣的錯。如果你的生活方式和言行舉止,覺得只要比別人優秀一點,就可以敷衍了事,那麼你永遠都不會真正盡力去嘗試。

04｜你想成為什麼樣的人都可以。

如果缺乏火箭科學家的智商,你就不可能成為火箭科學家。如果缺乏成為專業舞者需要的手腳協調能力,你也不會成為專業舞者。非常想要某樣東西,並不表示你有資格擁有它。

你不可能適合每一種職業,但如果你努力工作、不放棄,又碰巧處於有利的環境,你或許能夠做一些符合你能力與興趣的事。如果你真的很聰明,就會知道這是值得感激的事情,縱使人生難免仍會遇到不順的日子。

05｜你可以智取痛苦。

你無法透過思考擺脫痛苦。你無法預測痛苦、避免痛苦,或假裝沒有感覺到痛苦。如果這樣做,你只能活出生活中美好的一小部分,也只能擁有一小部分的真實自我。

06｜愛是他人所賦予的。

人無法徹底改變他人的情感,而有趣的是,人類這種生物是如此痴迷於「希望大家都愛我」的這種想法。因為一旦我們認為別人愛我們,我們就會允許自己去感受到愛。這是一種心理遊戲:我們仰賴除了自己以外的每一個人,來感受本來已經存在我們體內的東西。(如果你認為愛無所不在,但只是不存在於自己的腦海與內心,那麼你將永遠無法擁有愛。)

07｜如果對某件事有很強的感受,那就表示這是「命中注定」。

你無法依據某件事(或某個人)帶給你的感受強弱,來判斷這是否就是

你的「命中注定」。許多人深深感受到，自己注定要在某領域發光發熱，但他們卻欠缺所需的技能或毅力；多數結婚的人都深深感受到，他們正處在一段正確的關係中，但這並不表示這段婚姻有一天不會以離婚告終。

分手是命中注定的，失業、傷心跟失望也是如此。我們是怎麼知道的？因為這些事情經常發生，它們是生命轉向的關鍵原因。忘記你為自己構築的人生終極願景吧。它的存在方式永遠不會如你所認為的，它只會讓你浪費掉現在所擁有的一切。人生最終只有一個目的地——你唯一急於奔赴的，就是你生命的終點。

08 ｜ 如果為自我成長付出了夠多的努力，你就不會再苦苦掙扎了。

如果為自我成長付出了夠多的努力，你就會明白努力的目的。

09 ｜ 你可以控制別人對你的看法。

你可以控制自己要如何對待別人，但實際上你無法控制他們的想法。你認為特定行為會引發特定反應的想法是一種錯覺，這種錯覺將操控你一輩子。這種想法會讓你離理想的自己與理想的生活越來越遠。而且這麼做能得到什麼？無論如何，人們還是都會根據自己的主觀感受去評斷、批評、譴責、喜愛、欽佩、嫉妒、貪求。

10 ｜ 努力一定會成功。

如果你想把某個特定的結果，作為你努力工作的最終目標，那麼你很可能會失望。努力工作的意義在於，意識到這件事情可以讓你成為什麼樣的人，而不是它能「給予」你什麼（前者你可以控制，後者你無法控制）。

11 ｜ 一旦環境改變，你的想法就會隨之改變。

多數人都認為，一旦他們的生命有了改變，他們的想法也會隨之改變。

一旦出現了一個愛他們的人,他們就會認為自己值得被愛。一旦他們有錢,他們就會對金錢抱持不同的態度。不幸的是,事實恰恰相反——例如,一旦你對金錢抱持新的思維方式,你的行為就會開始有所不同,然後你就會處於不同的財務狀況。你的想法能夠創造生活,而不是生活能夠創造你的想法。

12 | 其他人要為你的感受負責。

只有在家裡,你才握有絕對的掌控力,可以決定別人對你說什麼話,以及誰可以待在你家。出了家門,你就要生活在多元世界。在這個多元世界,有人會「冒犯」你和你的觀點。如果你認為自己是萬眾矚目的焦點,並且要為每一個跟你合不來的意見和想法賦予意義,那麼你的人生將會活得非常困難。想要改變他人對你的看法和對待你的方式,不是要仰賴你的熊熊怒火,而是端視你是否願意去解釋、告知和分享。自我防禦永遠不會帶來成長,反而會阻礙成長。

13 | 高情商就是永不犯錯又泰然自若;自我肯定就是相信自己是完美的;快樂就是萬事太平。

高情商是指好好感受、表達和解釋自身感受的能力;自我肯定是,儘管你並不完美,但仍然相信自己值得去愛和被愛;快樂取決於你如何去應對問題,以及是否將問題視為機會。

14 | 對的人會在對的時間出現。

你一生的摯愛,不會在你做好萬全準備後才出現。以下的事情,多半也不會等你預先做好萬全準備:看到報章或網路刊登出了你夢寐以求的工作機會;或者是買一間房子;甚或可能是有孩子;又或可能是辭掉工作,嘗試去寫那本你想了好久的書;或是生病;或是親人過世;或是你一命嗚呼。如果你總是在等待那種「我已經準備好了」的感覺,你可能會無止境地等下去。更糟的是,你會錯過眼前的大好時機。

15｜你可以推遲自己的快樂，或是把快樂先存起來，就像在銀行裡存錢一樣。

人會推遲快樂，是因為這麼做會讓他們感到安心。他們會急著去找下一個需要解決的問題、下一個需要克服的障礙、另一條途徑，直到他們能夠感受到，他們所知的快樂，已在他們的生命之中。你無法儲存快樂；你只能當下感受它，或是錯過它，就是這麼簡單。無論如何，快樂都是一時的。差別在於，你是否在第一時間，與它同在。

16｜焦慮和負面想法麻煩又討人厭，你必須學會阻止。

焦慮是生存的主要驅動力之一。要跟排山倒海而來的焦慮對抗，意味著你沒有好好聆聽它的聲音，或者你的生活裡出現了一些重大的問題，但你拒絕去解決或採取行動。負面想法的力量在於，它能告訴你什麼是重要，以及如何去應對生活。

17｜如果只關注自己的需求，將獲得最大的快樂。

儘管網路上的許多角落都讓你相信這件事，但自我的滿足只不過是快樂的先決條件。這是快樂的基礎。這件事情確實很重要，但卻不是人類繁榮興盛的基石，人與人之間的深度連結才是。為了你所愛的人和你所相信的事物而做出承諾、犧牲、一而再再而三地嘗試，才會讓你的人生變得有價值。滿足自己的需求只是第一步，並非最終目標。

第 15 篇

現在的我，
想要做什麼？

　　如果你問任何一個年輕人，生活中的主要壓力是什麼，答案很可能與不確定性有關。如果用一句話來總結，那就會是：「我不知道自己這輩子在做什麼。」

　　你聽過多少次有人這樣講？（這句話你自己講過多少次？）八成不少次。應該要「知道自己在做什麼」的這種想法，是一大坨社會精心製造出來的狗屁，從幼兒園開始，就強加在我們的心靈上，給我們帶來了阻礙。

　　沒有人——一個人也沒有——知道「我們這輩子在做什麼」。我們沒辦法總結自己的人生大方向，時機還沒成熟；我們不知道自己五年以後會做什麼，這跟為人生負責或有無人生志向無關；我們本來就應該要順著生命之流前行，忘掉那些我們以為正確的生命敘事；一旦我們假裝自己可以預測未來，我們就會切斷與內在導航系統的連結，無法順著它的指引過日子。

　　你沒有虧欠年輕時的自己任何東西。
　　你沒有責任去成為你曾經夢想過的自己。
　　但你確實虧欠此刻身為年輕人的自己一些東西。

　　你知道為什麼沒有得到想要的東西嗎？你知道為什麼你不是夢想過的自己嗎？因為你不再想要那些東西了，其實這樣還不錯。如果你真的想要，你會得到那些東西，成為那樣的自己。

如果你想知道「自己這輩子該做什麼」，那麼你很可能處在不確定的某種邊緣狀態：你放下曾經的渴望，允許自己去追求現在想望的事物。

　　認為自己「這輩子應該做什麼」，能降低你對生命的飢渴。它以一種幻覺來撫慰你的心靈：你的生命道路已經出現在你面前，你不再需要做出選擇，換句話來說，你不再需要負起責任，去成為那個你想要也需要成為的自己。

　　對生命的不滿足很重要。因為徹底的滿足，很快變成自負。一旦對生命感到滿足，人們就不會茁壯成長。會變得停滯不前。

　　所以，去他的「知道自己在做什麼」。

　　你今天在做什麼？你愛誰？什麼讓你著迷？如果可以成為任何人，今天的你打算做什麼？要是社群媒體不存在呢？這個週末你想做什麼？

　　「我想要什麼？」你每天都需要問自己這個問題。適合你的事物會織就你的生活；那些一次又一次出現的事物，就是你要追求的。它們會成為讓你停留、做出選擇，以及吸引你的同伴，最後真正的核心才會勝出。

　　聆聽核心真實之聲吧：現在的我，想要什麼？

第16篇

八種認知偏差正在形塑你體驗人生的方式

好消息是，你的生活可能跟自己想像的不同。不幸的是，這也是個壞消息。正如諾貝爾獎得主心理學家康納曼（Daniel Kahneman）所說：「人們對自身信念所抱持的信心，並無法當作證據，用來衡量那些信念品質的高低，只能用來衡量大腦所構建的故事是否合情合理。」

然而，用來構建故事的工具，不僅僅是我們的經驗、希望、欲望和恐懼。有些心理偏誤會使我們看不見客觀現實。從某種意義上來說，我們的集體現實，只不過是自己的主觀經驗對上他人的主觀經驗。不明白這一點的人，會認為他們的主觀經驗其實是客觀的。我們之所以無法和平共處，並不是因為欠缺或固有的社會功能障礙，而只是缺乏對自己最基本的了解。

自古希臘哲學以來，人們研究被稱之為「素樸實在論」（Naïve realism）的現象，意即我們所看到的世界其原本的模樣，是對現實客觀準確的重現。心理學家大衛・麥瑞尼（David McRaney）總結如下：

「過去一百年的研究顯示，你——和其他每一個人——仍然相信某種形式的素樸實在論。你仍然相信，儘管進入腦袋的東西可能並不完美，但當你開始思考和感受之後，這些想法和感受就會是可靠和可預期的。我們現在知道，你永遠無法了解所謂的『客觀』現實，而我們也知道，你永遠也無法了解有多少主觀現實是虛構的，因為除了大腦篩選過後的資訊之外，你從未體歷過任何其他事情。你所遭遇過的一切，都只發生在你的大腦裡。」

那麼，到底是什麼偏誤對我們影響如此深刻呢？首先要說的是，雖然有很多偏誤是可以被識別出來的，但並沒有任何規矩表示你不能創造自己獨特的偏誤——事實上，大多數人都很可能會這樣做。然而，這些偏誤可能來自以下八種偏誤的合體。

01｜投射偏誤

因為我們對世界的唯一體驗方式，只能透過自身的五感，最後透過自己的心靈，所以不可避免地，我們會將自己的偏好和理解，投射到我們所看到的事物上，並據此進行詮釋。換句話說：世界的面貌，源於我們的認定。我們會因為自身對於他人是否「奇怪」與「不同」的判定標準，而高估了其他人的典型或正常程度。我們假定他人的思考方式跟我們一樣——因為我們所知道的一切，都源於自身的內在敘事和對世界的詮釋。

02｜延伸思維

延伸思維指的是，我們把當前的狀態當作一個長久性的情形，投射到整個人生中。我們依據當下對我們的「意義」做出假設，然後相信事情將永遠如此——這就是為什麼不幸總讓人覺得如此難以克服，而幸福卻又如此轉瞬即逝（因為擔心幸福不會永存，所以我們失去了幸福；因為擔心悲傷會永遠持續下去，所以我們創造了悲傷）。

03｜定錨效應

我們太容易受聽到的第一個訊息的影響。例如，我們的世界觀，往往是父母雙方世界觀的總和，而不是我們最早誕生的信念。在談判過程中，第一個提出報價的人，創造了一個「可能的範圍」。如果你聽說過三個人出版了書以後，都拿到差不多金額的稿酬，你就會去假定自己出書可以拿到多少稿酬——縱使這只不過是你獲得的第一個參考框架。

04 | 負面偏誤

我們控制不住自己不斷地去看一樁樁車禍事故、把注意力放在壞消息上、發現自己徹底地受到他人生命中的毀滅及戲劇性事件所吸引——這並不是我們痴迷於不幸或是個徹頭徹尾的受虐狂。其實這是因為，我們只有能力去關注事情的部分，而我們認為負面的新聞更重要、更強烈，所以我們應該先將注意力放在該處。造成這種情況的一部分原因，在於事物的神祕性本質（人類之所以會有負面偏誤，有其存在層面的意義性。如果不了解這一點的話，我們就會受到這種偏誤的吸引）。

05 | 保守性偏誤

保守性偏誤是「定錨效應」的姊妹，它指的是，唯有先相信某件事情，我們才有辦法更相信它。換句話來說，這是對於接受新資訊所抱持的擔憂——縱使這個新資訊更準確或有用。

06 | 集群錯覺

「集群錯覺」指的是，你開始在隨機的事件中看到某種規律，但其實是你下意識決定非看見不可。類似的情況有：不管視線看到哪裡，你都能看到自己想要的汽車；或是在自己穿著紅色衣物時，也開始留意到每個身穿紅色衣物的人。你潛意識地創造出了一種規律——即便對其他人來說，會認為這只是隨機——而這是因為你正在尋求確認偏誤。

07 | 確認偏誤

確認偏誤，是最常見的偏誤之一。一旦我們開始選擇性地去聆聽特定資訊——那些資訊能夠支持或證明我們對某個想法，或是眼前的狀況，所抱持的先入為主的觀點——時，確認偏誤就發生了。我們就是藉由這種方式，讓我們以及我們的世界觀跟外界絕緣。我們也會透過這種方式來自我認可。

08 ｜ 支持選擇偏誤

　　相較於沒有做出選擇的情況，一旦你有意識地去「選擇」某件事以後，你往往會對那件事情抱持更正面的看法，並主動忽略掉它的缺陷。這就是為什麼「我們可以自主決定自己適合什麼」這個想法如此重要——因為它永久性地決定了我們與那件事物的關係。

第 17 篇
心理強大的人 不會做的事

01｜他們不會相信自己的每一種感覺都具有意義。

他們不會為自己的每一個感受賦予價值。他們知道再堅定的想法不代表就是事實。

02｜他們不會害怕犯錯。

他們明白，擁有一個錯誤的信念或不正確的想法，並不會使他們失去作為人的價值。

03｜他們不會用邏輯來否定自己的情緒。

他們會認可與接納自己的感受。如果別人有某種感受，他們也不會說那是「不應該的」。

04｜他們不會對看到的一切都賦予意義。

尤其是他們不會假設自己所看到或聽到的一切，都與自身有關。他們不會拿自己和別人比較，因為把別人和自己相提並論的想法，說好聽是無知，說難聽是自私。

05 | 他們不需要證明自己的能力。

相較於誇張表現出無所不能，他們主要呈現的性格是平和、自在，這才是真正有安全感的人的特徵。

06 | 他們不會迴避痛苦，縱使他們害怕痛苦。

為了改掉舊習慣，他們願意忍受不適感。他們探索人際關係的問題，不會逃避而轉移自己的注意力。他們意識到，不適感源於逃避痛苦，而非源自痛苦本身。

07 | 他們不會為了抹殺對方的優點，而去尋找他們的缺點。

看到他人獲得成功，他們不會刻意去尋找對方的失敗之處。

08 | 他們不會（過度）抱怨。

人們會抱怨，是希望別人能注意並認可他們的痛苦；即便不能解決真正的問題，也是一種另類肯定。

09 | 他們不會只往壞處想。

那些從第一步跳到最後一步、滿腦子只想著最壞情況的人，通常沒有信心在意外發生時能照顧好自己，他們會做最壞的打算，卻也失去了過程中能夠得到的最好的東西。

10 | 他們不會列出人們「應該」或「不應該」做的事情。

他們認知到「對」與「錯」是兩種主觀性極高的事物。如果你相信所有人都需要遵守的普遍行為準則，只會讓你不斷面臨失望。

11｜他們不認為自己有資格判斷對錯。

尤其是向朋友提出建議時，他們並不會把自己的反應，認定適合每個人的解決方案。

12｜他們不會從個人經驗中得出普遍的結論。

他們知道自己每天所經驗的，只有一小部分的世界，因此不會對人類做出概括性的結論。

13｜他們不會因為身邊的人不同，而改變自己。

每個人都害怕被拒絕，但並不是每個人都能真正體驗到自在做自己，才會感受到的被接納的感覺。

14｜他們可以在不咄咄逼人或自我防衛的情況下，堅持自己的立場。

雖然聽起來很矛盾，但攻擊性或防禦性都是缺乏安全感的表現。冷靜地守住自己的立場，是內在決心和自我肯定的展現。

15｜他們不會假設自己的生活將永遠如此。

他們總會意識到，自己的感受都是暫時的，好壞皆然。這讓他們更容易專注於正面情緒、釋放負面情緒。

第 18 篇

我們對情緒的十個主要誤解

01｜情緒虐待所帶來的長期影響，可能跟身體虐待一樣嚴重——甚至還更嚴重。[11]

情緒不被重視，因為它不常被「看見」。任何類型的虐待，所造成的長期影響的嚴重程度，並沒有那麼不同。情緒虐待與身體虐待很類似，都會系統性地削弱一個人的自信心、自我價值和自我概念。情緒虐待有很多種表現方式，包括控制、威脅、貶低、輕視、批評、吼叫等。

02｜記憶創造出情緒，而情緒存活的時間比記憶還久。

我們會將過去的情緒，投射到現在生活的情境中。也就是說，除非我們得到療癒，否則我們永遠都會被它所控制。此外，我們非理性的恐懼和最嚴重的日常焦慮，都可以追溯到一個源頭，解決這個源頭問題，才能有效地停止它所帶來的影響。

03｜有創造力的人之所以會感到憂鬱，是有原因的。[12]

負面情緒的表達和體驗，與右腦的額葉皮質（以及杏仁核等其他結構）

---

[11] 請參閱：Spinazzola, Joseph. "Childhood Psychological Abuse as Harmful as Sexual or Physical Abuse." Psychological Trauma: Theory, Research, Practice, and Policy. 2014. American Psychological Association. http://www.apa.org/pubs/journals/tra/index.aspX

[12] 請參閱：Adams, William Lee. "The dark side of creativity: Depression + anxiety x madness = genius?" CNN. 2014.

的活化相關。換句話說，無論當下所遭遇的事實是什麼，當你持續發揮創造力，並將抽象意義賦予到現實事物時，這些區域也會被活化。

04｜恐懼並非表示你想要逃避，而是表示你有興趣。

　　無論你相不相信，與恐懼最相關的情緒，就是感興趣。甚至還有人說，恐懼有兩張看不見的臉：一面想逃走，另一面想探索。也就是說，沒有任何東西對我們而言是「可怕」的，除非某部分的我們想了解它、也知道我們是這種恐懼的一部分，並覺得它將會成為我們一部分的經驗。

05｜擁有快樂以外的情緒，並不表示你失敗了。擁有各式各樣的情緒才健康。

　　負面情緒對你有好處。事實上，不斷持續地只感受到「快樂」──或任何情緒──是罹患精神疾病的徵兆。我們的大腦跟身體本來就不是為此而被建構出來的。也就是說，你不應該隨時快樂，應該聆聽身體要跟你說什麼。負面情緒，是某些事情不對勁的訊號。當它提醒你時，你一定要處理。

06｜情緒可以「預測未來」，換句話說，直覺真的存在。

　　哥倫比亞大學一項被稱為「情緒先知效應」（Emotional Oracle Effect）的研究[13]，基本上證明了，相信自己情緒的人可以預測未來的結果。因為對自己情緒深入了解的緣故，使得他們有了一扇通往潛意識的窗戶，而潛意識或多或少正是一個儲存了大量無意識知識的地方。

07｜與身體疼痛相比，我們更常回想起社交疼痛（Social pain）[14]。這也是為什麼一些研究人員認為，從某種意義上來看，社交疼痛的傷害性，比身體疼痛的傷害性還高的另一個原因。

---

13 譯者註：指的是取決於他人思想、感情、行動的情緒。常見的社會情緒包括：尷尬、內疚、羞恥、嫉妒、同情、驕傲等。
14 譯者註：指的是因社交行為而產生的心理不適。根據科學研究，身體疼痛跟社交疼痛的神經傳導方式有其共通性。

如果沒有任何心理因素導致我們的身體疼痛，或者更準確地說，如果有一段往事，它的情節已經嚴重到，我們需要去處理或重新調整自己與生俱來的本能，才能繼續生存下去的話，那麼我們就會保存這段記憶；反之，我們則會選擇遺忘。然而，我們的大腦會優先將被他人拒絕、其他社會情緒或羞辱等記憶留存下來，因為我們需要留在「部族」裡才能生存下去。

08｜壓力可能是最危險的情緒（尤其持續存在時），而且比其他情緒更容易被掩蓋。

　　放鬆不是為了犒賞自己，而是絕對必要的。壓力會使身體的每一個部分都變得虛弱，而且總會以某種方式，跟世界各地的首要死亡原因有所關聯：諸如事故、癌症、心臟病、自殺等等。

09｜社群媒體其實讓我們的情感更加疏離。

　　長期沉浸在他人描述生活的隻言片語及零碎片段中，會讓我們拼湊出一種特定的現實觀念——跟事實相去甚遠。我們對社交媒體——以及自己的生活是否真的達到他人的期望——產生了焦慮，以至於我們盯著螢幕看的時間勝於真實生活面對面的時間。作為人類這種需要親密關係（無論是否涉及愛情）才能生存的生物，社群媒體變成了一股越來越有害的力量。

10｜「你不能選擇性地麻痺情緒。一旦麻痺了（不好的情緒），我們也就麻痺了喜悅，我們也就麻痺了感恩，我們也就麻痺了快樂。」

　　布芮尼・布朗（Brené Brown）認為，你不可能單只麻痺一種情緒體驗，而不會連帶麻痺其他所有情緒[15]。你漠視悲傷，同時也無法感受快樂。也就是說，無論好壞，盡情去體驗一切吧，這種生活方式才更健康。

---

15 請參閱：《脆弱的力量》（*Daring Greatly: How the Courage to Be Vulnerable Transforms the Way We Live, Love, Parent, and Lead*，2013 年，馬可孛羅）

第 19 篇
你沒有意識到的小事，正在影響你的身體感受

01｜**你的父母對自己的身體抱持什麼感受，以及他們對自己及他人的身體有什麼樣的評價**——即使當時你還小，或者他們以為你沒有在聽。所以我最喜歡的一句話，是這麼說的：「我們和孩子說話的方式，將成為孩子內在的聲音。」

02｜**P圖的效果已經優秀到讓你看不出來有P圖**（因此你對「正常」的認知完全被扭曲了）。

03｜**第一個跟你約會／發生關係的人的態度，以及他們是否欣賞當時你那與眾不同的身體**（你的身體現在依舊與眾不同）。無論出於什麼原因，人們對於身體的焦慮，通常都可以追溯到最初的經驗，尤其是負面的經驗。

04｜**你如何批評他人**。你最先浮上腦海的、羞辱他人的話——特別是身體上的——指涉的對象與其說是別人，主要其實是你自己。

05｜**你的朋友對待自己的身體和行為的方式**。重要的不是他們對你說了什麼話，或是他們如何談及自己；而是你從他們的行為中，學到了什麼。我們下意識地會採納與我們來往最密切的那群人的思維方式。

06｜**你的精神食糧來自哪些媒體**。你所閱讀的書籍和雜誌、你所瀏覽的網站、你狂追的電視劇——所有這些結合在一起，就創造你心目中「正常」和「理想」的概念，而這些想法通常來自你最認同的那些角色。

07 | 你的成長背景和家鄉。食物是文化不可或缺的一部分——我們的社交行為有很大一部分都繞著食物打轉——它與你成長過程所接觸的文化息息相關。情緒性進食的習慣，可能是從年輕時就開始養成了；而親戚無心批評你的身材，可能在一段時間之後，就深深地烙入你的心靈。

08 | 你是否曾在一段感情中感覺到你們的連結，**不僅僅是肌膚之親**。人其實很難相信，就算不仰賴對肉體結合的期盼，愛情依舊可以存在。一旦體驗過這種感受之後，你就會開始意識到，外表其實並不是最重要的。

09 | 你健身的目的，不只是為了擁有更棒的身材，更能鍛鍊你的內心，**讓生活與生命的道路走得更穩健**。

10 | 你跟他人之間的友誼有多真誠。如果你只是為了生活的便利，才與人保持關係。如果你生活中每一個人——就你所知——之所以覺得你重要，都是因為你能夠為他們做些什麼，而不是因為你本身的價值，那就表示，你通常把心力放在如何讓身材和外貌更被認可接納。

11 | 人們在街上大聲喊出的評語——即使口哨的「本意」是讚美（這種說法很武斷，還請見諒），它們仍然將你的身體貶低成了商品。

12 | 你對健康及有關體型的遺傳基因，有多少了解。事實上，我們永遠也不會失去任何脂肪細胞，它們只會縮小。此外，大與小／重與輕的概念，對每個人來說完全是主觀的。如果你只透過跟他人比較，來衡量要不要接納自己的身體，那麼你永遠都不會感到滿意。

13 | 如果你只憑會不會讓你變漂亮？讓你有什麼感覺？對你有什麼好處？來判定食物的「好」跟「壞」，這種做法只會扭曲你的想法，讓你不知道有哪些食物，從整體的角度來看，對你的身體是很重要的。

14 | **不願花時間去戶外**。太陽能讓你的身體再生——我們的身體，一如我們吃的食物，都需要太陽提供能量——不讓你的身體，獲得溫暖和光線的來源，就是在消耗讓你心情愉悅的荷爾蒙，和你賴以為生的

其他一切。

15 | **沒有找到更重要的東西，來作為自我價值的基礎。**當你覺得自己沒有什麼更重要的東西，可以提供給這個世界的時候，你所關注的焦點就會停留在最容易被看見和判斷的事物上。

16 | **單相思。**人們很容易將某個人之所以對你不感興趣的原因，歸咎於身體方面的問題；但是只有在你瘦了十公斤後才會愛你的人，無論如何都不是你會想要在一起的對象。

17 | **對名人身材的持續關注，看越多就越在意。**無論是「產後瘦身成功」，或只是經歷了人生的起落，她們所受到的關注，幾乎都會讓人覺得，生完孩子以後，執著要減掉多出來的五公斤，是很正常的事情。她們工作的一部分，就是要忍受別人嚴苛的目光，這非常可怕，但你不需要。這種行為，對任何人都沒有幫助。以你自己的標準，來要求自己就好。

18 | **忘記了我們的身體本來應該要拿來做什麼——大笑、玩耍、跳躍、擁抱和愛人——**從進化的角度來看，擁有兩條輪廓分明的人魚線，對於你要做的上述幾件事情來說，絲毫沒有任何幫助。

第 *20* 篇

享受你擁有的，
而不是追逐你沒有的

　　里程碑是你不斷進步的標誌——但它們不會像你想的，讓你產生情感上的滿足。我們不理解，每當新年來臨時，我們下定決心要改變的，總是我們的生活，而不是我們自己。但是，如果我們把設定的目標改為，是愛我們所擁有的，而不是追逐我們所沒有的呢？如果我們意識到，其實這才是我們最初所追求的呢？這是一件值得思考，甚至可以稍微嘗試一下的事情。以下是一些能幫助你踏出第一步的想法：

01｜**從上次停止的地方繼續**。讀完讀了一半的書。吃掉食物儲藏櫃裡的東西。用一種前所未有的搭配方式，去穿搭衣物。認真道歉。打電話給老朋友。重新思考以前放棄的計畫。嘗試新的走路或行駛路線。

02｜**找出方法，來欣賞他人本來的樣貌，而不是你希望他們成為的樣子**。你不是去判斷誰才值得你的愛與善意。你不是要去「修正」任何人。你唯一的職責，是自在地以合適的方式去愛他們。你不是任何人的神。

03｜**騰出時間和老朋友相處，而不是去尋找新朋友**。不要再去數自己有多少個朋友了；彷彿只要達到某個數字，才會讓你覺得自己被愛。請開始去體會，在生命中，哪怕只有一個親密的朋友，也是難能可貴而無比美好之事。不是每個人都像你這麼幸運。

04｜**每天，寫下身體允許你做的一件事**。無論是觀看最喜歡的節目，還是

在上班途中，聆聽街上的各種聲音；或者看著電腦螢幕；或者擁抱你所愛的人。把注意力放在身體能做什麼，而不是身體看起來能做什麼。

05｜**學會愛那些不需要花太多錢的事物。**學會去愛簡單的食物和烹飪、身在戶外、朋友的陪伴、散步、看日出。一夜好眠、工作一天的美好。

06｜**開始寫一本「簡單日記」，用一到兩句話，來總結一年之中的每一日。**寫日記這件事情，之所以只能維持一週左右，是因為沒有人有時間（或精力），去深度或廣泛地詳細記述自己的日常生活。然而，沒有這麼做的話，我們就會錯過難得的機會，讓我們看到自己已經走了多遠，以及我們的生活最終是由哪些元素所構成的——所以讓寫日記簡單一點吧。只要在上床睡覺前，寫下一句話來總結這一天就好。一年之後，你就會慶幸自己有這麼做。

07｜**在現在的工作中，找到意義和喜悅，而不是從你希望擁有的工作中尋找。**想要在工作中找到成就感，從來都不是去追尋你以為有「生命意義」的工作，而是將生命意義賦予你所做的事情中。

08｜**創造屬於你自己的節日。**讓一年之中最特別的那些日子，反映出你的真實自我、你鍾愛哪些事物，以及你想如何慶祝自己的人生。

09｜**進行「精簡支出」。**也就是在一段時間之內，只使用你擁有的物品。學會讓自己為了更重要的事情，而拒絕片刻滿足，並讓自己知道，你已經擁有了所需要的一切，或者至少，你所擁有的比你想像的還要多（即便感覺起來不像）。

10｜**給你的每樣東西一個「家」。**這是讓你能夠在自己的空間裡感到平靜的關鍵。仔細檢查你所擁有的物品，只留下對你來說有意義或美麗的東西，然後為每樣東西指定一個「家」，也就是一個它們每天晚上可以重返的位置。如此一來，就能讓你的空間維持著一種輕鬆而舒心的流動。

11 | **學會量入為出——無論賺多少錢，你的「支出百分比」都會保持不變。**
如果你習慣將所有的收入視為「可花費金額」（而不是可投資、可儲蓄金額等），那麼不管賺多少錢，你永遠都會維持這種用錢習慣。唯有學會以輕鬆自在的心態過著量入為出的生活，才能夠在賺到更多錢時，真正地實現你的目標。

12 | **打電話給你的媽媽。** 不是每個人都擁有這個特權。

13 | **立志成為賦予事物意義的人，而不是透過事物來賦予人生意義。** 與其追尋「成功」，不如追尋仁慈。與其相信財富，不如相信智慧、仁慈和開放的心胸，才是美好生活的標誌。

14 | **早上做最重要的事。** 在你擁有最多精力的時候，投入去做最重要的事情。這麼做，還可以幫你界定，確認對你來說真正重要的事。

15 | **捨棄對你不再有用的事物。** 透過學習放手小事，教會自己放手大事。一旦能夠鬆手放掉會讓你產生負面聯想的事物，你就更容易避開負面的想法和情緒。

16 | **掌握好自己做事的步調——無論何時，無論何事，只要你在做的時候，無法感受到自己的呼吸，那就表示你做得太快了。** 無論在做什麼，你都要把身體的放鬆視為首要之務。隨時感受自己的呼吸。做任何事情都要專心、用心、活在當下。我們應該重質，而非重量。

第 *21* 篇
不讓非理性想法毀掉人生的一〇二種方法

01｜學會區分實際發生和你腦海裡所想的情況。

02｜學會分辨「認為」與「真實」之間的差別。你認為的感受，可能與你真實的感受不同——前者通常是短暫的，後者則更深刻、持久。

03｜不要在森林裡一片漆黑之時，還試著要找出一條路。受到強烈情緒吞噬的時候，也是你最想要試圖改變的時候，但那卻是最糟的時機。不要在情緒低落的時候，做出決定。先讓自己的心情回到平穩的狀態。

04｜火焰能燒毀房子，也能在每晚為你煮晚餐、在冬天為你保暖。你的心靈也一樣。

05｜意識到焦慮源於羞恥。你認為真正的自己或正在做的事情是「不對」的，因此催生出一股想要幫助自己「修正」或改變的能量。你之所以痛苦，是無法驅散那種緊迫而恐慌的感覺。這是一種對於自己的本質與言行舉止的錯誤認知。

06｜在一張紙上寫下與自己有關的敘述，來改善你狹窄的視野。首先寫下：「我的名字叫做……」然後繼續列出自己住在哪裡、從事什麼樣的工作、有哪些成就、跟哪些人來往、正在做什麼、有什麼讓你引以為傲的事。

07｜意識到想法雖然是幻象，但卻是強大的幻象。盤點一下，你曾經想過、擔

心過，但結果並非如你所料的所有事情。想想曾經浪費了多少時間，來應付那些永遠不會成真的事情和只存在於你腦海中的困境。

08｜**練習消極想像。** 為你那些無形的恐懼，創造出實際的解決方案。讓自己知道，就算失去工作或男朋友，你也不會真的死掉。列出你最擔心的事情，想像出最壞的結果，然後制定一個計畫，說明事情如果真的發生了，你要如何去因應。

09｜**別再只當個頭腦派的人了。** 用雙手做點事吧。煮飯、打掃、出去走走。

10｜**擺脫單向思考。經常憂心忡忡的人，都很堅持自己那套關於是非黑白的想法。** 他們看不到複雜性、機會，他們眼中所見，永遠只是現實的冰山一角──至於冰山的大部分，他們全然無所知，也全然看不見。

11｜**練習健康的不適感。** 學會擁抱壓力，而不是抗拒壓力。

12｜**改變你的目標。** 我們的目標，不是要一直維持「正向」的感受，而是要能夠在沒有壓抑痛苦的情況下，表達合理的情緒。

13｜**一旦有某個想法讓你心煩意亂，問自己這些問題：「這是真的嗎？我能百分之百確定這是真的嗎？」** 多數時候，其中一、兩個答案，都會是「否」。

14｜**多找一點事來做。** 如果你週期性地被各種非理性想法內耗，那麼你應該多找些事做，來讓自己轉移；多找些方向，來讓自己前進；多找些目標，來讓自己投入。確保生活方式，比你所想的更具生命力。

15｜**接受這樣的事實吧：怪異、不正確、令人不安的想法無所不在，每個人都會有，而這些想法，並不會對現實世界帶來任何影響。** 你不是怪胎。你沒有病（應該吧）。你只需要學會不要被自己的想法嚇到。

16｜**生命中的某些事情確實需要改變時，你通常不會發生驚慌失措的情況。** 憂鬱、憤怒、抗拒、悲傷……這些都是事情不對勁的時候才會發生

的。不要再用自己的恐慌程度，來衡量事情有多糟糕；先知道情緒平穩時是什麼感覺。想要判斷事情是否真的出了差錯或非常順利，你必須先覺察自己持續在做的事情，以及你平常有的感受。

17｜**負面情緒不斷攀升時，你要有辦法大聲說：「我非常慌張。我有一些不理性的想法。」**這麼做，是讓自己回到現實的第一步。

18｜**找出自己的舒適區，並不時地回到裡面。**離開習慣的地方，是一個漸進的過程──走太快的話，就會撞到牆。

19｜**證明自己是錯的。**讓自己知道，你的想法沒有任何事實根據。去看醫生，確認並沒有得了什麼不治之症，也沒有快要一命嗚呼。如果沒信心，就問問別人對你有什麼感覺。如果得到答案，就不要讓自己活在灰色地帶。

20｜**不要總是相信自己。**給自己犯錯的空間。敞開心胸，接受自己的「不知道就是不知道」。如果你的感受是源於一些非理性的想法，那麼那些感受很有可能是錯的。

21｜**相信那些能讓你感到心平氣和的事物。**即使一開始，「跟某人建立親密的關係」或「在夢寐以求的領域裡開始一段職業生涯」這些想法，會讓你感到害怕，但如果那是你真心想望的，那麼它也會給你一種「沒錯」的感覺。相信你那「沒錯」的感覺。

22｜**你最感不適之時，就意味著拓展自我的時機到了。**你需要學習以不同的方式去思考、觀察、行事。你需要敞開自己。如果不這麼做，你將永遠停留在作繭自縛的階段。

23｜**愛上未知的事物吧，因為它幾乎總是會帶給你超乎想像的好處。**至於那些超乎想像的壞處，其實是你想像中的產物，抑或是你自己的解讀──你誤以為它會對你的未來產生負面影響。

24 | 練習全然地接納。學習說出你避而不談的部分。你可以說：「我不愛自己的身體。我覺得自己現在有點卡住了。我對這段關係不滿意。我欠了一屁股債。」而不自我譴責。

25 | 意識到自己有三個層次：你的身分、你的羞恥感和你真實自我。你的身分是你的最外層，是你認為別人對你的看法。你的羞恥感阻礙了你表達真實的自我，而那正是你的核心。非理性的想法，正是從你那環住自己一整圈的羞恥中滋長和茁壯的。努力縮小別人眼中的你和你所了解的自己之間的差距吧。你的心理健康會發生明顯的改變。

26 | 學習深呼吸練習。如果你之前嘗試過，卻沒有效果的話，那麼聽起來大概會有點惱人吧，但實際上，情緒激動到無法自制時，深呼吸是最有效的非處方藥之一。

27 | 擴大自己的認知。如果感到不適，表示你被迫去思考自己不知道的事情。你受到了呼喚，要你以全新的方式去看待自己。敞開你的心扉，去看見可能性，或是你尚未見過的、自己的其他層面。

28 | 經常練習理性思考。你不應該相信，自己的大腦會自動自發地進行有益的思考。你必須訓練它。

29 | 訓練的一部分將包括，遇上不理性的事情時該怎麼做——那就是客觀地進行評估，確定這件事情是否對你有益，如果沒有的話，就一笑置之吧。

30 | 有時候會出現非理性的想法，來自你尚未完全承認或處理的、強烈的恐懼。等到你心情平穩之後，請找個地方坐下，誠實地告訴自己剛剛是怎麼回事。

31 | 找出那條區分「可控」與「不可控」之間的微妙界線。舉例來說，你可以控制工作時要投入多少精力；你無法控制其他人對你工作表現的想法。你可以控制每天要穿什麼；你無法控制他人對你衣物穿搭的觀感。

32 ｜ 不要再假裝你知道別人在想什麼。

33 ｜ 不要再假裝你永遠都知道未來會有什麼變化。

34 ｜ 要知道，你的自我意識，完全是屬於精神層面的，那是你理智的基礎。如果你相信，自己是那種能夠承受痛苦或失去的人，那麼你就會成為那種能夠承受痛苦或失去的人。如果你相信自己值得被愛，那麼當愛來臨之際，你就會體驗到愛的存在。

35 ｜ 努力透過非物質或不膚淺的事物，來重新定義你的自我意識吧。與其認為自己是個有魅力而且成功的人，不妨學著認為自己具備有彈性、渴望新體驗、能夠深愛他人等等特質。

36 ｜ 學習從更年長的自己的角度，來看待每一天的生活。

37 ｜ 想想兩年前，甚至五年前的自己。嘗試回想那段你生活中的某一天。留意看看，注意力是不是馬上就轉到了必須心存感激的事物上。今天就學著這樣做吧。

38 ｜ 有時候，要從任何打擊中康復，最好的方法就是努力去遺忘。並不是所有的事情都需要分析。

39 ｜ 想要遺忘的最好辦法，就是讓你的生活中充滿嶄新的、更美好的事物。你可能沒有預料到的事情、自己原來不知道的事情、你從未想像過自己竟然會喜歡的事情。

40 ｜ 接受非理性的想法，就像焦慮、悲傷或其他任何事情一樣，將永遠是你生命的一部分。它們不會消失。出現這些想法，並不代表你在走回頭路，或者偏離了軌道，或者某些事情出了嚴重的差錯等等。

41 ｜ 意識到憂慮和創造力之間存在著相關性。這是人類進化的最基本面向——我們越是害怕某件事，就越有能力去創造出解決方案，來適應另一種情況。將恐懼視為改善生活的催化劑，而不是你注定要遭受痛苦。

42｜請記住，你可以選擇自己的想法。就算你覺得辦不到，也是因為你選擇了相信辦不到。

43｜「選擇不受到傷害，你就不會感到受傷。不覺得受過傷害，你就沒有受過傷害。」——馬可・奧理略。

44｜走出家門，仰望星空，喝一杯酒。

45｜嘗試子彈筆記。回頭重讀時，你會開始看到各種模式，尤其是你的自我破壞模式。

46｜冥想，並想像與最年長、最明智、最理想的未來自己交談。你正在做的事情，就是深入挖掘自己的潛意識。讓你期望成為的人來引導你的選擇吧。

47｜大笑。

48｜打算把自己擔心的事情，向別人尋求建議時，先問問自己，你希望他們說些什麼。而那些話，就是你想對自己說的。

49｜和人聊天時，請對方跟你分享他們的愚蠢擔憂。看吧，不是只有你會這樣。

50｜努力培養自己的精神力。就像鍛鍊身體一樣，鍛鍊你的心智。鍛鍊自己的注意力、思考力、想像力。這是你能夠為自己的人生做的最棒的一件事。

51｜跟自己道謝。因為你很關心自己，才會在事情一開始的時候，就感受到恐慌。

52｜提醒自己，你所害怕的東西，是你所愛之物的陰暗面。你越恐懼，就表示你越愛它。學會開始去看見哪些是好的，就像你擔心哪些是不好的一樣。

53｜允許自己感覺良好。這就是我們喜歡別人愛我們的原因。沒有其他人，

能夠真正而徹底地改變愛的感覺——我們會渴望從別人那裡得到愛，是它可以讓我們打開心理開關，讓我們允許自己去感到快樂、自豪、興奮或滿足。「愛自己」這件大事的訣竅，就是你要學會自己來。

54 | **保持自己空間的乾淨整潔。**

55 | **如果有必要的話，可以對著鏡子背誦口號、禱文或勵志話語。**任何字句皆可，只要能讓你的注意力集中在正面而充滿希望的事物上。

56 | **把注意力用在你感興趣的事情上吧**——別只想著困擾你的問題。

57 | **如果做不到的話，就表示你還不夠了解自己。**沒關係。關鍵在於你現在意識到這件事了，並且也將開始學習。

58 | **練習快樂。**外在事件並不會創造出意義、成就感或滿足感，這些感受其實都來自我們的想法。如果心中抱持著缺憾的心態，無論擁有什麼或得到什麼，你永遠都不會感到快樂。

59 | **做些意料之外的事情。**預定一場旅行、跟覺得好像不太合適的人約會、紋身、你認為不會喜歡的領域找新工作。對於自己和生活，也許你還有所不知。你對自己的了解並不充分。你會繼續努力。

60 | **練習徹底地接受。**雖然並非都喜歡，仍然選擇去愛你的家、你的身體和你的工作。帶著感恩與願景的角度，來建構你的生活，而不是逃避自己的恐懼。

61 | **留意身旁的人。**最常陪伴你的人，將在往後的日子裡，大幅影響你未來的模樣。不可不慎。

62 | **花時間獨處，特別是在你不想獨處的時候。**你是自己的第一個，也是最後一個朋友。你會一直陪著自己，直到人生告終。如果連你都不願意花時間陪伴自己，那麼你又要如何指望別人來陪伴你呢？

63 ｜ **重寫你的「成功」故事。** 成功也許是擁有充足的睡眠。也許是去做你知道對的事情，儘管事實上，其他人也許不認為那件事情有什麼重要。有時候，成功就只是撐過一天或一個月。降低自己的期望吧。

64 ｜ **清楚寫出你的各種恐懼。**

65 ｜ **聽恐怖播客或看恐怖電影。** 讓自己置身於真正恐怖的事物中。（情況可能變得更好，或變得更糟，不過，試一下嘛。）

66 ｜ **勇敢做夢。** 如果你感覺自己不斷在腦海中思考同樣的問題，那就表示你還沒有想像到比現在更美好的未來。一旦有更重要的事情要努力——或者想要為某人成為更好的自己——時，你對自己執著的那些小問題，很快就會消失殆盡。

67 ｜ **不要將破碎的夢想與破碎的未來混為一談。**

68 ｜ **不要將破碎的心與破碎的生活混為一談。**

69 ｜ **制定一個你喜歡的計畫，其中包括充足的睡眠和休息時間，以及以現實為依歸的「你知道自己應該做的事情」跟「你真正想做的事情」。**

70 ｜ **認可自己。** 選擇相信自己所擁有的生活已經相當好了。

71 ｜ **花一個晚上（或幾個晚上）來沉思自己的過去。** 想想所有你拋掉的痛苦和悲傷。讓自己去感受那些事情。一旦你讓它們統統浮現，它們就不會再控制你了。

72 ｜ **決定做一件事時，是因為要追求快樂，而不是要逃避痛苦。**

73 ｜ **誠實地審視自己的生活，評估你究竟有多少的選擇，只是為了逃避痛苦，並思考那些恐懼是否真的有所依據。** 你是否故意看輕自己，好讓別人的看法無法傷害你？明明對方根本不重視你，你卻還踏入那段關係中，你之所以會做出這樣的選擇，是否只是為了不必去面對愛情讓你產生的脆弱感？

74 | 之所以會制定計畫來建立自己想要的生活，不是因為你討厭現在的生活，而是因為你愛上了自己終將成為的那個美好的人。

75 | 擦亮雙眼，去檢視你所認定的真理、你付出心力的對象、你拖延時所做的事，以及在家中環繞你左右的是什麼。

76 | 跟人來往。跟人來往。跟人來往。

77 | 製作一塊能寫上各種願望的願景板。或者更常使用Pinterest。看到自己想要的生活，是創造出那種生活的第一步。

78 | 請記住，你並不是因為失去了什麼，而感到沮喪。你之所以感到沮喪，是因為你從未有機會真正地擁有它。你之所以會感到後悔，不是因為你所做的事，而是因為你沒去做的事。

79 | 花時間去幫助別人。在遊民收容中心當志工、把自己的東西捐出去、幫孩子進行課後輔導。讓你的生活不只是滿足自己的需求。

80 | 將「快樂」重新定義為：不是當你得到想要的東西所體驗到的；而是對你來說有所意義並為之奮鬥時，你所感受到的。

81 | 專注於變得更好，但放掉最終目標。你總會變得更好，而不是變得完美。

82 | 讓別人愛上真實的你。你很快就會發現，批評你的主要對象，是你自己。

83 | 停止批判他人。每個人都有尊嚴、有自己的故事，也有理由為什麼會成為現在的樣子。你越能接納別人，就越能接納自己，反之亦然。

84 | 將你過度活躍的想像力轉化為創造力。寫一本瘋狂的小說。寫一則簡短的恐怖故事。創作歌曲，錄在手機裡自己聽。

85 | 或者像每個智者都做過的那樣，利用你過度活躍的想像力，來想像出最好的結果，而不是最壞的結果，然後再去想像你要如何努力實現這個目標。

86 | 別人無法給予你任何東西，也無法從你這裡拿走任何東西。一切都是你的創造，你的選擇。

87 | 在確實需要幫助的時候，尋求幫助。如果沒有學會這樣做，你就會使其他一百萬個無關緊要的問題惡化，然後才麻煩他人，因為你在真正需要的時候，無法得到來自他人的支持。

88 | 不要再認為陷入傷心或心碎的情緒，會讓人不愛你，或你會因此成為一個「壞孩子」。你誠實展現出自身情緒並不會摧毀人際關係，反而會加強關係（只要你的情緒是發自內心）。

89 | 想到世界的另一端有飢餓的孩子，並不能減輕你的痛苦，所以不要再嘗試跟他們比較誰更可憐了。

90 | 你未來還可能會經歷很多更糟糕的事情。如果回首過往，你很可能還記得當時自己的慘況。

91 | 閱讀你感興趣的書籍，並經常閱讀。在你的腦海裡冒出的新的聲音，將會教你如何用不同的方式思考。

92 | 小睡一下。我是認真的。把自己裹在毯子裡，睡個二十分鐘。這麼做，就像按下你大腦裡的「重新整理」按鈕。

93 | 意識到恐懼是種訊號，在告訴你某件事情重大而有價值。恐懼越深，愛就越深。

94 | 「障礙即是出路。」

95 | 讓你現在不喜歡的事物成為明燈，指引你前往未來你熱愛的事物。

96 | 挑戰自己，盡可能去思考以前從未想過的可能性。讓你的思維自我探索並成長。

97 | 沒有人想到你的程度比得上你自己。大家都在想著自己。

98 | 你要意識到，感到迷失時，你同時也是自由的。必須重新開始時，你可以選擇更好的。如果你不喜歡現在的自己，你還有機會重新愛上自己。不要永遠站在路標前面，自己畫出一條新的路徑吧。

99 | 「這件事情終究也會過去。」

100 | 媽的再試一下嘛。誠摯地，認真地，嘗試一下。把你的所有一切都投入到現在的工作中。善待人們，就算對方不值得你這麼做。一旦把精力投入到真正有價值的事情上時，你就沒有精力去擔心各種事情。

101 | 學習如何放鬆。努力學習如何快樂地無所事事。

102 | 要相信，隨著時間的推移，事情會變得更好。不是因為時間可以治癒一切，而是因為你會成長。你會發現自己有能力。你會意識到第四次分手，並不像第一次那麼痛徹心扉。這不是因為人生變容易了，而是因為你更有智慧了。

第 22 篇

自由自在地創作

　　創作，是人類與生俱來的能力，一如飲食、說話、行走和思考。一直以來，我們都自然而然地將創作視為重要的過程。我們的祖先想方設法空出時間，在洞穴的牆壁上，刻下了自身的圖像與故事。但我們卻誤以為創作是一種奢侈——能夠表達自身之人，是何其幸運啊！

　　事實上，創作不但是一種教育、溝通的方式，最終也是內省的方式，而我們也不斷在展現這種能力。雖然媒介已經從岩石顆粒轉變為像素，但我們仍然可以看到，人類有一種本能，就是想要將抽象的東西，以壓印、蓋印、製作、塑造、成形、繪畫、寫作，或以其他方式，形塑成別人可以想像的樣子。

　　一開始，我之所以會寫作，並不是因為我喜歡。寫作是我擺脫痛苦的方法。過沒多久，我就意識到，我不想把自己的一生，都耗費在不斷去思考並摸索出工作以外的出路，從而製造或加劇了諸多的問題。我之所以希望能夠寫作和創作，只是因為我還活著，還在呼吸，而且我可以辦得到。

　　我必須知道，我的表達方式不需要經過他人的認可——它是合情合理的，因為身為人類的我的存在是合情合理的，你也一樣，每個人都是。

　　但與此同時，我也嘗試了所有偉大寫作者的經典寫作常規，那就是前後一致、富有節奏的成功創作公式。我試著有條有理、盡可能製造出文字的「流暢感」，刻意探究自己內心深處尚未被觸及的黑暗角落。這些都是我的例行公事——縱使是我不想這麼做的時候——也常發現這些小路的盡頭都是死胡同。

我曾嘗試在不需要放置結構的地方，創造出結構。而這麼做的後果，就只是讓寫作的進度停滯而已。

　　歸根究柢，就是要想像寫作（或繪畫，或唱歌，或任何你所做的事情）就像呼吸一樣自然：這是一個毫不費力的過程，它汲取你身外的東西，並在那些東西穿過你時，將之轉換。而一旦我們有意識地嘗試這麼做的時候，這個過程就會變得緊張、高壓、乏力，並且更加困難。

　　事實上，任何需要創意的事物，往往最容易受到最終目標的阻礙。你幾乎必須完全專注於當下。而創作的起始點，必須是一個特別的切入點。而那個切入點，必須要能夠允許那些流進你體內的事物自在地流出才行。

　　因為一旦心中有一條預設的路徑，就表示你正在嘗試向別人的路徑看齊。就表示你所找到的靈感，其實源於他人。他人創作出的某樣東西，讓你的心滴答作響、潺潺流動，於是你據此創造出了自己的版本。

　　只有在極少數的情況下，你會從來自核心真理的作品中得到靈感，那是因為它會讓你看到自己的某些東西。而那不只是某些東西，而是最真實的真相──這就是讓這個過程如此令人難以忍受的原因。

　　這就是我們追求結構的原因，也是讓我們停止創作的原因。也就是為什麼我們想要靈感、他人認可和外部的支援。

　　在禪的真正精髓之中，一旦你學會不加批判，就能培養出最大的創造力，就像客觀地觀察自己的想法和感受，也是通往平靜的道路一樣。

　　你寫下來的東西，有些會想與人分享，或改得更易讀一些。有些則不然。這也沒關係。我們必須意識到，即使是最偉大的藝術家，也不是一直都是多產的，尤其是在公開的情況下。但將「不活躍」視為缺失、損失或失敗，只是為這一切，附加了另一層自我意義罷了。

　　你無法量化自己的創造力，儘管創造力是你自己的延伸、印象和表達，但它並不能定義你。

　　你越是能夠不帶自我批判地去表達和生活，那麼在那一刻，你就越能感受到可以自在地說實話，並向自己敞開心扉。你越能感到自在，就越能以一種平靜的境界去創造。就只是因為你能創造，而且是隨時隨地。

第 *23* 篇

一切的發生都是為了幫助你

　　我們每個人所能做的最強大、最解放自我的事情，就是選擇去相信一切的發生都是來幫助我們的。

　　如果想了解，為什麼你會以目前的方式，來看待自己的生命，你可以自問，生命的意義是什麼。這不是一個高高在上的、你可以聊以自娛的哲學問題（前提是你有這種興趣的話），這是你的思維和舉止的軟肋。

　　你可以將發生在自己身上的事情視自己為受害者，或看成有機會改變、成長、以不同的方式去觀看和擴展的人。或把不舒服的感覺視為你必須面對的痛苦，或視為你必須從中學習的訊號。你可以將世界視為某種讓你感受到的事物，或將你對世界的詮釋視為自身感受的投射。

　　如果我們認為自己的受苦是有意義的，那麼痛苦所帶來的不適就會消失。痛苦會從煩惱變成機會。我們的痛苦就停止了。

　　這種內在型心態和相反的外在型心態之間的區別在於，我們到底相信是我們創造了自己的經驗，抑或我們的經驗是由外部力量為我們創造（並強加到我們身上）的。在大半輩子中，我們都被教導後者才是對的——而這並非沒有原因。

　　我們的社會（傾向於相信），唯有受到外在的激勵人類才會蓬勃發展。至少，這就是資本主義的運作方式；某些人保有權力的方式，也是我們保持卑微的方式。一旦人們相信自己是受害者，他們就喪失了力量。

　　我們是否明確知道，老天給我們安排了一些更大的計畫，而在這個計畫中，我們要面對障礙才能成長？不知道。我們永遠不會知道。我們所知道的

是，能夠在此時此地為自己創造快樂生活的人，都是有這種想法的人。

　　難以忍受的痛苦正等著我們所有人。綜觀歷史就可以證實：我們誰都無法保證幸福的生活。如果想要人生的意義，我們就必須去創造它。如果我們想尋求安寧，我們就必須知道苦難是有其生命意義的。

　　你要不在餘生中天天悶悶不樂，要不經歷困難而成長並變得更好。是誰，又該做什麼事情，我想應該清清楚楚了吧。

第 24 篇
讓你沒辦法快樂的就是你自己

01 | 你生命中唯一的問題，是你思考生命的方式。客觀來說，你擁有你想要或需要的一切，而你的不快樂，純粹源於缺乏對它的欣賞（這是一種需要培養，乃至於實踐的特質）。

02 | 解決多數問題的方法，在於改變看待這些問題的方式。例如，當你明白他人對你的看法，多半只是他們對自我認知的投射，那麼你就能解決一個困擾你許久的問題——那就是總用別人可能會怎麼看待你，來評價自己的人生。

03 | 你在精神方面很懶惰。你知道自己應該更活在當下，但卻不願意費心去練習。你知道學習讓自己的大腦專注，這樣它就不會被負面情緒所吞噬，但你還是選擇去了健身房。你在最重要的方面懶惰，這就是你最大的問題。

04 | 你完成了會讓自己感到快樂的事情，卻立即將它們從「目標」轉變為「過眼雲煙」。一旦取得了某些成就，你就會看作「又完成了一件事」，而不是「我生命中又一件值得樂在其中的事」。

05 | 你還沒有練習保持快樂的情緒。我們都對自己的快樂有一個承受度，那也就是我們的「上限值」。為了突破快樂的上限值，我們必須練習讓自己感受到快樂——否則，我們就會自我破壞，讓自己回到舒適圈。

06 | 相較於改變，你更追求安心感。你寧願保持適度的不舒服，也不願意去面對改變帶來的不確定性。

07 | 你主動選擇對你來說「不好」的人在一起。他們並不真的關心你，或者他們會讓你做出與你想要實現的目標背道而馳的行為。換句話說，他們會讓你暴露出自己最糟糕的一面，但你還是繼續和他們來往。

08 | 你不會讓自己的想法進化。你只停留在三年、五年、十年前對自己的看法，因為那是其他人喜歡看你保持下去的樣子。

09 | 你會選擇以為正確的想法，而不是實際上正確的想法。你執意於自己對事物的觀點，而不是你所知道的、真正的現實情況。

10 | 你拒不道歉。不向自己道歉，也不向他人道歉。你不願意承認自己的錯誤，當然也不願意承認自己沒有盡力。然而，這樣做是改變的第一步。

11 | 你還沒有完全對自己的人生負責——你還在等待發生某些事情來改變你的感受。很多時候，人們會選擇在受苦的時候大喊出聲，因為他們相信這是「向宇宙吶喊」，就像是，只要他們說出事情有多糟糕，那麼最後總有人會來修復或改變現況。

12 | 你把快樂與否，歸因於成就的高低，而不是當下的狀態。你認為有些人可以快樂，是生活環境很理想；而不是因為他們選擇在當下尋找快樂，並且意識到生活環境與快樂無關。

13 | 你認為「快樂」是一種持續感覺到「美好」的狀態，但它其實只是需要一個更高的「情緒基線」來感知。你能更順利地處理每一種情緒，因為你用健康的心態去處理，所以你很快回到整體滿意的狀態。

14 | 即使覺得不對，你也會接受他人的建議。你更相信教條、教義或宗教，單純只是因為你已經先知道了，而不是因為它真的能引起你的共鳴或對你有所幫助。

15 | 你過著美好的生活，而且知道你過著美好的生活。你其實只要投入生活的美好，就會感受到。

第 *25* 篇
突破困境的三階段

　　成功來自習慣，而非來自能力。要在某個領域出類拔萃，你必須要能夠有很高的產量。很多人都寫得很好，但很少有人能一直寫得很好。專家跟我們一般人的區別，在於強大的自制力、作息規律，以及堅定不移地投注心力。

　　個人能力的高低或多或少是與生俱來的，但自制力卻是靠後天培養的。大多數人認為事實恰恰相反：能力可以越磨越好，而要有動力去做這件事情也不難。

　　我們的心靈自我控制的能力有限。這也就是說，我們每天只能在一段時間內，克制自己的衝動和欲望。透過練習，我們可以延長這段時間，但無論如何，這段時間仍是有限的。

　　明白這一點的人，會明智地利用自己的時間：他們會消除不必要的決策、減少干擾、盡量減少不重要的事情，然後集中精力。久而久之，使之成為第二天性。事實上，在一九六〇年代，心理學家指出，為了獲得這些新技能，我們必須經歷三個特定階段[16]：

認知階段：在這個階段中，我們會先從知識的角度，來理解自己要做的事務，然後犯錯，最後發明出新的應對策略，來讓自己的表現變得更好。

聯想階段：在這個階段中，要想完成手頭的事務，我們仍然需要努力，不過

16　請參閱：Abdi, Herv; Fayol, Michel; Lemaire, Patrick. "Associative Confusion Effect in Cognitive Arithmetic: Evidence For Partially Autonomous Processes." European Bulletin of Cognitive Psychology. 1991. Vol. 11. No. 5

精神上的壓力沒有以前那麼大了。我們已經可以自然而然地完成事務的某些方面，但仍然會犯錯。

自動階段：我們進入「自動駕駛」狀態，或有時也稱之為「心流」狀態。我們可以從有意識的專注中解放出來，讓大腦裡的自動化程序接管。

然而，在介於最後兩個階段之間的某個時候，我們會陷入某種停滯狀態：雖然這個事務我們做得已經夠多了，但我們對於自我表現的期望，跟我們實際的表現之間，仍有相當差距。這就是美國公共廣播節目《美國眾生相》（This American Life）製作人兼主持人艾拉・葛拉斯（Ira Glass）所說的「創意缺口」，多數人在這裡就會放棄。

「在最初的那幾年，你做出來的東西就是沒有那麼好。你的作品想要變得更好，也有潛力，但東西就是不夠好。但你的品味——那個讓你進入這個產業的原因——仍舊很有力道。而你之所以對自己的作品感到失望，也是因為你的品味。很多人永遠都走不出這個階段，他們放棄了……如果你剛起步，或仍處在這個階段的話，你要知道，這是很正常的。而你現在所能做的、最重要的事情，就是製作大量的作品。給自己設定一個期限，以便每週完成一個故事。只有透過大量的作品，你才能縮小這個缺口，你的作品才能跟你所追求的一樣好。我比我見過的任何人，都花了更長的時間，才弄清楚如何做到這一點。這會需要一段時間。花點時間是很正常的。你只要奮戰到底就對了。」

那些堅持不懈地讓自己的作品達到心目中標準的人，和那些舉白旗投降的人之間的差異，不在於前所未見的、純粹的天賦，差別只在於有沒有辦法堅定地不斷成長下去——縱使這個過程通常都會讓人不太舒服。

如果你既不渴望也沒有能力突破撞牆期，那麼離開也是一種方式，能夠讓自己知道還有更適合你去做的事情。如果你決定留下，那就表示你必須汰除掉沒必要的細節，搭配自己目前的極限自制力，然後繼續前進。要想擺脫困境，你就必須意識到，自己從頭到尾其實都沒陷入困境，你只不過是停下腳步自問：「這就是我真心想做的嗎？」

第 26 篇

為了獲得他人的愛而感到疲憊，
你應該問自己這個問題

我們經常跟別人聊到「如何獲得愛」。

事實上，我們一直在跟別人聊這個話題。如何找到約會對象、引起對方的興趣、找到男朋友，讓自己受到尊重、欽佩、被視為成功人士。我們也會跟別人聊如何說服某人做出承諾、進入婚姻。所有的這些事情，我們都是在試圖操縱他人給予愛。

我們經常聊到如何獲得愛，卻鮮少聊到如何付出愛。

我們會聊到獲得愛的各種方法，好像要付出之前必須先獲得才行。彷彿如果沒有獲得的情況下就付出愛，就表示我們不夠好。如果沒有得到對方所回報的愛，付出愛就是犧牲奉獻，而不是堅強、誠實、真誠，以及偶爾的放手。

如果對方不愛你，你也不會有辦法說服他們來愛你。

這是一條最重要的規則。愛不是你會「獲得」的東西。愛不是別人擁有，而你必須去贏得的東西。它不是存在於你之外的東西。如果有個人不願意對你表達好感、愛和尊重時，你會有兩個選擇：你可以嘗試改變這個事實（並讓自己陷入困境），或者你可以繼續付出愛（這將讓你繼續前進）。

沒有愛的痛苦，是你的心被關閉起來的痛苦。

失去愛的痛苦，是你的心關閉起來的痛苦。

會感受到失去愛的痛苦，是因為你試圖改變或操縱某個人，期望對方可以用不同的方式來思考或看待你。這其實並不是失去愛，而是陷入了妄想和否認中。因為你認為不會有人愛真正的你。

然而，愛不是任何人都可以從你身上奪走的東西（這也不是任何人都能真正給你的東西）。這不是你能「獲得」的東西，而是你能體驗到的東西，而這種交流需要雙方平等、誠實和自願的奉獻。愛不是任何人有責任為你做的，也不是任何人欠你的。

如果你覺得別人都需要給你愛，那麼你將永遠也不會體驗到真正的愛。

如果你認為愛是一種需要，那麼愛無處不在，無論是來自地鐵上的每一個陌生人、只見過三次的約會對象、就差「臨門一腳」的六年戀愛關係，以及其他一切。所有這些不同的愛情都變得同樣重要。失去的痛苦也會轉變成一種美好的事物──你會發現一種非常重要的東西，其重要程度甚至超過了一個承諾給你永遠的人。

你的生活變成了一連串的愛的小故事，而所有的這些故事，都在教你如何愛得更好、給得更多、更做自己，以及你喜歡及不喜歡什麼，如何優雅地轉身離開，並且真誠地尊重自己，傾聽自己的直覺。

每當你因為自己獲得的愛太少，而在自怨自艾時，請你暫停片刻，並且想一想：你付出了多少的愛？

第 *27* 篇

生命就在此時此地

　　我們只擁有當下，但我們常常離當下最遠。我們知道活在當下很重要，但說得容易，要做到太難。在這個不斷要求我們投注更多注意力的世界裡，我們絕對不能忘記給予自己一個最重要的東西：看著此時此刻的此情此景。你曾經夢想過、想望過、努力過、許願過以及正在等待的一切，都源自於此時此刻。你現在正在做的這件事，它不是隨隨便便的一件事，而是一切。這邊有十五句簡短小語，每當你需要重新回到此刻，並憶起此刻是一切的根基時，都可以把這些話重複說給自己聽。生命是在一連串的時時刻刻中展開的，而任何其他的想法都只是幻象，只會讓你離真實的生命越來越遠。

01｜唯有眼前的事物是存在的。
02｜沒有得到發展的潛力會變成痛苦。
03｜通往非凡之路，始於平凡。
04｜一步一腳印。
05｜我所擁有的，就是現在。
06｜如果我過著自己想要的生活，今天會是什麼樣子？
07｜如果我得到了自己想要的愛情，今天會是什麼樣子？
08｜從這裡開始、運用我所擁有的、做我能做的。
09｜今天必須發生的、最重要的事情是什麼？
10｜生命是由一天又一天構成的——今天我在做什麼？
11｜若實現真正的自我，今天我會做什麼？

12 ｜ 此刻的我真的已經盡力了嗎？

13 ｜ 如果不累的話，我今天會做什麼？

14 ｜ 立足當下。

15 ｜ 我在此時此地此刻。

第 *28* 篇
「你是誰」以及「人生方向」的十六個問題

　　了解自己是一個什麼樣的人，通常不會讓我們發現新的面貌，而是會讓我們記起與自我認知裡不同的地方。對自我的深刻體悟，往往發生在一些獨特的時刻：我們的眼睛盯著一長串雜亂無章的案例時、孤單一人時、身處毫無意義的體驗時，以及漫無目的地跟人交際時。這些時刻的體悟能匯聚成河，揭露出我們的思維或行為模式，抑或某種真相。缺乏這些時刻的話，我們鮮少能有所感悟。

　　任何事情的真正作用，就是讓我們意識到本來就已存在的真實。

　　無論是否涉及宗教，心靈指導系統——更確切來說，是那些有效的——的重點，並不是要取代你的思考模式。相反地，它能夠提供你內省的工具，讓你自己找出答案。提出問題，舉出例子，讓你反思，並透過這種認知，連結到你的內在導航系統、你的直覺，和你的本質。

　　我十分誠摯地跟你們說：這些問題的答案實實在在地改變了我的人生軌跡。如果沒有整理和把它們分享出去，那我可就太失職了。那我們就來吧——這就是你要問自己的十六個最重要的問題：

01｜什麼事物以及誰，值得你為之受苦？
02｜如果知道沒有人會批判你，你會堅持什麼事情？
03｜如果你知道沒有人會批判你，你會做些什麼？
04｜根據你的日常生活來推斷，五年後你會過著什麼樣的生活？十年以後呢？

二十年以後呢？

05｜你最敬佩誰？為什麼？

06｜你有什麼事情是不想讓別人知道的？

07｜有哪些事情，是在你的經歷中，一定熬不過去的？為什麼它們看起來這麼難以克服？你又是怎麼克服的？

08｜你目前為止最大的成就是什麼？

09｜如果有個人在你面前坐下來，告訴你接下來的人生會發生什麼事情，你會覺得最難以置信的是什麼？

10｜有沒有誰，是你以前就認識，但你到現在仍試圖要獲得對方的認可呢？

11｜如果不用再工作了，你每天會做什麼？

12｜除了吃飯和睡覺等基本需求之外，你在日常生活中，最常做的五件事是什麼？

13｜如果可以選擇的話，你會希望上述的五件事情是什麼？

14｜如果你相信有什麼事情是自己無法操控的，你就會接受這個事實。有什麼事情，是你沒辦法接受自己竟然「無法操控」的？因為跟自己有關你才會認為或希望是另外一種結果嗎？

15｜如果走遍自己的家，並把手放在你所擁有的每一件物品上，其中有多少物品，會讓你真心地感受到快樂或平靜？而你為什麼會留著其他物品呢？

16｜別人最讓你困擾的點是什麼？你最喜歡別人的什麼特質？你身上最讓自己困擾的點是什麼？你最喜歡自己的什麼地方？（不斷深挖，直到你發現其中的關聯性。）

第 *29* 篇

如何知道你的成長
比你認為的還要多？

由於你是如此專注於踏出每一步，所以很難看出自己在這條路上已經走了有多遠。你可能有過這樣的經驗：當第三者提到你的改變，但你卻幾乎無法意識到，因為你每天都跟自己在一起，距離太近了。這是正常的現象，但也因為你只專注於還有什麼事情要做，而不是已經完成了什麼——為什麼你很難給予自己真正應得的讚賞？以下是一些小小的跡象，能夠顯示你的進步，比你意識到的還要多：

01 | **你的生活中，以前認為絕對不可能發生的事情，或者至少是某個夢想成真了。** 沒有酒醉、某個學位、某個伴侶、某份夢寐以求的工作⋯⋯

02 | **你忘記經歷了多少風風雨雨，就只是因為那段過去不再浮現腦海。** 你的過去彷彿是發生在「另一個時空」中。

03 | **你談戀愛的標準，從外表變成了性格。** 你對「愛」的理解，已經超越了性的吸引力帶給你的感覺。

04 | **在跟朋友聊天時，你不再只談論自己。** 你感興趣的話題很多，不是只有八卦——因為你已經了解到，過往朋友之間聊天時，你鮮少在乎他人，開口閉口都是自己。

05 | **最可怕的事情發生了，而那件事情也過去了。** 你失去了那個你曾經以為失去了就會活不下去的對象，但你還是活下來了。你失去了一份工作，然後找到了另外一份。你開始意識到，「安全感」並非源於確定性，而

是源於你相信可以堅持下去。

06 | 你已然創造出自己專屬的信念，因此即便說不上徹底和完全，也開始在一定程度上質疑起原先的信念。你不再認同任何對你來說沒有共鳴或意義的內容。

07 | 你比以前更懂得選擇要跟誰共度時光。比起「群體」這個概念，你更重視自己最親密的朋友。

08 | 你不會因為那天要跟誰在一起而改變自己——無論性格、觀點，甚至服裝都是。

09 | 你不會再把自己的問題怪罪到他人頭上。以前的你認為，只要自己抱怨得夠大聲，上帝就會幫你去解決眼前的困境。而現在的你決定，再也不要因為這種心態而讓自己受苦了。

10 | 你跟老朋友之間的關係不再像過去那麼緊密，但你仍然可以跟他們保持聯絡，並且也感激他們在你生命中所扮演的角色。

11 | 你不再擔心自己是否能夠融入社會，你真心地不想成為「正常人」，你也真心地不在乎自己是不是很「酷」。因為你現在知道，那些「很酷的孩子」通常高中畢業以後就平淡無奇。

12 | 你會跟別人聊到自己曾經以為絕對無法克服的問題——也會跟別人聊到自己是如何克服了那些問題。

13 | 比起以前，現在的你更經常停下腳步，享受生活，而不會只是從一個目標衝刺到另一個目標。

14 | 你對任何被灌輸為「事情本來就是這樣」的說法，都抱持高度懷疑的態度。你總是抱持開放的心胸，認為可能會有一種不同的、更好的、更友善的、更開明的生活方式，而且你總是願意至少去嘗試一下看看。

15 | 如果你告訴年輕時的自己，你現在的生活，他們肯定難以置信。

第 30 篇
你生命中唯一的問題
就是你的思考方式

01｜你花在思考生活的時間，比實際去做什麼的時間還要多。

你把許多時間都用在剖析問題上，卻鮮少想出實際的解決方案；你把許多時間都用在做白日夢，卻鮮少問是不是你在現實生活中有所欠缺或不足；或是你把許多時間都用在想出新的解決方案，卻鮮少實際去執行那些現有的解決方案。你用「沉思」取代了「行動」，並且不懂為什麼總覺得人生不充實。

02｜你不再像以前，在簡單的快樂中發現驚奇。

你認為大自然很無聊，而「遊玩」是孩子們的專利，至於窗外的一束光、陌生人的微笑、春日時節或床上那本你最喜愛的書，不過都是稀鬆平常之物，不足為奇。你之所以會遺忘蘊藏在小小事物中的魔力，並不是因為魔力已經消失，而是你選擇忽視它，轉而追求其他事物。

03｜你過去擁有過自己想望的東西，但你並沒有如所想的樂在其中，或者你已經用其他東西，取代了對它的渴望。

你要找回那種「想望之物勝過一切」的感覺，就像以前的你一樣，試著重現那種感受吧。你其實沒有意識到，你應該更為自己感到自豪。

04｜如果能夠告訴年輕的自己，現在所過的生活，他們一定難以置信。

你真的無法想像自己的生活會變得如此美好——最糟糕的那些事情，變

成了人生的轉捩點,而不是沒有盡頭的情緒黑洞。

05｜你認為金錢是「責任」,而不是「機會」。

你的心態是:「我得要付自己的帳單」,而不是「我能夠付自己的帳單,這些帳單包括房貸、衣物、飲食,我都可以自己付錢」。如果你不珍惜金錢,不去欣賞它為你所做的一切,你永遠都會覺得自己有所匱乏。

06｜你認為自己的朋友不夠多。

你以數量而非品質,來衡量生活中的人際關係。你以為問題出於外在有所欠缺,但其實是內在有所欠缺。

07｜你不是過度依賴朋友,就是不夠重視朋友。

你要不太少跟朋友聯絡,要不就是不切實際地認為朋友應該帶給你「愉悅」和「快樂」,但他們卻沒有做到,因此讓你很容易就覺得沮喪。所以你認為,要想實現這個目標的唯一方法,就是纏著對方不放;或是在他們沒有完美扮演你強加給他們的角色時,就漠視他們的存在。(所以你才會覺得自己的朋友不夠多!)

08｜你想像彷彿有別人在看著自己的生活。

在做出決定之前,你會在腦海中背誦一個故事情節。這故事大概長這樣:「她上了大學,找到了這份工作。在一次可怕的失戀後,她嫁給了這個男人,一切都很好。」這種情況之所以會發生,因為你的快樂源於別人對你的生活所抱持的感覺,而不是你自己的感覺。

09｜你的目標是結果,而不是行動。

你的目標是「取得成功」或「在銀行戶頭裡存有一定的金額」,而不是

「享受每天在做的事情,無論那件事情是什麼」或「學會熱愛儲蓄而不是亂花錢」。結果只是想法。行動造就成果。

10｜你假定自己還有更多的時間。

每當談到去做對你來說真正重要的事情——跟家人重修舊好、寫那本你講了好久的書、找一份新工作——時,你總會說:「我才〇〇歲,未來的日子還很長。」如果你假定自己「總有時間」去做某件事,或者你過陣子才要去做,你可能沒有像自己想的那麼想去做。沒有更多的時間了。你沒有辦法未卜先知,說不定你明天就死了。這不是說你必須在今天就做完所有的事情,而是你不能再找藉口了。

11｜壞心情會帶來壞日子。

你認為之所以會出現負面情緒,是因為自己的生活出了問題,但事實上,這只是人類生命的一部分。焦慮是我們的僕人,痛苦是我們的僕人,憂鬱也是我們的僕人。這些情緒都是信號、溝通、回饋和預防,讓我們得以存活下去。除非開始以這種方式去思考,否則你只會覺得「好的感覺代表繼續前進」、「壞的感覺代表馬上停止」,然後無法理解自己為什麼會動彈不得。

12｜你認為一旦感到不舒服和害怕,就表示不應該去做某件事。

感到不舒服和害怕,表示你絕對應該去做。感到生氣或漠然,才表示你絕對不應該去做。

13｜你會等到出現動機或靈感了,才展開行動。

等到動機出現才展開行動的人,通常都是失敗者。等到靈感出現才展開行動的人,通常都一事無成。動機和靈感不會一直存在。它們偶爾會出現,但你不能夠期望隨時都能在特定時刻召喚出它們。你必須學會在沒有

動機和靈感的情況下工作；你應該從生命意義中去汲取力量，而不是從熱情。

14｜你在做「適應不良白日夢」。

「適應不良白日夢」（Maladaptive daydreaming），指的是你對另一種生活廣泛的幻想，而這種幻想取代你人際互動或日常生活功能。大多數的人，會在聽音樂／或移動（走路、坐車、踱步、搖擺等）時經驗這種情況，你只是選擇做做白日夢，讓自己「爽一下」，來消除不適感，而不是去面對現實生活中的疑難雜症。

15｜你正在把快樂留到明天。

你在前往上班的途中，腦海裡想著日出看起來多麼美麗，以及你多麼想閱讀你最愛的書，但是你沒有那麼做，因為你又把時間用在檢查自己的電子郵件。某種簡單而美好的事物開始讓你感到驚奇，但你阻止自己去享受那樣的感覺，因為對生活的焦慮不滿占據了此刻。你在生活中的某個領域製造出問題，卻用另一個領域的順利發展來平衡，因為你的快樂存在於一個有限的心理容器中。

第 *31* 篇
爭吵的七個層次

在最基本的層面上,爭吵是本能,而非選擇。一旦我們感受到某種威脅時,我們的反應要不是逃跑、僵住,就是戰鬥。最後,大多數的人開始意識到,對隨機的外部刺激做出下意識的反應,這些反應有時讓人精疲力盡,有時會造成自我破壞。於是我們開始審視自己對事物的反應——這就是自我覺察的開端。

然而,這並不表示爭吵沒有意義。雖然爭吵是我們與受到威脅的自我認同鬥爭時的產物,但也是我們表達對重要事物的強烈感受的方式。如果懂得如何爭吵,就可以成為社交環境裡的主人,無論是在商業、愛情等方面。然而,要做到這一點的第一步,就是不要讓自己聽起來像是在爭吵。

坦白說,人們用來跟他人爭吵的愚蠢方法有很多種,但大多數都沒有什麼用。那些吵法只會讓雙方變得更加心灰意冷,因為雙方各自都避免從整體上來解決真正的問題。接著進入爭吵的七個層次:

無理辱罵

你透過宣稱某人是「混蛋」或「白痴」,來轉移眼前的問題,卻沒有任何論點來支持。

人身攻擊

你攻擊對方的人格或話語權,卻沒有針對爭論的實際內容。(如果一個吸菸的人說:「抽菸不好。」你會回答:「你有什麼資格這樣講?!」而不

是將抽菸這件事情視為客觀事實。）

語氣攻擊

你批評論述者的語氣或措辭,藉此轉移焦點,不去實際討論論點本身。

自相矛盾

你陳述了一個相反的觀點,卻幾乎沒有或根本沒有證據來支持。你是為了爭吵而爭吵,你只是因為某些原因,所以本質上不想認可或同意對方的觀點。

提出反論

針對對方的陳述,你提出了反論,然後用合理推論／或相關證據來支持自己的論點。

反駁論證

你找出論點中的錯誤,並使用直接引述,或從對方的原始陳述來進行推論,以解釋錯誤的原因。

反駁論點核心

你明確地反駁了論點的核心,提供合理的邏輯和理由（抑或研究或個人經驗）來支持自己的主張。

第 *32* 篇

十二個跡象顯示，你受夠了「正常」

01｜你在質疑一切。

你不再只相信事情的表面真相，也不再相信自己從小到大對某件事情的看法是正確的。你正在探索哲學、靈性、政治和思想的新觀念，你逐漸發現自己對某些事情確實一無所知。

02｜你知道快樂的想法和快樂的感覺之間是有區別的。

你一直試著用「快樂的想法」來填滿自己，結果卻執著於沒有實現的結果，而你最初的心情，其實比你自己以為的還要不快樂。你知道「讓你樂在當下的思維方式」和「對沒有實際發生的事情感到快樂的思維方式」是有區別的。

03｜你開始看到規律的模式。

你意識到生命中的許多規律──人際關係、工作、想法、感受──都是你一直以來的認定或預期的產物。它們都是各種規律出現的模式，而如果你能去改變對它們的既定想法，它們也許就會改變。

04｜你感到莫名的憤怒。

憤怒是一種好的情緒。也就是說，你終於發現，你不是在氣這個世界，

而是在氣你自己。憤怒通常都發生在做出改變之前。其他的情緒如不滿、怨恨、惱怒、自憐等等雖然令人不快，但還不夠令人心煩，不足以讓你因此而採取行動。憤怒會使你採取行動。它會讓你怒火中燒，然後把你帶到全新的境地。

05｜你開始懷疑：「人生難道就這樣了嗎？」

你開始懷疑，是否真的注定就這麼睡覺、吃飯、工作然後死去。你開始懷疑，難道活著就只有這樣？或者目前為止的人生只是如同相機上的光圈？但現實實際遠比這個宏大許多。

06｜你有一個價值連城的想法，找到了合作夥伴，取得了重大突破，但突然之間，你動彈不得。

每當我們感知到快樂，我們也感知到同等程度的恐懼。事實上，你並不是在抗拒新的生活，而是你非常清楚地覺察到，自己想要什麼（並因此體驗到一種自然而對等的恐懼）。

07｜你的情緒狀態似乎毫無根據。

你不應該感到焦慮和沮喪，但你確實有那些感受。你沒有理由產生非理性的恐懼，但它們的確存在。你無法完全理解自己的感受，但你意識到自己正在培養這個感受能力。

08｜你不確定真正的自己到底是一個什麼樣的人。

你已經接受了一個事實，就是別人對你的看法，或是你認為自己應該要是個什麼樣的人。而你認為自己想要的，和你實際上想要的之間，存在著一些差異。

09｜你正在經歷小時候的感受和恐懼。

一切又浮現上來，你意識到感受和恐懼從未真正地消失。那些被你隱藏起來的想法、意念、信念和感受，一直在默默地引導你的生活。你只是不知道而已。

10｜你現在非常害怕失去。

也就是說，你害怕失去一件特定的東西，因為你認為這件東西會以某種方式來「拯救」你（即便只是情感上的）。一旦你開始意識到，沒有任何東西可以拯救你，你才會恐懼。其實你不是害怕失去，而是害怕在你自己還沒準備好之前，就被迫接受這個現實。

11｜你正在放棄你應該要放棄的。

你並沒有放棄夢想，沒有放棄感情關係。你只是放棄了這樣的想法：它們的重要程度，超越了其自身的價值。你是在放棄那些本來就不適合你的東西。你正在明白，雖然「放棄」是個負面的詞彙，但在必要的時候，這個行為其實非常健康。

12｜你已經決定不再糾結於過去的想法。

除非處在「生命突破」的邊緣，否則人們不會經歷精神的崩潰。精神崩潰──或任何一種強烈的精神情緒混亂──總是在表示，事情正處於改變的過程。否則，它們就會被定義為「正常」。你已經受夠了過去的「正常」，你開始追求更遠大、更美好、更光明、更快樂的事情。

第 *33* 篇

如何不再擔心生命的樣貌？

　　數數看，得到了以為很想要的東西之後，你有多少次是真的感到很開心。在得到了那段你極度渴求的關係之後，發生了什麼事？在得到了那份工作之後，發生了什麼事？在賺到了更多錢之後，發生了什麼事？很有可能，情況出乎你的意料，有好，但也有壞。

　　列出你一生中認識的所有不完美但擁有過愛情的人。他們擁有你夢寐以求的浪漫伴侶、最好的朋友和工作；列出那些以世俗的觀點來看缺乏吸引力、精神上漂泊不定、不完美的人，儘管如此，他們卻仍擁有的美好事物。讓這份清單成為一個證據，好讓你自己認清，你不需要用「完美無瑕」，來證明你的價值。

　　問問你自己，如果你的社群媒體失去了影響力，而且沒有任何人會知道的話，你會做些什麼。這個星期六你會做什麼？今晚你會做什麼？你的職場生涯目標會是什麼？這樣的你會拍多少張照片？如果你沒有默默地透過「別人會看見什麼」這個鏡頭來監督自己，你會和誰一起出去玩？你會住在哪裡？

　　問問你自己，如果錢不是問題，而且你可以做任何事情，你會做些什麼。這是一個經典的練習，但許多人因為覺得它不切實際而嗤之以鼻，這些人無法理解真正的重點。這個問題並不是要知道，如果你不用擔心金錢的話（不是我們的現實處境），你實際上會做什麼，而在於自己本質上會做些什麼，以及如何將這樣的理解融入你的日常生活中。你會去度假嗎？你會保有目前的工作嗎？這正好讓你知道，自己是重視放鬆，或重視成就，或重視其他的東西。了解你重視什麼，對於了解自己至關重要。

拍照是為了紀念快樂的時刻，而不是證明自己很上相或做了很酷的事情。在手機上製作一本特別的相簿，裡面的照片都只是為了「快樂時刻」而拍。每當你心情愉快或感到快樂或有所啟發時，就拍下眼前的任何東西（無論它有多麼不值得放在IG上）。等再看這些隨機的快照時，你會再次體會到那些感覺。透過對比，你會發現捕捉對自己而言重要的時刻，和為了給別人看而拍的時刻，兩者之間的情緒是有所差異的。

　　找出那些你認為一直在批判你的「人」。你知道人總是這麼說嗎？「別人總是在批評我。」、「我擔心別人會怎麼想。」在大多數的時候，那些「人」都是一群沒有臉孔的人，只存在於你的腦海裡。換句話說，他們就是你自己向外的投射，就是你對自己的批判。要脫離這種困境的第一步，就要意識到，你所擔心的「人」並不真的存在這個世界上。

　　想想看，是什麼讓你感到最為嫉妒。最讓我們嫉妒和羨慕的事情，通常是我們覺得自己沒有實現的事情。我們嫉妒美麗的女孩，不是因為我們想要像她一樣美麗，而是因為我們缺乏更重要的東西，那就是對自己的愛。我們嫉妒成功的作家，並不是因為我們也想被人稱讚，而是因為自己並沒有為達到那個目標，而付出足夠的努力。

　　不要在別人來訪之前特意整理。除了毫無衛生觀念的人之外，不要在別人來訪前，花心思把自家打造成一個展示用的空間──我指的不是把家裡收拾整齊或收起個人物品，而是實際上你在試圖建構一個虛假的外貌，就像你在幫自己染一頭金髮一樣。讓人們進入你的真實生活，讓他們進入你生命中正在發生的某個時刻，這是你們建立真實情誼的唯一方法。

　　重新思考如何慶祝一年中最重要的日子。大多數人都是和親戚一起慶祝──而這些人只有在節日才會見到。除了節日的相處之外，你們跟這些親戚不怎麼熟，而且其實有點不願意被迫要見到這些人。這些最重要的日子，應該用來招待一整年都愛你的人，邀請他們參加派對、一起吃飯、送他們禮物。而不是把這些珍貴的時間浪費在那些你覺得在道德上有義務（但卻必須壓抑自己的情感）去忍受的人。

　　丟掉對你來說缺乏目的或沒有意義的東西。這件事情之所以如此重

要，是因為事物會定義我們，尤其是當我們購買物品的目的，是要讓自己顯得「與眾不同」的時候。我們擁有的事物，會建構起我們的體驗。它們創造所看到的世界，以及我們的感受。每一天，在它們的幫助下，我們拼湊出自己。這並不是說，我們擁有的東西越少越好，而是我們要去擁有會讓我們想起人生目標或意義的東西。動手去做吧。這個行為將改變你的人生（這件事可是非同小可）。

問問你自己：「如果我知道沒有人會批評我，我會有什麼主張？」一旦你擺脫了所有自我設限的社會濾鏡後，就會意識到自己隱藏的想法、感受和偏見＝不自知和無知。但事實恰恰相反。不自知才是問題所在。

問問你自己：「如果我可以告訴世界上的每一個人一件事、一句話，那句話會是什麼？」你會說什麼呢？「一切都會過去的」嗎？「不用那麼擔心」嗎？「尋找別人身上的優點」嗎？「在Twitter[17]上關注我」嗎？你認為自己想對外界所有人說的話，其實是你最需要聽到的內容的投射。這就是你最想對自己說的話。

決定自己是否值得擁有某樣東西的標準，就在於你是否對於擁有它而心存感激，你可以選擇如何衡量自我的評價，你可以決定自我價值的根基。你可以決定自己是否配得上某樣事物，正因為如此，你可以認定，那些配得上他們所擁有事物的人，就是因擁有它心存感激的人。就是這樣。

要知道，你並非要先克服人生最大的障礙，才能叫做「成功」。你並非要做到完美，要做得比別人好，才能叫做「優秀」。用歐普拉（還能是誰？）的話來說，你可以擁有一切的事物，只是不能同時擁有每一樣。對此，你要心存感激。因為這表示，你有機會欣賞眼前擁有的一切，而且還有可以促使你往前邁進的目標和期待。

假設一切都在最好的狀態。每當人們最在乎的是生活在他人眼中的樣貌，就是他們最沒有去感受自己的時候；每當他們最沒有去感受自己的時候，就是他們不想要感受到痛苦的時候。要達到內在真正的平靜，就是要

17　譯者註：已於 2023 年更名為 X。

意識到一切都在最好的狀態。你生命裡的每一件事物，都具備下述三個功能的其中之一：讓你看見自己、療癒一部分的你，或是欣賞一部分的自己。如果採取這種人生觀的話，你就無所畏懼了。

　　問問你自己：「如果全世界都是盲人，我能給多少人留下深刻的印象？」認真地去想像一個你看不見的世界。在那裡唯一存在的，就只有你自己的感受，以及你帶給他人的感受。在這樣的世界裡，你是個什麼樣的人呢？正是因為這些原因，或許你能創造出一種看似美好的生活；透過贏得別人的愛，來填補你對自己的愛。但這樣真的好嗎？

第 *34* 篇
為什麼你不應該追求安心感？

01 | **你的大腦無法區分「好」和「壞」；它只知道「舒服」和「不舒服」。**這是一個非常原始的例子,但這就是為什麼犯罪分子從不認為他們的行為是「錯誤的」,反而認為是合理的。這就是為什麼,我們會做一些客觀上對自己有害的事情,並且糊塗地認為這些事情讓自己「感覺很好」。

02 | **你想要的東西,其實不是自己真的想要的;你只想要已知的事物。**超出我們已知領域之外的結果,我們的確無法預測。因此,我們不是試圖在追尋「更好」的事物,而是在追尋「已知範圍內最好的」事物,縱使這裡所說的「最好」,其實只是我們現有的選擇。

03 | **「熟悉的不適」,感覺起來跟「安心感」一樣。**這就是為什麼有這麼多人「墨守成規」或堅決不想改變,即使他們明知改變才是上上策。

04 | **絕對的安全感並不存在。**我們尋求安心感,相信這種感覺能保障我們,但是我們生活在一個絕對的安全感並不存在的世界。我們的身體是為了進化而誕生的,我們所擁有的、具有實體的物品都是暫時的,可能會面臨遺失和損壞等等的情況。為了對抗這樣的不安,我們尋求安心感,而不是接受生命短暫的本質。

05 | **成長的唯一方法,就是踏入未知。**這就是為什麼,很多人都會經歷「突破前的崩潰」時刻。生命正在帶領他們走向比想像中更美好的可

能性。只是在那當下，他們並不知道那是「好」的。

06 | **大多數人不會改變，除非情況已經到了不改變比改變還慘的地步。**但在「不改變」成為最壞的情況之前，通常還會經歷一段很長的時間。而在那段時間裡，不舒服感會不斷地增加。上帝先是低聲細語，最後放聲怒吼。而快樂的人們，會在上帝仍輕聲呼喚時，就已聽從教誨。

07 | **人們往往有兩種心態：探索者或定居者。**我們的社會有一種「定居者」的心態，我們的最終目標是，完成族群進化的各項目標，如家庭、婚姻、事業等等；個人方面，我們則致力於自我的成長、拓展和改變。具有「探索者」心態的人，能夠深深地享受他們所擁有的事物，並且充分地體驗，因為他們生來就不執著。

08 | **真正的安心感是不存在的；唯一存在的只有「安心感」這個概念。**這是一個難以接受的大問題，但「安心感」其實並不存在，這就是為什麼讓人感到舒適的東西都沒辦法持久，這也是為什麼適應力最強的人能夠「安住」於「不安」之中。安心只不過是一個想法。你可以自由選擇自己想要的人生根基。

09 | **生命的精神不在追求「確定感」，而是無論如何都要勇敢嘗試。**基本上，安心感就是確定感。你可以選擇對已知的事物抱持確定感，或確信無論發生什麼事情，自己都會做到最好。（要不要猜猜看，哪種人過得比較好？）因為沒有人能真正確定未來。熱愛生活的人，無論遇到什麼事情，都會盡力去嘗試。

第 *35* 篇
自尊心的六大支柱

我們認為，自尊心是靜態的：你的心靈，會自然而然地供給你正面、支持性的想法，不會受到任何懷疑或厭惡所帶來的深刻影響。然而，這正是高自尊心和自我膨脹之間的界線，變得模糊不清的地方。

用美國女演員及作家安娜・迪維爾・史密斯（Anna Deavere Smith）的話來說，「高自尊心」才是真正能帶給我們幸福感的東西。這是一種非常本能的感覺：一切都會好起來的，因為我們有能力讓一切好轉。「（高自尊心就是知道）我們可以決定自己的人生路線，並且沿著這條路線前進。這並不是說，我們要獨自走上那條路，而是我們需要感受到一股動能——就算一切都分崩離析了，我們還是可以找到一種方法，將一切重新組合起來。」

所謂的自尊心是指，不是你對別人怎麼看你有多少自信；而是你對自己有多少自信。

真正擁有高自尊心的人，不需要將注意力放在比他人優秀這件事情上。只有當我們無法好好掌控自己的生活（或是對目前的情況不滿意）時，我們才會把注意力放在「我們的情況比別人好多少」，來安撫失敗的感覺。

加拿大裔美國心理學家納桑尼爾・布蘭登（Nathaniel Branden）概述了如何建立健康的自我意識[18]。他特別指出，人們採取「感覺自己很優秀」的方式（我很漂亮、我很富有、我很成功），但這些東西，只不過是替代品罷了，並不真實——另一些人就是以真誠且踏實的方式去構建自我。

---

18 請參閱：Branden, Nathaniel. *The Psychology of Self-esteem*. 2001. Jossey-Bass.

他說，高自尊心可以歸結為兩個基本要素：自我效能，也就是「面對生活挑戰的基本信心」；以及自我肯定，「覺得自己值得快樂」。

「（自尊心）不是一種時時刻刻波動的情緒，而是一種持續感受到自我效能及自我肯定的傾向。因此，它是經過很長的一段時間之後，慢慢建立起來的，而不是許個願就會出現的。它根基於現實情況；沒有資格得到的讚揚——無論是來自己或他人，都沒辦法提供。」

以下是布蘭登認為可以建立高自尊心的六種實踐或「支柱」。這些實踐證明，想要擁有高自尊心，並非只是決定感覺自己的信心就可以，而是需要不斷地做出許多選擇，並且盡可能努力，才能得到。

有意識地過生活

有意識地過生活，就是不被潛意識的偏見和欲望所控制。你了解周遭發生了什麼事，並且根據這種本能的理解，做出明智的選擇。

自我接納

你沒有誇大自己的外貌或智慧，也沒有故意無視每個人所擁有的特質和特徵，這才是真正的自我接納。看到你的整個自我，而不去評判或指責其中的任何一部分。

為自己負責

你為自己的快樂負責，你明白這句話的意涵：「這可能不是你的錯，但仍是你的問題。」你能掌控自己的生活，為自己負責。

堅定不移

你可以堅定自己的立場，但不是盲目地自我防衛。自我防衛源於恐懼；堅定不移源於自信。

生活充滿目標

你專注而有意識地在過生活。你意識到自己的「生命意義」就是活在當下，做你正在做的任何事情。如此一來，你為自己的日子注入了一種目標感，因為這是你主動的選擇，而不是被動等他人為你創造。

誠實正直

你以一定的道德、倫理和責任的標準來要求自己。你為自己另外制定了一套行為準則，而不只是遵守你原本就已習慣的那一套。即使在困難的情況，你也能夠客觀地看待自己的選擇。你意識到「通往地獄的道路，是由善意鋪成的」這句話的重要性。

第 **36** 篇

為什麼你應該感謝傷你最深的人？

01 | **那些最能傷害你的人，也是你最能深愛的人。**我們的內心不會受到我們毫不在意的人影響。認識一個能真正影響你的人，是老天給你的禮物，即使一開始看起來並不是最好的結果。

02 | **人際關係會促使你做出改變，讓自己變得更好。**因為感到無助，你學會照顧自己；因為被利用，你體認到自己的價值；因為被傷害，你培養出同情心；因為困境，你認為總有一個選擇。一旦接受那些曾經遭遇過的事，你就會明白終究沒有人能夠掌控一切。一旦放下執著，接受有些東西你永遠也得不到，我們就能找到平靜──我們最初真正想望的。

03 | **你學到了什麼？你成為什麼樣的人？比你一時的感受更重要。**那段關係在當時看來幾乎難以忍受，但那種感覺是短暫的。你因此得到的智慧、知識和通情達理卻是長久的，這會奠定你人生良好的基礎。抵達目的地的重要性，遠大於崎嶇的過程，認可這件事，對於自己所經歷的一切會心存感激。

04 | **你跟這些人的相遇並非偶然；他們是你的老師和催化劑。**用作家C・喬伊貝爾・C（C. Joybell C.）的話來說，我們都以為自己是即將消逝的星星，直到我們意識到，自己正在蛻變成超新星，變得比以往的任何時候都更加美麗，往往需要痛苦來當作對比，我們才能完全欣賞自己所擁有的一切；往往需要仇恨的存在，我們才能喚醒自我認知。有時候，光芒照進我們體內的方式，其實是透過傷口。

05 | **即使不是你的錯，也仍是你的問題，你可以選擇面對之後做些什麼。** 你完全有權利憤怒、咆哮、憎恨某人的每一分一毫，但你也有權選擇心平氣和。感謝他們就是原諒他們，而原諒他們，就是選擇認清怨恨的另一面是智慧。在痛苦中尋找智慧，就是意識到，那些成為「超新星」的人，是承認自己的痛苦，然後將其轉化為更好事物的人，而不是只承認痛苦，然後讓痛苦停滯不前、留在體內的人。

06 | **經歷過很多事情的人，往往變得更聰明、更善良、更快樂。** 這是因為他們已經「經歷」了它，而不是「閃過」或「跨過」。他們完全承認了自己的感受，學習並且成長。他們培養出同情心和自我覺察。能更清楚地意識到，要讓什麼樣的人進入自己的生命。更積極地創造自己的生命、感激所擁有的事物，至於無法擁有的事物，他們也會找出背後的原因。

07 | **錯誤的關係讓你看到值得擁有的東西。** 這些關係實際上並沒有傷害到你；它們讓你看到了尚未獲得療癒的部分，才無法獲得真正的愛。這是終於擺脫痛苦的經歷和糟糕的關係時會發生的事情：我們意識到自己更有價值，所以選擇更豐盛的未來。我們意識到，自己是如何盲目或天真地對某人說「好」，或是在沒有必要的情況下，給予對方我們思想和心靈的空間。我們意識到自己在選擇生命中想要的東西時，所扮演的角色，並且透過經歷看似最糟糕的事情，承認這段關係錯得離譜，因為我們值得擁有更多。

08 | **內心要回到真正的平靜，就是要能夠說出：「謝謝你帶給我那段經歷。」** 想要徹底走出來，就必須要能夠認知到事情帶有什麼意義，以及它是如何讓你變得更好。直到那一刻來臨之前，你只會反覆思索為什麼事情會變得更糟，這表示你還沒有抵達對岸。要完全接受自己的生命——高低潮、好與壞——就是要對所有的一切心存感激，並且知道「好的經歷」是個不錯的老師，但「壞的經歷」卻是更棒的老師。

第37篇

停止搞清楚人生

你應該嘗試理解自己的感受；你應該追溯自己的思考路線，找到內在深處信念的根源，並確保那真的是你的想法；你應該列出重視和不重視的事情；你應該自問，覺得最缺乏的是什麼，然後再回過頭看看自己又給出了多少。

但你應該停止試圖搞清楚人生。這樣做，是試圖理解命運，就好像它在控制你，而不是你在控制它。這樣做，是在將現有的生活，套用到過去的自己身上。

使用邏輯和活在當下，跟「嘗試去參透」截然不同。前者是井然有序的：它使用理智的覺察來實現你的真正願望；而後者，則著眼於行動的結果，並想知道是如何變成那樣的。

有些問題，可能並不存在答案；有些答案，只會催生更多問題。而有些解決方法，只能藉由經歷過、見識過、嘗試過，才能獲得。

最美好的事物，都是不合邏輯的——至少一開始是如此。愛是不合邏輯的。善意、愉悅和美麗也很少是合邏輯的。這並不表示，你不能用邏輯來看待它們；只不過，若是想要看清全貌的話，你需要使用不同的觀點去理解。

一切事物，只要是在最純粹的狀態下，都是令人困惑而獨特的存在。之所以神奇，是因為它們有著未知的起源和明顯的結局。因此，除了去經驗和觀察之外，我們別無選擇。

浪費生命的人，是在尋找愛的理由，而不是愛的方式。他們試圖創造出一些途徑，來證明自己的快樂是合理的，而不是讓自己單純只為快樂而快樂。他們試圖運用錯誤的邏輯來阻礙自己的快樂，而不是促進自己的快樂。

有些事情，你馬上就會明白；有些影響，其起因完全是你有意為之；有些事情，你會知道那是自己選擇的；但有些事情，似乎與你的想望剛好相反。後者與前者同樣重要，甚或更重要。有些事情是有原因的，而且這些原因會立刻顯現在你眼前；有些事情，是你在未來的數十年歲月裡，都無法理解的；有些事情，你回頭看時，會說：「我永遠都不明白，為什麼會是那樣。」然而，那些事情並不會因此而變得不重要。

　　有時候，重點在於，要體驗那種不知道與困惑；有時候，經歷不確定性而產生的東西，比一開始的不確定還重要。

　　你可能永遠都不會知道，是否「命中注定」要住在你所居住的城市，但無論如何，你都還是會住在那裡，因為這是你的選擇。在實際嘗試之前，你不會知道，是否注定要和某個人在一起。你不斷在傷害你的事物中尋找安心感，是因為你還沒有著迷新的事物——更好的事物；未知的、陌生的、與你曾經想望的不同的事物——帶給你的不適感。

　　這並不表示它是錯的或不好的；這只表示你沒有預料到它的出現。你在不夠了解的狀況下做出了選擇。

　　試圖搞清楚你為什麼是現在的你，就是想回到過去的你來看看是否對現在的生活感到滿意。當然，這等於你在不存在的人身上尋找答案。

　　人生的答案來自行動，而不是思考如何行動。

　　美好的生活，來自於善用你所擁有的。接受自己雖然無法隨心所欲，但總是會得到你所需要的，在自己意想不到的時候。

第 *38* 篇

為心靈排毒
（在不需要徹底遠離塵囂的情況下）

儘管在學習好好照顧自己的身體時，我們還有很長的路要走，但我們在照顧自己的思想方面，就更落後了。大腦建構了我們的體驗，有許多因素會改變和轉移我們的觀點，這些因素其實完全在我們的掌控範圍內，但我們卻完全沒有意識到。在這篇文章中，我提供了一些方法，讓你可以幫自己的心靈排毒、捨棄有毒想法，並不時地幫你把心靈的黑板擦拭乾淨。

01 | **旅行去，融入在地文化。** 改變你對「正常」基本概念。你會知道在不知不覺中，從周圍的環境接受到多少行為／價值觀／信念（以及你可以改變它們的方法）。

02 | **為情緒問題創造實際解決方案。** 人們默默地認定，能夠使用一種情緒來抵消或修復另一種情緒。如果你不開心，就尋求一種快感來消除它。但負面情緒其實只是一種呼喚，要我們採取行動，而非忽視問題、想盡辦法逃避，或是用各種理由去辯解。排毒的方法，就是放棄追求一時的快感，創造實際的解決方案。

03 | **你要知道，情緒裡的毒，產生於精神上的抗拒。** 與其試圖為自己創造某種情緒（如果我這樣做或那樣做，我就會有這種感覺），不如試著練習完全接受當下的任何感受。精神上的抗拒，會讓你陷入情緒上的不舒服，即便你在短時間之內沒有感覺到。

04 ｜ **認清自己的極限。**眼前的問題雖然已經過去了，卻成為你自我建造的裂縫，是它們在拖你的後腿。不要再試圖拆解，回過頭去找出原因。

05 ｜ **開車出門，開久一點，讓自己迷路。**去看看陌生的地方，你永遠不會知道其他人是怎麼過生活的。看看他們下班回家的樣子，從外面看看他們的客廳是什麼模樣。這麼做會讓你感到很安心，因為相較於凝望大海，此刻的你會很實際地感受到自身的渺小。世界如此浩瀚，我們的所知，不過是滄海一粟。

06 ｜ **重新布置家具。**你的大腦透過各式各樣的物品，以及物品發出的訊號來建構你的體驗。由於大腦處理周遭環境的方式，你會不斷地在潛意識裡觸發負面或停滯的聯想。改變擺設，就能改變想法，就能改變感受。

07 ｜ **進行一次精神淨化。**只要寫下腦海中不斷閃現的奇怪想法或堵塞頭腦的、不連貫的小片段就可以了。只要把它們寫下來，就能讓你放鬆一點。

08 ｜ **重新建構你的數位生活。**永遠不用網路是不實際的（對很多人來說也不希望這樣），但在動態消息裡，保留那些對你來說沒有正面幫助的東西，並期望它們不會對你產生負面影響，那也是不實際的。不要只是取消追蹤那些你不想看到的內容，而是追蹤那些你想看的正面用戶／正面團體／正面組織／正面出版品。

09 ｜ **注意自己下意識的動作。**注意雙腳的行走，以及你如何只因為大腦說：「好喔，我們今天就走往這個地方吧」，而在毫無意識的情況下，就輪流抬起雙腳，邁向前，開始走路。同樣地，也思考一下你早上浮現腦海的各種想法。

10 ｜ **清理情感的空間：想想自己對周遭物品所抱持的情感依戀。**你買這些衣服是為了想成為另一個人嗎？在你的房子裡是否到處擺了一些，你特別糟糕時期放的擺飾呢？讓那些東西離開吧，透過去感受它們帶給你的感覺，來決定要讓哪些物品離開。

11｜**人生整理。**製作一張有三個欄目的圖表，左邊寫下你生命中已經完成的事，中間寫下日常生活中需要做的事，然後右邊寫下長久以來的習慣會帶來什麼結果／你希望將來能做些什麼。這張圖表能夠幫助你把注意力放在人生的大局面。迷失在細枝末節中，經常會讓人感到焦慮。

12｜**每當開始陷入有毒的思考迴圈時，就改變你的身體姿勢。**基本上，這麼做可以為身體創造一種新的體驗，並讓你重新將注意力集中到當下（而且這件事情很容易，就算人在辦公桌旁也能做到）。

13｜**讓大腦做做伸展操。**挑選一本你感興趣的書籍，並且多讀一些。想一個你抱持某種論點的主題，找一篇相關的論文來讀。透過積極接觸本來就感興趣的事物，來讓自己學會愛上學習。沒有意外的話，這麼做會讓你對這個世界有更多的認識。

14｜**重新評估人際關係的斷線程度。**如果你周圍的人際關係，都是透過數位方式來進行的；並且你已經很久沒有跟人面對面交談，那麼請重新評估一下，你有多重視生活中的其他人，並且要想想，讓螢幕比人更重要，基本上就是在為自己打造一種高度焦慮的生活方式。

15｜**找出讓你因上癮而分心的事物。**人們所困擾的大多數事情都是某種形式的成癮：儘管你並非真的想做，但還是持續在做的事情。要明白成癮等同於跟自己脫節，會產生這種脫節，是因為你（自認為）無法面對現實。

16｜**學會不把「夠好」看成「不完美」。**如果有一件事情，能為你帶來最大的精神和情緒上的放鬆，那就讓「夠好」真的就是「夠好」。

17｜**拆除掉生活中純粹只有表演的部分。**事情是這樣的：阻塞我們大腦裡的多數東西，都是我們為了建構一種假象──好讓我們的生活看起來比別人的生活更精采、更高尚、更美好──而付出不必要的努力（所以才說夠好就足夠了）。但它的效果卻與我們的初衷背道而馳：我們

透過冠冕堂皇的想法和執著，讓自己遠離獲得真正快樂的體驗（也就是接受生命是渺小、簡單且綽綽有餘的），最終我們扮演各種角色，而不是真實的自己。

18 | **寫下你討厭別人的哪些地方。**這就是你需要改變自己／改變生活的地方（但你卻因為太抗拒而無法真正採取行動）。要知道，這個問題通常沒有表面看起來那麼簡單：你之所以討厭煩人的鄰居，並不是因為她總是打擾你吃午餐，而你私下也會打擾別人吃午餐；你討厭她，是因為她表現得好像很渴望被愛，而你其實也渴望被愛，但卻避免讓自己有這種感覺，因為你覺得這太丟臉了。這是一份小抄，可以幫助你了解生活中到底出了什麼問題。這很重要，因為完全理解問題在哪裡，就等於知道解決方法。如果你不知道該怎麼做，就不知道哪裡出了問題。如果不知道哪裡出了問題，那是因為你內在的某些部分抗拒看到問題。

第 *39* 篇
關於生活，
你想得太多，做得太少

焦慮通常是認為自己無所作為而產生的。我們生來就是為了實現自己的潛力，而不僅是分析自己有哪些潛力。一旦內省成為避免問題的手段，我們就會毫無節制地胡思亂想。從評論的角度去評估自己的生活，應該是有幫助，而不是造成相反的情況。當你的生活想得太多，而做得太少，就會發生以下情況。

01 | **你的目標是完美的結果，而不是完美的行動。**你更偏愛空想，而不是去思考實現想法所需的工作和過程。每當夢想完美生活時，你會考慮別人會如何看待你，而不是你需要做些什麼。

02 | **你有強迫型幻想症。**你用大量天馬行空的幻想來代替人際互動和日常生活。在幻想時，你會做一些重複的動作，比如循環播放同一歌單中的歌曲、來回踱步、搖擺身體等。你不去處理生活中的問題，而是在腦海中上演精細複雜的劇情，因為它們會帶給你「快感」，以此來逃避現實。

03 | **你的生命意義是抽象的。**你知道自己想幫助別人，或教導別人，或為那些無法為自己發聲的人發聲，但你不知道該如何去做。當然，你也沒有把這樣的目標，專心地實踐在目前的生活、所處的環境，以及日復一日的人際互動中。

04 | **解決大部分問題的方法，就是做出一些小小的改變，但你卻堅決不這麼做。**這是一個典型的跡象，表示你正在利用過度思考，來作為轉移注

意力的手段。這樣做很容易，因為百般思考一個問題，是一種看起來很崇高的轉移注意力的方式，但這種行為，只有在你找到答案之前才有用，找到答案之後，你就必須真正付諸行動。

05｜**你總是很忙，但效率不佳。**你的工作似乎永遠都做不完；你用掉了時間，卻不知道它們到底都去哪兒了；你總是壓力重重，腦袋疲憊不堪，就好像你永遠處於一個難度極高的任務中，卻永遠無法完成。

06｜**你傾向於抗拒自己最想要的東西。**你沒有付出真正的努力，一點一點地努力向前，而認為你不配、不可能的，或者就算擁有了想要的東西，也表示你也可能會失去它（所以永遠擁有不了，還是比只能擁有一下下好）。

07｜**你是那種只會跟自己討厭的事物建立連結的人。**這些代表你：a）雖然有夢想，但做得不夠多／更喜歡紙上談兵。或者b）非常沒有安全感，只有透過發現別人跟你處在同樣的境地，才能促使你成長茁壯（你判斷「自己需要高人一等」表示「你極度自卑」）。

08｜**你大部分的問題，都可以歸結為害怕被批評、被排斥。**如果這種害怕出現在你的生活中，而且程度相當嚴重，通常是因為你已經根據其他人的想法，去建構出你以為自己會喜歡或想做的事情。因此，你不會照自己的本性採取行動──你會先想一想，稍微改變一下自己想做的事情，然後（也許）再採取行動，但仍然害怕別人不喜歡你。

09｜**如果停下腳步想一想，你可以想出十件讓自己心存感激的事情。**你的「問題」不在於「沒有」，而在於沒有意識到自己所擁有的。感恩會激發更多的行動、更多的回報。正面的情緒永遠不會讓你停滯不前，也不會讓你想得太多。

10｜**你想改變自己的生活，但你的重點卻放在拆除舊的事物，而不是建造一些新的東西來取代舊的事物。**換句話來說，你是那種試圖藉由過度分析

陳舊的事物，來讓自己對它們產生更深的理解，並藉此尋求安心感的人。但實際上，過度分析是缺乏安全感，而缺乏安全感是無法接受簡單的現實。

11 | **你追求快速的解答，而不是分析問題出在哪裡。**在一件事情失敗以後，你會把太多的心力用在釐清自己失敗的原因，而不是了解自己需要什麼，然後繼續前進，並嘗試新的事物。你讓自己陷入思維的困境：一方面想知道什麼是不對的，另一方面又不想去弄清楚什麼是對的。

12 | **你總是想像想做的事，卻從未真正付諸執行。**你相信等到一切都準備就緒之後，你的生命就會展開了；但實際上，生命就是付諸行動。

第 *40* 篇
激情與理性

我們這一代的人相信,激情就是答案——這個解答可以讓我們迎向歡樂、成功、快樂的生活。小時候,大人跟我們說:「你想成為什麼樣的人,都可以喔」跟「不管做什麼,你都會成功」。有很多比我聰明的人都對這件事情,提出了精采的論證。

但其實關鍵不是在於追尋激情,而是激情地追尋生命意義。激情是一種旅行的方式,而不是決定目的地的手段。激情是點燃火焰的火花;生命意義是讓它徹夜燃燒的火種(這句話我之前就說過)。也就是說:激情的反面不是安於不冷不熱的生活,而是將激情與理性結合起來,讓你到達真正想去的地方。

客觀地看待自己的生活,不僅以理性正面的心態來解讀情緒、事件和決定的能力,並且對於好好運作自己的生活來說至關重要。頭腦和心靈必然是各自獨立的存在,而你要想辦法將它們融合在一起。原因如下:

01 | 激情告訴你,你應該去追求生命中你最想要的東西,但問題從來都不是「你想要什麼」,而是你最想要什麼。關鍵在於你讓哪一個(通常是相互衝突的)欲望獲勝。

人們沒有去做他們最想要做的事情,是因為他們還有一個更想要的。他們之所以最後沒有完成想做的事情,是因為他們想追隨自己最強烈的欲望,而不是優先去考量自己要做的事情。

我想再放一天假,但我也想為退休基金努力,並進一步發展我的事業。現在,我選擇後者,以便日後能夠實現前者。看到了嗎?由我來選擇要讓哪個欲望獲勝。

一旦只仰賴情緒，就會無法遵循哪個欲望，因此會選擇能夠引起最強烈快感的欲望。這種欲望是不可靠的，因為它是短暫的，而且可能會以無數的後果為代價，而這些後果最終會與一開始的初衷背道而馳。

02｜激情將感情建立在快感上；理性將感情建立在生命的意義。

　　「生命的意義」是愛（而不是執著，或不想孤單一人，或金錢，或自我，不幸的是，有些人就是選擇了這些東西）。我們通常被教導，愛只是一種「美好的感覺」或一個「動詞」。但是，你可以擁有很多並非根植於愛的「美好感覺」，當你跟很重要的人在一起時，你可以出於自己所認定的愛，為對方做出許多事情。

　　承諾，讓你們的關係建立在某種穩固的東西上，而不僅僅是一種短暫的感覺，如此一來，這段關係最後才能成正果。如果你相信愛完完全全就源於激情的話，那麼一旦你沒有從伴侶身上獲得荷爾蒙帶來的亢奮感時，你就會想要結束一段關係；或者更糟的是，你會為此責怪，並找出他們欠缺什麼以及背後的原因。

　　有時人們對於「自己是否愛上某人」非常猶豫不決、優柔寡斷，也不確定自己是否應該放手，或者更加努力、繼續等待？或者接受愛並非是一個狂烈的夢境。

　　我自己花了很多年的時間，試圖弄清楚我是否真的愛過不同的人，其中大約有一半的時間，我在一段又一段的感情中翻來覆去、分分合合，最終發現我把激情和愛情搞混了（兩者並非同一件事）。

03｜理性讓你客觀地看事情；激情是主觀而強烈的。

　　事實上，人們最抱持激情去做的事情，就是一聲用盡全力的嘶吼，並讓那聲音迴盪在虛空中。缺乏任何的實踐或理性，只是一種情感的迸發，一旦我們的嘶吼與別人的嘶吼相互衝突（或矛盾）時，它會讓人感覺像是對個人的侮辱。

無論你的感覺或信念有多麼強烈，它都存在於其他人的各種感覺或信念旁邊，並非所有這些感覺或信念都是相同或一致的。這並不表示你或其他人是錯的，只是激情不允許你承認共存的真理：激情是單一的，而倘若無法將之好好地置放於現實生活中，那麼它就會變得具破壞性。

04｜理性可以幫助你為想成為的自己做決定；激情則是幫助你為現在或過去的自己做決定。

　　激情之所以如此強烈，是因為從本質上講，它回答了一個你不知道自己在提問的問題。有問題困擾了你很久，而激情正是那個問題的解答。它證明一個你不知道自己必須提出的觀點。它對你來說是不證自明的。它是某種解放或超越。它的某項特質會讓你感到興奮，這意味著它是你所熟悉的，並且它還可以作為一種解藥。

　　能夠表示你的人生有往前進的真正跡象是你不知道自己要去向何方。如果你知道自己在做什麼，那麼你就是又走回老路，表示你還活在過去，你沒有感覺到那種魯莽的「興奮」（你向別人或自己證明一些事情）。

05｜激情說，你應該努力去追求實現你最狂野的夢想；理性說，你應該努力追求能夠發揮你最大潛力的生活。

　　因此，激情會讓你一直假設自己的生活「不如意」，因為你沒有去做你認為最棒的事情。然而，理性是你去評估自己為什麼想要這些東西，並在最後得出結論：在絕大多數的時候，你其實並不想要這些東西。理性認為，不是讓你的夢想最大化，而是要讓你的潛能最大化，如此一來，你終將抵達夢想的彼岸——那個激情只能夠讓你（繼續）魂牽夢縈。

06｜激情源於執著；而理性則能與之抗衡。

　　激情是對某個想法的執著，或者更常見的是，對特定感覺的執著。它是一種渴望，想要繼續體驗那種感覺，並且無論如何，都要盡一切努力去讓這種感覺更容易出現。每當人們在想像一個充滿激情的生活時，他們會想像做

一些有特定感覺的事情,以及和有特定感覺的人在一塊。這種想法不僅不實際,更是不可能的。理性會告訴你,即使是做自己喜歡的工作,也會有遇到困難。就算是跟自己的人生摯愛走進感情,生活也不一定如你想的那麼容易(即便這是人們普遍的假設和嚮往)。如果抱持著「即使再困難,我也會全力以赴」的態度,你最終會打好基礎、掌握技巧,並且有良好的應對能力,以至於在一段時間之後,最初的困難就會出乎意料地消失了。

07｜感恩源自理性;幸福人生源自感恩。

人們之所以會「練習感恩」,或是花費很大的心力去思考值得感恩的事情,是因為鮮少有人會在生活中自然而然地感受到感恩之心,而無論你目前的情況如何,任何人都可以找到值得感恩的理由。

培養一顆感恩的心——不是等待自己忽然對生活感到滿意,而是透過主動將注意力,放在那些自己是何其幸運、感激和自豪能夠擁有的事物,來選擇這種感覺——這是對自己的生活感到滿意的必要條件,因為它會讓你抱持一種「我要去尋找更多值得感恩之事」的心態。任何人都會這樣跟你說:只要去尋找,最終都會找到。

08｜理性會瓦解情緒。激情試圖用情緒來瓦解其他情緒。

理性可以瓦解非理性、不合邏輯或痛苦的情緒,並透過評估它們的根源/判斷它們的成因、解讀它們是否有用,或者透過實際去傾聽它們,並採取相應的行動(如果這樣做是最好的話),將你帶入更高的覺知狀態。

激情試圖利用情緒來瓦解其他情緒。用高潮來否定低潮、用新的感覺來取代舊的感覺。這就像明明是試著用手去抓水,卻還以為自己能喝到足夠的水。

唯有透過強大、清晰、受到引導的思維,能夠消除佛家所說的「猴心」(每天都會在每個人的腦海裡閃過的、一系列非理性的、自己冒出來的想法。到最後,這些想法將會影響你的情緒狀態)所帶來的非理性壓力。理性可以告訴你頭腦和心靈是如何對應的;而激情則以為兩者是一體的。

09｜許多想要「追尋激情」並找到「激情關係」的人，都是出於自我匱乏。

深情、真誠和充滿愛的事物很少是歇斯底里或高度情緒化的。它們是平和的、令人嚮往的、美麗的，有時甚至是強大的，但在做任何事情時出現的焦躁欲望，通常是在試圖填補空洞、逃避問題、迴避真相。

之所以會執著於想要擁有一段充滿激情的關係，通常都反映出不夠愛自己。之所以會焦躁地需要一份能讓自己充滿激情的事業，源於對目前現實的強烈不滿。它們是一連串舒緩痛苦的想法、轉移注意力的方法和逃避路線：每個人都在逃避的怪物，當然就是他們自身。

10｜從來沒有人因為極度渴望而得到索求的事物。

我真的不在乎你對某件事情充滿多少激情，因為這並不表示你就因此適合這份工作，或者這段關係，或者這個升遷、這間公寓，或任何可能的情況。

但是，人們往往會將「充滿激情」，視為一種合格的因素，但到最後，獲得這份工作的人，卻是技術最好的人；雙方都需要確信這段關係是「最合適的」，才有可能成事。升遷的機會，屬於最努力工作的人，而這間公寓，則屬於信用評分最高的人。通常人們會把焦點放在自己是多麼渴望得到某樣東西來滿足自己的需求，也會常常這樣跟身邊的人說；但他們之所以沒有得到的原因，其實是因為他們不合適／不夠資格／不夠好。

11｜創造美好生活的是實際行動，而不是光說不練。

如果你想讓生活有所不同，那就要做不同的事情。我們關於幸福生活的許多概念都太抽象：思考清晰、擁有正面行為與思考準則、和喜歡的人在一起、覺得工作有意義。但如果光說不練，這些東西就是沒有用，而且有太多人，還試圖假裝自己有這些東西，彷彿他們可以說服自己這是真的。

另一個選擇是實際去做。人們之所以會避免這種務實、腳踏實地、埋頭苦幹的辛苦作業，是因為他們不想為自己的失敗負責。（如果沒有嘗試過，那就肯定不會失敗，對吧？）

自信，是從自己所做的事情中建立起來的；積極正面的心態，源於你所做的事情；愛的關係是仰賴你所做的事情維持的；有意義的工作，是透過實際去做來培養的，而不只仰賴去思考自己為什麼應該要擁有（並相信你應該這麼做）。

12｜激情是最簡單的方法。

借了五百萬的貸款，來學習你「喜愛」的東西長達五年以上，但從此不能隨意搬家／旅行／結婚生小孩／做自己真正喜歡的工作，因為你在接下來的三十年裡被債務所淹沒。這就是激情的作用。

嫁給那個讓你痴迷的人，他的忽視和虐待，讓你又再一次經歷童年時的悲慘遭遇。等他離開你以後，又會傷心欲絕地說服自己，對方是你的唯一。（除了真愛之外，你還會為其他的事情感到如此傷心嗎？）你們兩人在一起時，世界是脫離現實的。你失去朋友、工作和自我意識。這就是激情的作用。

或者更確切地說，這就是激情在沒有與理性結合時會發生的事情。這就是肆無忌憚的情緒，在沒有被思考和理解所阻止時會造成的後果；這就是你過於相信自己的情緒，而沒有質疑它們的根源時會發生的事情；這就是在你試圖用一種自認為可以作為解藥的情緒，來避免人類生命中不可避免的痛苦時會發生的事情。

激情，是通往你想要的生活的小路、捷徑、思慮不周的道路。一如所有源於激情而生的事物，激情只能撐起一個想法，卻撐不起一個現實。

第 *41* 篇
擁有想要的生活之前，
你需要了解的一些事

　　正如榮格曾說過的：「除非你讓無意識變成意識，否則它會引導你的生活，而你會稱之為命運。」談到創造自己想要的生活時，我們被教導要去想像那種生活裡的事物的樣貌。頭銜而不是角色、形象而不是現實、概念而不是日復一日的例行公事、職責和事務。時機成熟了，應該要瓦解西方人源於自我狂熱的、對「遠大人生」的深深迷戀，並將之拆解成許多部分，好讓我們能夠真正活出自己。以下是你必須了解有關自己的所有事情，唯有如此，你才可以選擇真正想要的生活，而不是你以為自己想要的生活。

你希望每天的例行公事是什麼？

　　我們學到的教導是，根據我們想要成為什麼樣的人，來選擇我們想要的生活。創造自己的理想生活樣貌時，一切聽起來都是華而不實而崇高遠大的，但你必須考慮到現實的層面。一旦開始去設想自己每一天日常生活所需的計畫時——花多少時間工作、花多少時間與家人相處、花多少休閒時間——你就能夠真正從頭開始建立自己想要的理想生活。

你想成為什麼樣的人？（而不是你想擁有什麼樣的頭銜？）

　　這並不是要你去選擇用什麼樣的形容詞引介自己的工作職稱，而是你想成為什麼樣的人來做這件事。無論你是老師、學生、編輯或建築工人都不重要。重要的是，在做這些工作時，你想成為什麼樣的人。你是一個善

良、善解人意的人嗎？你會把一天大部分時間都用來跟所愛的人交談嗎？你是一個從早忙到晚的人嗎？你是一個憂心忡忡的人嗎？你專心一志嗎？你勤奮嗎？最終定義你的不是你做了什麼，而是你如何去做一件事。

你希望別人是怎麼記得你？

你希望他們在你的葬禮上說什麼？你身材保持很好，雖然功成名就，卻也是因為工作之故，而無法好好地發展人際關係？還是你充滿愛心、仁慈、關心工作，但更關心他人？你每天都應該去沉思生命的無常：世界上沒有什麼比記住「生命苦短」這四個字更讓人警醒、更可怕、更能快速消除負面想法的了。歸根究柢，能夠用來定義你的人生，是你對他人人生的影響程度，而這樣的影響，通常只透過你跟他人之間的日常互動，和你活出自己的勇氣。等到有一天，你因為離世而無法再為自己下定義時，這就是別人會記得你的原因。

對你來說最輕鬆的事情是什麼？

我們認為有意義、深沉、重要的事，我們傾向於相信它一定頗具難度（我們甚至也會自己催生出它的難度）。如果有一些事物，我們不只熱愛，而且做起來也毫不費力──尤其是那些能夠得到報酬的──的話，那麼它們似乎就變得沒什麼價值。我們相信，必須為自己所擁有和熱愛的事物受苦，事實卻不然。找出那些你能夠做得毫不費力且自然而然的事物吧，並學會如何善用它，同時不要刻意強調它的簡單輕鬆，而只是允許好事發生，這件事情跟你認定的那些困難事情一樣值得去做──甚至更值得去做。

你（你的潛意識）相信自己的存在是為了什麼？

誰是對的、錯的，或徹徹底底地瘋了，都不重要──我們可能永遠都無法確定──但重要的是，要建立一種對你有益的個人信條。個人信條最

能說明一個人的信念，因為它基本上定義了你如何去處理其他事情。如果你相信命運是你可以選擇的，你就能辦到。如果你不相信，你就會一直是受害者、自怨自艾、不斷等待、乞求上蒼，直到外在環境改變。如果這就是你想要的生存方式，那是你的權力，但我發現大多數人都不是這樣。大多數人都想奪回自己的權力，為自己做出選擇。那是你開始主動提問：自己為何而生？這一切的意義是什麼？探索你最深層的信念，然後決定如何盡己所能地實現它。

為什麼要做你每天在做的事？

是為了快感嗎？是為了金錢嗎？是為了生計嗎？答案沒有對或錯，重點只要知道什麼最能激勵你。即使只是為了謀生，你也可以透過「每個月能更輕鬆地支付帳單」的願望，來推動一個充滿熱情的計畫。長期目標和簡單的生存需求，往往是最基礎也是最持久的欲望，能夠作為你的精神支柱。它們應該要跟有意義的工作和生命意義相平衡；但如果它們是你目前在做的這些事情的根本原因，可以用它來推動你情緒上、精神上、靈性上的正向情緒。

在你幻想中，你是什麼樣的人、有著什麼樣的身分，別人又是如何看你？

你每天做白日夢時反覆出現的主題，代表了你在生活的各個領域中，實際從他人身上尋求的東西。這是你潛意識裡的動力因素，因為這是你尚未給予自己的東西。無論它是什麼，它都是你覺得自己最缺乏的東西的投射——因此，你會下意識地從他人身上尋求。人們是因為你的美貌而仰慕你嗎？還是你的創造力？你的才華？你的成功？你的財富？找出自己渴望的是什麼，然後想辦法滿足自己的需求。

你最不喜歡別人的什麼地方？

在一定的程度上，你最不喜歡別人的地方，也許是你身上也會有的，只

是還沒辦法承認而已。你越是憤怒、激烈地以「哪有」來回應這個想法，你就越是強烈地想要迴避這個事實。憤怒＝承認。你不會去反擊那些你不認為是真實的事情。

因此，透過觀察你最想改變他人的什麼，來找出你內心最需要療癒的地方。如此一來，你將以一種自己無法想像的方式來解放自己。這個行為，就像是你的理想生活不可或缺的一塊拼圖，因為你試圖迴避、推移、欺騙自己，不承認自己需要療癒／改變／處理，所耗用的所有精力，充其量都只是浪費；而在最壞的情況下，其實會嚴重地阻止你過上自己想要的生活。

什麼事情值得你為之受苦？

任何事情在一定程度上都是艱難的。處在一段錯誤的關係中很難。處在一段正確的關係中也很難。活得又窮又慘很難，實現夢想很難。卡在一個不上不下的地方，好像什麼都沒感覺到也很難。任何事情都很困難，但你可以選擇，選擇是有價值的。雖然你無法選擇自己是否會受苦，但你可以選擇自己為什麼而受苦。

你這輩子對什麼念念不忘？

是你對幸福的渴望嗎？是過去嗎？是那段明明只差臨門一腳卻以失敗告終的感情關係嗎？是對自己身體的某種焦慮嗎？是恐懼嗎？是孤獨嗎？是缺乏自我價值嗎？每個人都有這麼一件到最後使得他們念念不忘的事情，這件事情會驅策他們前行，也在某種內在層面上控制他們。這是其他一切事物的根源；這是一個一而再、再而三出現的問題。你不知饜足地尋求它，然後逃離，卻發現自己又撞上了它。你這輩子念念不忘的東西，構成了你在做的絕大部分的事情，所以你需要知道它是什麼。通常不是要將自己從綑綁住你的束縛中解放出來，而是要學會利用它們來實現更遠大的目標。找出深藏在你痛苦裡的同理心、希望和理解的碎片。萬事萬物都有其意義。你的職責不是去理解為什麼，而只是要在一開始把它找出來。

第 *42* 篇
情緒健康的人
具備的十件事

在我們關注的所有健康問題中，最被嚴重忽視的，可能就是我們的情緒健康（這跟心理健康是兩回事）。

我們可以自在地談論自己反覆出現的頭痛，因為我們並不覺得頭痛的存在說明了我們的情況。頭痛與我們認為的自己無關。但是我們知道，我們的情緒是一種結果，涉及了我們認定的自身與我們的狀態，為了維護自我概念的神聖性，我們不惜隱藏自己的情緒。諷刺的是，這正是問題所在：我們壓抑和忽視的那些部分，變成了一群沉默、陰險、控制欲很強的怪物（這在心理學中稱之為「陰影」）。

談論一個人如何回到情緒的健康，完全是另一個話題（並且需要好幾本書的篇幅才能完全寫出來），所以在之前，我收集了情緒健康的人具備的十個要素。能符合全部十個要素的人，可能並不存在，但即便如此，這些要素依舊值得我們思考（也許也是努力的方向）。

01｜情緒健康的人知道如何傾聽自己的痛苦。

情緒壓力和不舒服是一個訊號，表示有些地方出了問題。這些信號總是在引導我們走向更好的方向、更符合我們的本質和自我期望。唯一的挑戰，就是要克服一開始我們忽視訊號的原因。

02｜他們知道客觀地觀察自己的想法，而不是直接認同它們。

你的想法不能代表你這個人。你的感覺不能代表你這個人。你是觀察、

反應、使用、產生和經驗這些事物的存在。也就是說：你無法控制它們，但它們也無法控制你。你能選擇自己的想法，你能選擇讓什麼想法離開。（每當無法允許自己讓事情過去時，你就是在試圖告訴自己或讓自己看到一些東西。注意去聽。）

03 | 他們不喜歡別人身上的某些特質，他們也會在自己身上看見。

我再說一次：你會喜愛別人的某些特質，因為你也喜愛自己的那些特質；你會討厭別人的某些特質，因為你在自己身上也有。如果每次發現自己對某人或他們的行為，感到沮喪或莫名其妙地惱火時，你就練習去識別自己的情緒，因為你等於在使用一個超級成長工具，這也是創造一個更心平氣和的自己最快的途徑。你不會再受他人行為的影響，你從來沒有被那些行為激怒過……你身上也一直都有同樣的特質。

04 | 他們能夠區分真的喜愛，還是為了喜愛而喜愛之間的差異。他們能夠意識到自己渴望某樣東西背後的理由，而不只是單單去渴望它。

想法可以解決我們在腦海中編造出來的問題。如果我們認為自己不值得被愛，那麼我們就會去構思一個充滿愛心、寵愛我們、肯定我們有多完美的伴侶，來糾正這個想法。如果我們不明白自己渴望愛，是愛能夠修復我們內在的某些東西，我們就會認為自己迫切需要愛，是因為我們很浪漫？還是因為沒有愛就沒有幸福的生活？然而，那些可以意識到自己渴望某些東西的人，能夠選擇真正想要的？因為那不是基於自身的問題可以解決，而是基於更真誠也更健康的渴望。

05 | 他們知道什麼時候該跟朋友分道揚鑣。

我們很難斷定介於「即使沒有陽光和快樂，也要堅守一段關係」和「知道是時候遠離那些不再為生命帶來正面力量的事物」之間的界限。很多時候，我們覺得自己並沒有義務，與某些人保持密切的關係，而這正是

造成情緒陷入一場災難的原因。情緒健康的人，能夠辨識出哪些人懷有惡意、嫉妒心，或是太過沉溺於自身的問題，而無法自制地將自己的問題投射到其他人身上。這些人也需要愛與陪伴嗎？當然需要。但有時候，離開是最好的方法。大多數時候，這是最健康的選擇。

06｜他們的生活很簡樸，但卻很實際。

情緒健康的人知道，任何物質上的獲得——哪怕再貴重——都無法讓他們感受到自己想望的東西；就算有，也不會超過片刻。因此，他們放棄了激烈的競爭，學習立足於簡單的生活。他們不貪求、不浪費，只在自己的空間裡，保留有意義或有用的東西。他們以實際而用心、感恩而明智的態度，去對待自己所購買與擁有的東西。

07｜他們能夠獨處。

在孤獨之中，你會發現洞察力。一旦不用跟那些你必須謹言慎行的人相處，你就可以隨心所欲。這就是為什麼，我們會發現獨處最能令人放鬆，這也是為什麼情緒健康的人會經常練習獨處。一旦周遭沒有你需要為之整理情緒的人，你就可以充分體驗自己的所有情緒。

08｜他們讓自己去感受。

每個情緒問題的核心都在於，你認為該情緒是不好的。它的存在並不是有害的，但把我們搞得一團亂的，其實是我們的抗拒。情緒健康的人比任何人都懂得做好一件事：讓自己好好去感受正在經歷的一切。他們知道這件事不會害死他們。他們知道要預留時間來處理。他們知道——與一般人的想法相反——這樣做並不是失去控制，而是一條道路；讓自己腳踏實地，有足夠的決心真正而徹底地活在當下且用心感受⋯⋯這是人類所能做到的「掌控」。

09｜他們不會執著於任何一種「好」或「正確」的結果。

　　一旦認定一種結果是正確時，你也就同時認定另一種結果是錯誤的。除此之外，有些事情會如我們所願，有些則不然。這也是一種禮物。

10｜他們能看到每一個經驗的價值和目的。

　　任何事情的意義，不在於你做了之後，得到什麼，而在於你經歷了之後，成為了什麼樣的人。一切都關乎自我成長。壞事會讓你成長，好事也會讓你成長（事實上，所謂的「壞」，是別人教你的，或者你認為不「正確」的東西）。重點是：一切無關乎你做得有多正確，而是關乎你成長了多少，無論遇上哪一種經驗──好的、壞的、可怕的、美妙的、困惑的、混亂的、遠大的──都一樣。用丹麥哲學家齊克果以筆名「尤翰尼斯‧德‧西蘭提歐」（Johannes de Silentio）所發表的話來說：「唯一的失敗就是放棄。」

第 *43* 篇

如何去衡量生活是否美好？

我們衡量「美好生活」的基準，是自己是否踏上預期的人生。美好生活距離我們有多近，取決於與我們過去暫時的、主觀的想法有多吻合。衡量美好生活的標準，是一種文化的、社會的概念，並且隨著時間改變。對我們來說，所謂有意義的生活，目前的主流想法是個人的成功（在歷史上的其他時期，則是服從宗教或繁衍後代等等）。

我們存在的目的並不是只追逐私利。每一件事情，即便是最僵硬死板的日常事務，只有在能體現意義時，我們才會覺得心情愉悅。

但無論如何，我們都會盡力讓自己快樂。為了強調個體而不是群體和整體，在這個過程中，我們發現自己的熱情並沒有融匯成精采的人生，我們反而變得空虛、緊張、疲憊，我們的精神扭曲而糾纏，並試圖去理解，為什麼事情給我們的感覺跟它們表面上不同。

一切看起來都跟我們所想的不同。沒有人在深思自己的生活之後，得出結論：「沒錯，完全如我所料。」重點不在於讓現實變得符合我們對它的想法；也不在於能夠操控那些無法控制的想法，好讓我們覺得能夠掌控它們。

然而，衡量美好生活的標準正是如此，因為它仍然根植於我們最基本的生存本能──也就是需要性愛、快感、名聲、認可和能夠讓我們膨脹自我的大量關注。

動物沒有辦法清楚地意識到得到或沒有得到獵物是什麼意思。牠們不會考慮潛在配偶離開對自己造成的心理影響。牠們不會拼湊自己的生活，也不會追求「更多」。牠們的本能之所以很有用，是因為牠們天生就沒有超越本

能的欲望。

　　動物不需要去評估自己是否過著「美好的生活」，因此牠們不會努力超越自己。但是我們會。

　　然而，如果以圖像、想法和清晰的故事線，來衡量自己做了多少「好事」，我們就會嚴重地錯過了重點。因為我們總是做得不夠多。

　　我們生來就不是為了要超越自我。我們渴望變得更好，但並不是為了要超越自身的人性，而是想要舒適地與之共存。聖賢教導我們，我們生來就是為了能夠應付日常生活裡的混亂和簡單——渴望外在的「更多」，是自我的一種機制。這不是超越，而是逃避。

　　衡量生活是否美好的標準在於，你有多麼想要改變現在的生活，這與你內心知道生活可以變得更好的程度成正比。你透過感受不適的能力，來衡量生活是否美好。你質疑自己的程度、你改變主意的次數、你採納和放棄的一連串信條，你為自己選擇的家庭。

　　你用多少杯咖啡來進行過有趣的、嚴肅的、傷人的、美好的談話，你的同理心能夠延伸到多深的地方，你獨自長途散步的次數，以及你用不連貫的想法填滿的日記頁數，你對自己的存在進行哲學思考的方式的演變，你看待他人的方式的演變。

　　儘管激情的碎片已經消散，但你仍然清醒地工作的日子。美好的生活不是充滿激情的，而是有目標的。激情是點燃火焰的火花，生命意義是讓它徹夜燃燒的火種。

　　有多少段關係，是你勇敢畫下句點的。最簡單的出路，就是留下來。令人安心的想法，就是安定下來。自我的解放，就是你有多少次去追求更好的東西，即便你無法想像那會是什麼。那種難以名狀的感覺，正是美好生活的標誌。

　　你衡量美好生活的標準是，自己真心覺得，清晨陽光灑在床單上時，那種神聖感令人驚嘆。你可以一一細數，自己有哪些地方，比從前更好了。你可以一一細數，自己有哪些地方，未來想要變得更好。

　　有多少東西，是你失去了，並且因此學會不要再執著於它們。有多少

次，你幾乎已經耗盡了自己的能力，卻發現一旦被推出水面，外面還有另一片海洋等著你去探索。

美好的生活不是以你做了什麼來衡量，而是以你是個什麼樣的人來衡量的。不是你愛過多少人，而是你付出了多少愛。它與事情的結果如何或計畫的執行是否順利無關。美好的生活是你偏離道路時偶然發現的小小神奇之物。美好的生活不是關於那些沒有成功的事情，而是關於那些失敗的事情讓你學到了什麼。這些點點滴滴、一次次的覺醒和大量的知識，將組構合一，並讓你得以感知到超乎你目前想像的、更遠大的事物。美好的生活不在於最後的結果如何，而是在於你一路上的不斷更新啟發。

第 *44* 篇

有一種不使用言語的聲音，
就是聆聽

　　你必須去聆聽的這種聲音經常沒頭沒腦，它不使用文字，它不使用邏輯，它不會吻合你想像中的人生故事的清晰軌跡，它很隱微，並且會在你不知道的情況下，對你說話。

　　內在的聲音會給你一種毫無道理的感覺。你在它們身上感覺不到理性。你會知道，自己愛上某個人，不是因為他們有魅力、聰明、有趣，就只是因為你愛上了。你會想要住在某個地方、做某件事，不是因為這樣很「酷」或大家都說你應該這麼做，而是因為你就是想這麼做。

　　那些毫無道理的事情、不合邏輯的事情、完全無法解釋的事情，魔力就蘊藏其中。「對」的東西永遠都是這樣，它是幻想、恐懼，以及我們強迫它必須合情合理，在我們腦中成為有意義的事物。

　　如果你所做出的選擇是，唯有在你能列出一連串的「因為」之後，才能覺得心裡舒坦，那麼你就沒有真心地去傾聽自己的想望。

　　這可能是天底下最大的祕密（也是最重要的事實）：如果內在的小小聲音告訴你，你不感興趣，或者你正走在「錯誤的道路上」，它其實根本什麼也沒說出口……而你就會放手。

　　想想那些你壓根沒興趣交往的對象。你知道自己沒興趣的職業道路。你會坐下來拚命解釋為什麼他們／它們不適合自己嗎？不，你不會。你根本就不認可他們／它們。（愛的反義詞是冷漠，對吧？）

　　讓你痛苦和高興的事情之間，其實沒有區別──它們都是為了教你一些東西。你之所以會去體驗它們，是因為你想要從它們身上學習。

幻想必須被證明是合理的。半真半假的事實必須要合情合理。真誠的事物、最好的事物、「最正確」的事物,它們就是那樣。如果它出現在你的生命中,就一定有值得你去學習的地方。拋棄理性、不再去驗證幻覺的合理性的過程,能讓你自己重新去熟悉那種不使用言語的聲音。

這就是為什麼,你會在一開始的時候,選擇讓自己迷失。

第 45 篇

這些體驗
還沒有找到字詞來形容

01｜陽光穿過樹梢之際，光線與樹葉之間的交流。

02｜你跟幾個朋友決定來一場「角色扮演」，要扮演的是你們都有看的一部連續劇或電影。後來，你們因為「他們」——也就是你們扮演的那些角色——的言行舉止而笑得人仰馬翻。〔指前半段〕你依據一些範本——舉例來說，如《慾望城市》——將一些角色特質，賦予到自己社交圈裡的成員身上，進而產生了一則廣為流傳的笑話。

03｜自己的肌膚碰觸到別人肌膚的感覺。

04｜因為決定要以某種兼具美感與簡約的方式來改變自己的人生，而感受到短暫且美好的快感。〔指前半段〕堅信這個決定會改變任何事情或所有一切。

05｜無法理解這個事實：我們無法理解自己還不知道的東西。

06｜有件事情，聽了十幾遍都沒弄懂。直到後來，那件事情成為你遇到的問題的答案時，才終於理解了它的意義。

07｜人類的生理年齡，跟其社會連結、智力和能力無關。

08｜為了讓孩子成為正常的、善良的、成功的社會成員，而試圖透過包括懲罰、羞辱、責罵跟壓迫等方式來教育的教養方式。

09｜想要跟某人有靈性上的高潮體驗。

10｜為了維持一段關係而扮演某個「角色」：也就是自己一個人排練與自己的對話。

11｜入睡前那種完完全全的平靜感。

12｜我們了解其他人的想法和感受，更依據這種「了解」採取行動，評斷他們，並在許多方面，用我們自以為對他們的了解，來限制他們的潛力。

13｜全身上下都很輕盈的感覺。

14｜你所知道的、有期限的愛情。

15｜你所知道的、自己最終「注定」要去追求的愛情。

16｜幽默而不刻薄的人。

17｜有深度而不負面的人。

18｜當有人其實對情況完全不了解，腦子裡卻編造完全錯誤的事情時，你所感受到的沮喪情緒。

19｜那些閃過你腦海的亂七八糟、怪異、可怕、尷尬的想法。有時會讓你感到害怕，因為你以為只有自己會產生那些想法，而其他人因為你有那些想法而害怕和尷尬。

20｜嘗試將一堆隨機的「證據」拼湊在一起，用以揣測某人的意圖。

21｜知道某件事情不太對勁，但又還不知道有什麼其他選擇的那種不上不下的感覺。

22｜一次又一次得到微小而安全的結論所帶來的安心感。

23｜幻想統統消失了才來到的真正的平靜。

24｜你有種感覺：意識到「生命意義」通常不會讓你覺得像「生命意義」，因為無論如何你都會去做，所以整個「尋找生命意義」的行為，一開始只是自我的機制罷了。

25｜我們如何用年齡、年級、學校教育階段以外的其他方式，來定義自我生命和個人發展的各個時期。

26｜雨滴跟雨滴之間的空間。

27｜有一門非傳統學科的藝術課程，占據我們生命大部分的學習時間：愛、人際關係、懷疑、信仰、養育子女、工作、友誼、自我形象等。

28｜仍然愛著舊情人，而且在一定程度上，你覺得自己還能感受到他們的存在。

29｜吃完一頓大餐之後，那種快樂而疲憊的感覺。

30｜回顧某件事情時，遠比實際發生時更美好；也許這種樂在其中的感覺，不需要經過自我對抗或自我超越，只需要欣賞它本來的樣子就好。

31｜感覺某種感覺的感覺。

32｜讓你感覺像「家」的人或事物（一種不是房子的家）。

33｜一種「生命自有其定數」的想法。

第 46 篇

自己是自己最大的敵人
（而你沒有意識到這件事）

　　你相信自己永遠都在與周遭的人競爭，相信自己必須超過別人才稱得上夠好。你相信所受到的社會制約，是唯一存在而且正確無誤的。你日復一日、瘋狂地滑過一則又一則的貼文，從而淹沒了與他人產生實際連結的渴望。在生命中，你總在等待、等待、等待某個人來讓你感受到愛。你把一切都交託給他們。他們表現不佳時，你就譴責他們。你相信光靠自己是不夠的，你理所當然相信這個世界上將會有某種東西來拯救你。

　　你相信結婚證書意味著愛情、工作頭銜意味著成功、宗教意味著善良、金錢意味著滿足。你完全相信當權者，任由他們教會你如何讓自己被恐懼所控制。

　　你除了他人認可的情緒之外，不讓自己去感受其他的情緒。如果外在的生活看起來還不錯，你就不敢擅作主張地提到負面心情。你只會去做他人看來合情合理的事情。你讓自己最重要的存在面向去迎合任何人及每一個人。你欺騙自己，以為那種麻木的安全感就是快樂。

　　你恨自己還在關心那個你不該再關心的人。你羞辱自己，直到完全壓抑所有感受。你花上幾天、幾個月、幾年的時間，在查看他們的狀態更新和新照片，以尋找一些東西、任何東西，來證明你只想要消滅掉的感覺是合理的。你在心裡打個結，讓大腦跟心靈無法共存。你讓關心他人成為一件壞事，讓愛變成一種更糟糕的事情。

　　你假設「好」與「壞」之間的界線，是存在於宗教、種族、信條或國家之間，而不是存在於每個人的心中。你漠視我們的普遍能力，滅頂在自身的愚蠢中。

因為他人天生的遺傳、習慣或觀念跟你不同；因為他們所適應的社會制約跟你的相反，所以你指責這些人，卻沒有察覺到他們跟你之間的相同性，以及他們的美妙之處。

　　你從來沒有意識到自己所受到的社會制約。

　　你相信你就是自己的想法，你就是自己的情緒。你從來沒有意識到，你跟自己之間不斷的對話。你從來沒有意識到，在你所陳述的話語和你的想法中，有三分之二都不是你自己的。你完全不去管它們其實並不會帶領你走向滿足、仁慈或希望，你無論如何就是要接受它們。

　　唯有那些你汰選過的對象，你才願意好好對待他們。你決定了誰值得，誰不值得。你篩選了他人的特質和習慣，並將其分類為你認同的和不認同的。你不會因為對方是個活生生的人，就認為他們值得被愛和被尊重，當然，相對地，你也不會對自己付出同樣的善意。

　　你成為自己最大的敵人，這樣別人就無法成為同樣的角色。你設想了最壞的情況，這樣就沒有人能夠嚇你一跳。你稱自己為現實主義者，你接受了別人認為你應該過的生活，你不相信改變可以成真。除了能夠立即感覺到和看到的東西之外，你不相信任何東西。你扼殺了所有的可能性。你仰賴一時的快感來支撐自己，這種快感來自其他人和他們的關注。你因為過去的經歷產生自我厭惡，現在的你卻仍活在過去。

　　你任由其他人沖刷掉你身上美好的部分，你稱這種行為叫堅強。你不想變動，因為你害怕做出選擇，你稱這種行為叫聰明。你跟他人爭鬥，這樣你就不必面對自己。你不斷抗拒和拒絕，直到每個人和每件事如同緊箍咒折磨著你。你從來沒有意識到，自己的頭腦不斷揮舞著利器；你從來沒有意識到，自己一點一滴地，從未真正選擇過，從未創造真正想過的生活。

第 47 篇
如果我們看見的是靈魂而非肉身

　　如果我們能看到靈魂而不是肉身，美麗會是什麼呢？人們最先知道的會是你的什麼？你最害怕他們看到什麼？你會給誰留下深刻印象？你會愛上誰？

　　經過鏡子你會調整什麼？你會從事什麼樣的工作？你的目標會是什麼？如果你存入銀行的東西、穿在身上的東西、名片上寫在姓名旁邊的那串字，都不會影響別人眼中的你，那麼你要如何努力讓自己變得更好？

　　你會把時間花在健身房跟逛街？還是會用在圖書館跟咖啡廳？你會讓自己愛上誰？你會喜歡什麼樣的「類型」？高大、黝黑、英俊，還是富有創意、善良、有自知之明？

　　我們會崇拜誰？我們會崇拜什麼？我們周圍有多少人適合擔任領導者？我們會讓誰當明星？我們會為誰慶祝？

　　我們是否會重整自己的價值體系，把心力優先放在那些能夠帶給我們真正的平靜和渴望的事情，而不是放在只會讓我們前進一些些的事物上？如果我們不是把錢花在自我修飾、改變、說服其他人相信，我們跟真實的自己有所不同的話，我們會把所有的錢用來做什麼？

　　我們會如何定義成功？是誰改變了最多、發出了最耀眼的光芒？如果我們的首要任務是變得輕盈，那會是什麼樣的感覺？在那段旅程中，會孕育出多少善意、喜悅、療癒與真摯情感？

　　如果我們不把人們視為「不好的人」，而是認為他們……被困住了，那會是怎麼樣？如果我們能看到他們如何隱藏自己的痛苦，或者看到他們因為

抱持著某種信念,所以才會沒有辦法善待他人呢?如果我們能看到,他們其實是沒有意識到這些問題的存在呢?

如果我們不害怕跟自己不同的人?

如果意識到我們的身體一直想要的就是跟他人有所連結,但我們的身體誤以為自己是孤獨一人、與他人不同、和群體格格不入被排擠的話,那會發生什麼事?

如果我們充分實現欲望,以及仗著個人主義的名義橫行霸道,但最後我們終歸都只不過是一個又一個的獨立個體呢?如果我們意識到,我們每一個人都來自同一個地方,那會發生什麼事?如果我們意識到,我們每一個人之間其實沒有什麼不同,那會發生什麼事?

第 *48* 篇
你還沒有找到真愛的十六個原因

01｜你希望別人來發掘、創造、主動，讓你相信生命有愛。

你希望別人去做那些自己做不到的事情。每當你期盼、想像或希望別人能給你、夢想著那一天、反覆且痴痴地想著他們為什麼沒有給你時，你要意識到，那些就是你沒有給予自己的東西。

02｜真愛並非我們想像中的樣子，也不會如想像的那樣出現。

一旦對愛情的模樣有一個預設的想法，我們就會執著於這樣的想法，而這樣的想法往往只能平息安全感的匱乏，把我們從現實中拯救出來，或者幫助我們向別人證明自己。愛情的模樣從來不會如我們所想……它不應該有任何特定的樣貌。實際上，愛情的外貌是一回事，愛情所帶來的體驗又是另一回事，而倘若執著於特定的樣貌，會分散我們的注意力，讓我們無法找到真正的愛情。

03｜你以為愛只是美好的感覺，但愛其實是身、心、靈和諧相處的狀態。

答應你自己，每天都要以細微、實際、用心的方式，去學習愛人。你可以多多少少被某人所吸引、你們兩人之間多多少少有點契合，但是無論中間有多少變數，你仍然可以持續地去愛和欣賞某個人（但正是因為你認定自己做不到、正是因為你覺得愛情是得到那些，你無法給予自己的東西，才會導致這麼多的分手、離婚等等）。

04 | 你沒有意識到，愛，其實只是一種強化。

　　愛會放大你生命中最常見的情緒，讓它變得更清晰。所以，如果最常見的情緒是自我懷疑、失落、缺乏安全感等等，你這些情緒只會越來越多。愛不是你的生命；愛是你分享生命的途徑（也讓你更清楚地看見你自己）。

05 | 你相信只要條件正確，愛情就會「綻放」，就好像你將兩種反應性化學物質放在一起，並假設瞬間的身體／情感反應，應該等同於終生的、真摯的愛情。

　　荷爾蒙是會被激發的。期望是會被激發的。愛從中而生，但更有效的是彼此的相互欣賞和相互尊重。

06 | 你著迷於讓自己成為對異性（或同性）具有普遍大眾認同的吸引力，而不是去發現自己是誰，進而吸引真正欣賞你的人。

　　我感到很難過，有多少年輕女孩（也包括男孩），被教導要以某種方式來展現自己，因為那才「有吸引力」。用那些似是而非迎合大眾的標準，來要求自己。實在是太愚蠢了。更危險的是，它會讓你陷入迴避真實自我的困境，因為你會認為自己「不夠好」，無法獲得大眾的認可。

　　……然後我們坐在那裡哭泣，對著星空咒罵，為什麼我們找不到一個真正愛自己的人……

07 | 你不清楚自己想要什麼，因為你還在試著修改和美化自己，用以安撫、打動或取得別人的認同。

　　換句話說，你沒有辦法誠實地表達自己的想望，因為真實的自己讓你感到不安。只要你是以這種心態在過日子，就是在過濾自己的生活；對於愛情，你取決於能否符合腦海中的「形象」。

08 | 你責怪別人，因為沒有意識到你所擁有的每一段關係都和自我有關。

愛情並不糟糕，別人並不糟糕，糟糕的是你。感情關係是終極的教學工具，也是最強大的療癒機會，是讓我們清楚看見內在尚未解決的問題的絕佳機會。你會遇見同樣的問題，你會發現同樣的錯誤、同樣的關係、同樣的痛苦，因為這一切都源自於你。

09 | 同樣地，你也沒有意識到負面情緒是需要被療癒，而不是去改變、忽視或淹沒，只因為你不想再「感覺很糟」了。

我們的感受是我們跟自己溝通的方式。從本質上來說，療癒是重新打開視野去看到美好、充滿希望、獲得平靜，然後創造更多的愛。我們的負面情緒不是其他人做錯了什麼的訊號，負面情緒是要讓我們看見，我們如何被過去的經驗和源於恐懼的信念誤導、誤解和控制。

10 | 你不知道如何同時運用你的心靈和頭腦——心靈是地圖，頭腦是指南針。

我們被賦予了兩套相反的戒律：①不要管理性，跟隨你的心，②在選擇要與誰共度一生時，不要做任何愚蠢和失去理性的事。如果你在使用心靈和頭腦這兩項最重要的工具時出現了兩極化的心態（或者更糟的是，你沒有意識到自己擁有這些工具），你就會迷失方向。

我為你準備了一份簡單的提示：心會告訴你是什麼，頭腦會告訴你怎麼做，讓它們留在各自的專業領域吧。

11 | 你需要尊重你的內在小孩。

如果你想知道真正的自己是個什麼樣的人，請想像你在跟自己的內在小孩說話。你會說什麼、做什麼，來讓他們感到開心？這種表達方式，反映了你真正需要給予自己的東西，對於尋求愛情的人來說非常非常有幫助。因為學習愛自己——雖然聽起來很奇怪——就是學習去愛、尊重、尊敬，和認可

你的內在小孩，或者也就是你最本質的自我。

12｜你想用愛情來改變自己的生活。

你希望愛情能為你提供：穩定、希望、快樂、安全感……這些你認為無法給自己的東西。只要遵循這個信念，就會將「愛」視為一種在你之外的東西，但事實上，你無法在自己之外的地方看見、創造或體驗你內在還沒有的東西。這有讓你又想到什麼嗎？比如說……

13｜你沒有意識到，你最喜愛別人的地方，正是你最喜愛自己的地方。

你越能敞開心胸接受自己的愉悅，你就越能欣賞他人。你越能療癒自己的焦慮，你就越不需要透過責怪別人及跟他人吵架，來修補你的內在問題。歸根究柢，愛別人就是能夠欣賞他人的某些特質，因為這跟欣賞自己的某些特質很相似。

14｜你不僅認為別人有責任來為你療傷，甚至認為如果他們不這樣做，那就是他們的問題。

所以你會想要改變、修補或譴責他們對你的傷害。你想責怪他們不夠好（你想把你對自己的真正感受，全部加諸在他們身上）。

15｜你忘記了善意，而善意是愛的基礎。

我認為那些真正彼此相愛的人，也是對彼此最殘酷的人。他們在彼此身上看到了太多自己的影子，以至於他們根本無法忍受，並用否定自己的方式去報復對方！幸福的感情關係（事實上，還有生活）的基礎，是無條件的善意。善意是愛的同義詞，甚至可能更有力量，因為善意讓你看見了行動，而不是感受或期待。

16｜你總在問題之外尋找答案。

　　請不厭其煩地再跟我說一遍：你真正想要的愛，是你自己的愛。你在別人身上尋找的，是你沒有給自己的東西。讓你憤怒的事物，是你不接受及沒有受到療癒的部分；帶給你愉悅和希望的，是你內心已經擁有的東西。若是想要尋找到一種感情關係，能大幅度地強化你的感受、能擁有一個跟你分享一切的對象，你要成為那個跨出第一步的人。就好像我們被教導要「先愛自己」，卻沒有被告知「愛自己」就是給自己那些你想要別人給你的東西。

第 *49* 篇

如何在今年
（真正地）
改變你的生活？

人們想要改變自己的生活，想要改變人際關係、身體、收入、證券戶頭裡的數字、地位、家庭。人們很容易發現外在的問題，並將問題歸咎內心的感受。每年換日曆時，我們認為又有了新的開始、新的人生頁數，一切從未如此痛苦而清晰。人們很容易認為，不同的一年，意味著不同的生活。但是，我們帶著自己——以及我們的包袱、我們的精力、我們的煩惱、不安、希望和心態——進入那個閃爍著希望的、全新開始的、白紙般的新生活。但我們的「決心」不會堅持下去，因為就算外在環境改變了，你的內在也未必會因此而變得不同。

人們想要改變自己的生活，也想改變別人的生活。他們想要改變所看到的、不公平的現象，想要改變這個令人失望的世界。

但是，他們並不想改變自己（不是他們的形象，不是他們的外表，不是他們在這世上的成就，而是他們自己。）

事實證明，這是他們可以去改變，而且必須先改變的一件事。

我們帶著一種極其錯誤的想法，認為必須調整外在事物，而不是調整自身的現狀以及看待的方式。這個世界也許就像一座該死的、擺滿了鏡子的大廳，與其試圖把這些鏡子全部打破，來扭曲和重新排列你看待鏡像的方式，不如放棄「你的鏡像就是一切」的想法。

那些折磨我們的事情和負面思維模式，以及我們必須年復一年下定同樣決心的原因在於，我們沒有改變自己，只是努力在改變其他事情。

在這個過程中，最有趣、美妙、可惜鮮少人知道的部分是，如果改變自己，最後會得到你最初想要達成的目標：愛情、滿足和「成功」。只不過這一次，你的價值不再取決於這些事物。就算有一天你失去了它們，你也不是一個失敗者。這一切都源於自我。（「我們征服的不是山，而是自己。」）

因此，以下是你需要知道的事情。

每當生活出現問題時，就表示你的想法、反應或回應方式，出現了問題。無論你感覺沒有得到什麼，都直接反映出你沒有給予什麼。無論什麼東西讓你生氣，都表示那是你不願意在自己身上看到的東西。

所以每當覺得哪裡有所匱乏時，你就必須給予；每當感受到緊張，你就必須敞開自己；如果想要獲得更多的認可，你就要先認可他人；如果你想要愛，你就要付出更多愛；想要什麼，就必須給予什麼。

如果你想放掉某些東西，那就建立起一些新的東西；如果你不明白，就開口問；如果你不喜歡某件事，就直說；如果你想改變，就從小的地方做起；如果你想要什麼，就提出要求；如果你愛某人，就告訴他們；如果你想吸引某樣東西，那就成為那樣東西；如果你喜歡某件事，就讓自己好好去感受它。

如果無法自制地去做某件事，問問自己為什麼，不要再試圖限制自己的開支、改變自己的飲食習慣、避開某個人，或是對你所愛的、無辜的人大發雷霆。尋找這種感覺的成因（而不只是感覺本身），你就能徹底解決那個問題。

如果你想念某人，就打電話給他們。默默承受痛苦，是件傻事。告訴他們對你來說很重要——無論你對他們是否重要——這是高尚而謙卑的行為。

如果你生活裡失去一些無法挽回的東西，那就重新建立吧。就算你沒有任何東西可以取代它們，將生活拆解成一片片，你也無法復原。最後你

還是想把那些本來打算要丟棄的、那些過去的碎片，拿來重組。離開那棟廢墟吧，蓋起一座新的。什麼都沒關係，新的就好。你無法保證，在少了某個人卻繼續過著同樣的生活，而那個巨大的傷口不會來折磨你。請允許自己建立一些美好的東西，一些真實的東西。

如果你想被人理解，那就好好解釋清楚。我們最需要的，莫過於一個願意以和善、溫柔、全心、耐心的態度，向他人解釋的人。

如果你想快樂，就選擇快樂。選擇有意識地、持續地對某件事情心存感激。選擇讓自己沉浸在美好、平靜和歡樂的事物中。如果你無法做出這樣的選擇，那就選擇開始努力找出阻礙你的因素——無論是健康、環境還是心態。尋求他人的幫助，追求選擇的自由。說你無法選擇就是永遠放棄（千萬不要這樣做）。

選擇改變。改變你的日常生活、你的工作、你居住的城市、你的習慣、你的心態。永遠不要在挫折中坐以待斃。無論是否處於糟糕透頂的情況，抱怨、擔憂或消極都於事無補。一點、幫助、也沒有。

你所做、所見、所感的一切，反映的都不是真實的你，而是你當下的狀態。

你會創造你所相信的。

你會看到你想看見的。

你會得到你所給予的。

第 *50* 篇

我們是如何
迷戀他人的價值觀？

人們允許會計師為他們繪製生活藍圖。

會計師可以告訴你如何生活以及在哪裡生活。哪些機會將向你敞開大門，哪些機會則否。你將如何輕鬆地購買節日的禮物，以及資助孩子的教育費用。我們衡量生活品質的標準，不是看我們做了什麼或做了多少，而是看我們的外在生活條件，以及我們從這樣的生活中賺了多少錢。

這並不是我們的錯。現今的單一文化、治理模式、宏大敘事、我們在無意識的情況下接受的那些信念告訴我們，如果財富、吸引力和世間的財產無法讓我們感到興奮和充滿活力，那只是因為我們擁有的還不夠多。

表面上來看，這件事情有其道理，但任何人都可以跟你說，在你的銀行對帳單上的餘額尾數再多加一個零，或者各種新得到的東西（這些新東西其實只代表了你所認定的自我價值，抑或是自我價值的匱乏），只能改變你周圍有多少東西，但並不表示你能發自內心深處或真誠地重視它們、感受它們、享受它們、想要它們、因它們而感到快樂。

如果一點點的個人經驗，還不足以證明這一點的話，那就從無窮無盡的、眾所周知的研究中，來找出答案吧。

外在的獲取，不會讓內在感到滿足。

但我們仍繼續跋涉前進。我們依舊被「外在的有形資產」所奴役。我們依舊相信，外在的東西，可以改變我們內在能力，包括覺察、生活、感受、決定某事某物對我們來說是否有所價值等等。

一旦我們開始相信，只有金錢，還有道德觀念、教育程度，還有一般所

認定的財富，才可以帶來滿足感，我們就會變成轉輪上的老鼠，一不小心，就會在轉輪上度過餘生。

我們每一個人似乎都受到「狄德羅效應（得越多越不足）」的影響。德尼・狄德羅（Denis Diderot）是啟蒙運動時期的哲學家，也是虛構散文〈與舊睡袍離別後的煩惱〉的作者。故事是這樣的，他過著非常簡樸而快樂的生活，直到朋友送給他一樣禮物：一件華麗的鮮紅色睡袍。他越是在自己的小公寓裡穿著新睡袍，就越覺得自己的簡樸生活跟這件新衣服……格格不入。

於是，他開始想要新的家具，因為穿著一件如此美麗睡袍的他，不應該住在一個如此卑微的家裡。接下來，他開始想把其他衣服、掛在牆上的裝飾品等等的東西，統統都換掉。到最後，他欠了一屁股的債，為了維持周遭環境的華美，而拚老命地工作——因為這是一項相當困難、永無止境的任務。

因為現代化的日常生活，因為那些廣告及「成功故事」，使得我們的身軀及五感，都或多或少地不斷受到刺激。而那些廣告及「成功故事」，都源於奢侈心與物質主義的互相結合，使得我們幾乎沒有辦法後退一步，從客觀的角度來看待這個體制。

我不知道你是怎麼想的，但我從未見過像一美元鈔票這樣備受崇拜和敬仰的神祇。最陰險而有效率的管理者，是那些不會跟你說他們正在控制你的人。他們設定了你的需求，讓你在轉輪上不斷地跑，眼睛盯著虛幻的螢幕，以為自己正朝著那個終極目標前進。在囚籠的後面，你看不到的是，你正在無休無止地為他們的壟斷提供能量。

由於這種預設的集體思維（這顯然對我們沒有好處），我們相信各種「商品」，接受教育、做一個「好人」、有錢、有魅力、健身、有一份好工作、買房子、繼續前進。它點燃了我們的感官、我們最基礎的本能，以及我們的自我意識的興趣。但是，我們有多常去質疑那些強加到我們身上的「好產品」；我們有多常真正停下腳步，去質疑對這個體制的信心？這個體制讓我們相信，我們的自然狀態、我們的簡單生活、我們的內在喜樂……都不夠好。

下次試圖成為一個「好人」而做出選擇時，懇請你考慮一下那些實施自殺式恐怖主義的人。他們都相信自己是「好人」——為他們的神而殉道。

　　下次當你把學位跟教育綁在一起時，請想想我們社會各個方面的狀況——我們絕對渴求知識，但如今對教育的重視似乎是沒有極限的。就算有再多的債務、缺乏興趣，或完全無視實際學習情況，都無法阻擋人們取得學位，並以為完成了一輩子的教育。

　　我經常環顧周圍的長者，然後不禁懷疑，我們會一方面說要「尊重長輩」，一方面卻允許他們認為二十三歲以後，就可以停止學習，並且任由他們無所顧忌地加劇自身的偏見——這是他們那一代在成長過程中習得的——這兩者實在不該混為一談。

　　因此，我們就像在發送糖果一樣，不斷發放出一個個空泛的學位——這些學位承諾了你的成功，只不過費用高昂得令人窒息——並用笑聲和嘆息來安撫偏見和歧視，因為我們被教導這樣才是「正確」的。

　　我並不是在說，教育沒有價值；我的意思是，教育是唯一真正有價值的東西，但在實際提供教育給大眾這件事情上，我們做的還遠遠不夠。我夢想有一天，大學畢業生在離開學校時，不再相信他們所受的教育，只是讓自己能夠有動力，得以在公司裡日復一日地、如同在跑跑步機一樣奮鬥一輩子，並期望自己能過上更好的生活；而是給予他們社會的背景知識、歷史、個人觀點和機會，去學習是什麼讓他們有動力堅持下去、順著生命的流動；如何客觀地質疑一切和討論一切；去選擇他們想要的生活，而不是固守別人為他們選擇的生活。

　　霍布斯[19]、柏拉圖、斯賓諾莎、休謨[20]、洛克[21]、尼采、賈伯斯、溫圖[22]、

---

19 譯者註：湯瑪斯・霍布斯（Thomas Hobbes，1588-1679），英國政治哲學家，其所著的《利維坦》（Leviathan）一書，成為後來大多數西方政治哲學的基石。
20 譯者註：大衛・休謨（David Hume，1711-1776），蘇格蘭哲學家、歷史學家，是蘇格蘭啟蒙運動及西方哲學史上的重要人物。著有《大不列顛史》等書。
21 譯者註：約翰・洛克（John Locke，1632-1704），英國哲學家，極具影響力的啟蒙哲學家，被廣泛形容為自由主義之父。跟前述的休謨同為英國經驗主義的代表人物。
22 譯者註：安娜・溫圖（Anna Wintour，1949-），新聞工作者，國際期刊出版集團康泰納仕（Condé Nast Publications Inc）的藝術總監與《VOGUE》雜誌的全球編輯總監。時尚界重要人物，《穿著Prada的惡魔》裡的惡魔主管米蘭達即影射溫圖。

笛卡兒、貝多芬、祖克柏、林肯、洛克菲勒、愛迪生、迪士尼[23]，以及其他無數改變遊戲規則、改變文化、思想卓越的人，都不是學者。這種模式足以成為一種趨勢，並讓你懷疑，他們（出眾的）成功因素之一，就是他們從未習慣地去相信某件事情是「好的」。他們的想法，從來沒有根據他人的喜好來進行編修或調整過。他們不必為了成績而壓抑自己的真實觀點，他們不必花多年的時間去彙整他人的想法，並將之稱為「研究」。

在柏拉圖的《理想國》（*The Republic*）中，他講述了一個（經常被引用的）寓言：人們被鎖在一個山洞裡，背對著火焰，相信背後的人舉起的東西所投影出的、精心製作的陰影是現實。看見那道光——無論是隱喻性的還是非隱喻性的——就是最真實的教育，主要是因為，我們不需要親眼目睹，就能理解它。我們只需要將自己感知到的幻象拼湊起來，就能理解我們背後的事物。

事實上，危險的不是我們自己的幻象，而是其他人的幻象——尤其是當我們不僅接受它們作為我們（最終令人不滿的）生活中不可分割、不可動搖的一部分，而且還相信它們是好東西的時候。毫無疑問地。堅定不移地。

思想的啟迪無須獲得任何人的允許。沒有任何嶄新的思維或創意的天才是從已被接受的事物中誕生的。我們將「可以被接受的」跟「好的」連結起來，但事實上，「可以被接受的」在多數情況下，指的是「遵守別人用來控制你的界線」（無論是好是壞）。

我們的生命，不應該任由他人的價值觀來評定好壞，也不應該由他們的金錢或幻象或商業計畫來評定。也不應該由他們的美麗標準來評定。遑論由他們來宣布何謂對錯、好壞，以及我們哪一天應該要當個什麼樣的人。

看來這一代人（也許是一個世紀）的任務，將是在這個以負面營養為食的社會中，徹徹底底地接受自己。看清幻象的真面目，即使，也許特別是，那個是他人的幻象讓善良變成「很酷」，讓謙遜變得幽默。原諒事物的現狀，並知道重塑任何事物的唯一方法，不是破壞現有的東西，而是創造一種新的、更有效率的典範，一種能夠讓其他模式被淘汰的典範。

---

23 譯者註：華特・迪士尼（Walt Disney，1901-1966），美國動畫先驅，迪士尼公司創辦人。曾五十九度獲奧斯卡獎提名，得過二十二次，為世界上獲得最多奧斯卡獎的人。

# 第 *51* 篇

要如何放掉
對一個人的愛？

事情的結果有兩種：

你失去了一樣東西，你用別的東西去取代它，它比你失去的更好，你很開心。

你失去了一樣東西，當它被取代時不會消失，明明已經沒有它了，但它的存在感卻跟擁有它時一樣強烈。有人告訴你，那些你無法忘記的事情，注定會留在你的腦海裡——這就是深愛過一個人的簡單後遺症：你念念不忘一個人、緊握某一天不放，因為曾幾何時，那都是你所擁有的。

有人告訴我們，對失去的東西無法放下，是證明我們一開始有多愛它們，但我不認為是這樣。

守著回憶一起過生活，塑造出堅持不放手來填補的虛空或不安全感——就是利用對某一個人的想念，來修復你自己的某些情感。

我們喜歡心碎，也喜歡把心碎加諸在自己身上。比起心存感激並活在當下，我們更懷念那些從未發生的事情。我們開始懷念起那些從未擁有過的東西，那些在腦海裡，在虛假的、被我們所竄改了的現實裡，所創造出來的東西。

容易被取代的東西，通常是你沒有賦予其存在意義的東西。也就是說：你不仰賴這些東西帶給你存在感。

會縈繞在你腦海中的事，並不是要讓你看見「本來應該」的事情；而是要讓你看見，你對自己還有哪些不滿意的地方。

你知道什麼是無條件的愛嗎？無條件的愛，就是縱使對方沒有無條件地

愛你，你依然愛他們——這就是貨真價實的愛。我們聲稱要追求它，但我們無法理解這個概念。

我們會喜歡的對象，絕大部分是在一起就會獲得幸福感。喜歡的類型和擇偶的標準，這些想法都證明了，我們只是在尋找一個能扮演特定角色的人。心碎，是你對他們抱持了特定想法，他們沒有按你想的做該做的事，所以他們錯了。之所以放不開手，是因為包裝看起來如此完美、每個地方都恰到好處，但是，仍然……

愛著舊情人，就像愛上一本書（這個例子聽起來很蠢，但人們確實會愛上書本）。重點是：你可以隨心所欲地去愛它，但它只是一則故事，只存在於一個平行的世界。它終究是靜態的。它只是回憶。這是一個你無法改變的判決。結束了就是結束了。說完了就是完了。

一位朋友曾經告訴我，尋找愛情的祕訣在於，不是去尋找，而是去療癒那些阻礙你看到和接受愛的事物。我認為最重要的是，「擁有這份愛情，會解決什麼問題？」

這個人在我身邊，會讓我哪個部分感覺更美好？我需要他們來告訴我什麼？我需要他們來證明什麼？我需要他們在誰的面前看起來很棒？他們對我的自我認知起了怎樣的作用？

許多事情都是如此，不只是愛情：我們在滿足自我認知的幾秒鐘／幾天／幾個月所體驗到的輕鬆、快樂、自由感覺，往往被我們誤認為是真正的感情，真正的愛情。

這就是愛情無法持久的原因。這就是為什麼我們放不掉往昔種種，也放不掉自己需要改進的想法：我們對於某人所抱持的想法，也蘊含了自己的一部分。我們越是抓住一個人的許多碎片，越是抓住那些隻言片語構成的一個個夢境，最後就會得到一些精煉過後的回憶，當這些回憶變成了維持生命的希望，我們認為他們給予的愛，已經足夠讓我們也回過頭來愛自己。

但倘若你不小心，那個人就會成為你生命中無法放掉的一部分。

第 *52* 篇

為什麼我們潛意識裡喜歡找自己麻煩？

我想大多數人都可以客觀地審視自己的生活,並發現所遇到的問題,往往都是自己製造出來的;痛苦,都是自己造成的。我們絕對喜歡找自己麻煩,而且一直都在這樣做。

我們無謂地擔心,選擇安於現狀,我們抗拒接受,把權力交給別人,我們放棄了選擇的能力,而實際上,我們的反應、我們何時要改變、我們要用什麼來娛樂自己的心靈,都是由自己來決定的。說我們在這件事情上別無選擇,這是另一種自虐狂症狀。

而我們會這樣做,是因為我們喜歡。找自己麻煩是一件……有趣……的事情。有些事會一做再做。無論是我們覺得自己應該這麼做,還是因為它賦予我們生命意義,或者它讓我們得以經歷某件事獲得成就感(無論是任何事),所以我們想要找自己麻煩。

因為一旦我們是麻煩創造者,就能夠勝任麻煩解決者的職務。

看起來,我們幾乎等同於在腦海中,上演一齣取得成就的戲碼。我們潛意識地知道自己會度過難關,但我們選擇承受痛苦,只是為了感受到「啊,我做到了,我證明了自己的力量」。我們讓事情變得困難,藉此賦予它們一種特質:只要克服困難,我們應該就能覺得心情愉快。我們受的苦越多,就越覺得自己有價值。

我們在潛意識中創造了自己的勝利。我們知道為任何事情焦慮或擔心都是沒有意義的:如果事情可以解決,那就解決它。如果不能,擔心和煩惱也不會突然改變這一點。無論是哪一種情況,擔心和煩惱都是毫無意義、沒有必要

的噪音。

但重點是，我們喜歡擔心和煩惱。如果不是很喜歡，我們可能不會一做再做。它滋養了我們被現代化奪走的部分，也就是我們是在什麼樣的環境中求生？人生的重點是什麼？

如果一切都有答案的話，我們還要做什麼呢？如果一切都有解決方案，那麼還有什麼需要考慮、需要努力，或需要因為完成而感到興奮的呢？或者更確切地說，為什麼我們需要為某件事而努力？為什麼我們需要對成就而不是對我們已經擁有的事物感到興奮？我們內心到底有什麼東西如此不安，以至於我們無法平靜？

我認為，我們製造問題來對應我們無法控制的問題，我們製造問題的方式是為了外在環境打擊令我們心碎之前，我們能夠練習療癒、修復、應對和認可自己想要達成的目標。

我們製造問題，因為我們知道最終會有解決辦法，所以我們可以安全（但也痛苦地）處理問題。所以，問題不在於找自己的麻煩，而是要有足夠的覺察力，去了解問題是什麼……並讓自己得到療癒。

第 53 篇

為什麼靈魂需要一個身體？

昨天，我走捷徑回家，穿過一座城市教堂後面的小墓園。我停下腳步，看著那些名字、日期、退伍軍人、三歲的孩子、慈愛的妻子、父親、姊妹和丈夫，以及他們生命中不朽的點點滴滴，然後我心想：

為什麼靈魂會需要一個身體？

有什麼身體能做而靈魂卻做不到的？為什麼靈魂會想要一個短暫的、粗俗的、沉重的、會傷人的東西呢？

我站在一對逝於十九世紀末的夫婦面前。我看著他們最後的安息之地，彼此相距只有幾吋，然後意識到──

靈魂無法去觸碰。

假設靈魂是一個能量場，假設靈魂確實超越了肉身在無限的範圍內所提供的一丁點生命，但靈魂是無法去觸碰的。靈魂看不見光，它就是光。

它不知道人類為什麼需要皮膚，它無法用手指去撫摸別人的雙手、脖子和背部，也無法感受到強烈的欲望和狂喜的激情。這些都是我們稱之為愛的瘋狂的症狀，但這就是人類的愛。它通常是膚淺、狂野、狂躁的，就像在吸食效用極強的快克古柯鹼一樣。它會融化成對更深層事物的欣賞，或者它會熊熊燃燒，然後熄滅。

靈魂無法體驗開始或結束，也無法體驗各種各樣的情感。它不會感到驚訝，因為它無所不知，從不困惑。它不知道身體和情感上的溫暖，也不知道抱著新生兒並親吻其額頭是什麼樣的感覺，也不知道聞到愛人的氣味時胸口的悸動感。

靈魂無法感受到閱讀最愛的書籍時的節奏，也無法感受到大腦將別人的故事帶入生活時的感覺，或者手指如何第一億萬次翻閱破損的裝訂，以及書本的味道是多麼可愛，尤其那是你最愛的書。

　　它不知道秋天清爽舒適的涼意，也不知道夏天太陽照在背上的熱度。它不知道張開手指後，把手伸進水裡時，所感受到的那種深刻的感覺。它不能穿你最愛的Ｔ恤、不能吃鬆軟的餅乾、不能流汗、不能呼吸、不能哭泣、不能跳舞。它不知道你的母親或愛人稀鬆平常地用手臂環抱住你時，你所感受到那股一輩子的安心感。無論是任何事物，肉體總負責最令人感到驚奇的部分——物質性的發現或創造。一旦擁有了某樣東西，我們就不再想要它了。我們真正想要的是創造、奮鬥和成為。

　　靈魂不需要為了維持一段關係，而去支付帳單、購物、做飯、安排檢查、洗碗或制定週五的計畫。它不需要洗熱水澡來放鬆、整理家務、跑腿或邊散步邊思考。身體可以學習。身體可以感受到領悟的魔力。它可以把碎片拼湊在一起並理解。它可能會迷失，所以可以被「找到」。它可以受苦，所以它可以痊癒。

　　為了讓生活變得更好，我們做了一連串僵硬、死板的、帶有目的性的事情。可是如果藉由這種方式所得到的生活，卻沒有比我們原先的生活還要好，怎麼辦？如果老天本來就安排我們要去做這些事情怎麼辦？如果這些事情就只是因為我們該做，卻無任何更深遠的意義，怎麼辦？人生中，有些難以忍受的片段時刻，是我們會想要逃離的，而我們總會把在這些時刻所得到的感受，用更長遠的角度來觀看它們所帶有的意義。但如果這件事情本身並無意義，其意義只在於經歷這一切，怎麼辦？

　　如果療癒就是認可痛苦，那麼也許生活就是認可生命。

　　有那麼多焦慮、沮喪和可怕的事情，只要我們大聲說出來，就會立刻停止。學習悲傷、哀悼和活在當下的目的，只是為了讓我們能夠覺知。接受是療癒的方法。這是我們唯一真正該做的事。

　　真正的痛苦，無法逃避的痛苦，來自於逃避眼前的事物。它會一直跟隨著我們，纏繞著我們，直到我們認可它，並接受它，即使它並不會讓我們快

樂。即使我們除了痛苦以外什麼都不是。

　　靈魂想要一個身體，這樣它才能體驗事物，而那個身體會與自己對抗，直到它讓自己有所覺察，直到它開始去做那些被設定去做的事，直到它開始去拿它需要拿的東西、去感受它想要感受的東西，不管那看起來有多麼黑暗。

　　我們本來就不應該超越自己的人性，這樣做就等同於，我們在一開始就忽略的身體存在的意義。我們可以選擇快樂，但我們選擇的是全方位的體驗。

　　也許我們不相信事情的發展會是線性的，也不相信道路只會往上延伸並通往幸福，我們只是允許自己做出選擇。我們支付帳單、洗碗、煮飯，卻想知道為什麼。也許感受本身就是它的意義，也許感受之所以能持續存在，是因為我們假裝它們的存在。

第 54 篇

為什麼一定要
有時候「什麼都不做」？

我們習慣把靜止想成不行動，並且把不行動與失敗連結起來。我們被訓練成過度工作，並且相信如果在任何時候，我們沒有去做有助於達成目標的事情，那麼我們就等於什麼都沒有做。

這樣的想法，使得我們無法只跟自己在一起——我們的生命意義，變成只有在為某人或某事效力時，才有意義。

事實上，我們非常反對「與自己同在」的這個行為，在維吉尼亞大學進行的一項研究[24]中，有超過七百個人，被要求獨自坐在一個房間裡——與他們為伴的，只有他們自己的思考——六到十五分鐘的時間，如果想要離開的話，他們的身旁有一個按鈕，按下去就必須接受電擊。有百分之六十七的男性和百分之二十五的女性選擇電擊自己，而不是靜靜地坐著思考。

但是，從心理學的角度來看，安靜是必要的。我們並非被設計來不停地運作，這樣做會導致絕對有害的影響，而我將在這篇文章裡，提到其中最輕微的影響，一旦過勞成為我們的身分，我們會忘記自己究竟是誰，而在這個過程中，我們不再真正地過生活。

---

24 請參閱：Samarrai, Fariss. "Doing Something Is Better Than Doing Nothing For Most People, Study Shows." 2014. University of Virginia.

01 | 所謂的「無所事事」，對生理自我來說非常重要，是維持快樂、平靜、平衡的生活方式所不可或缺的。

我們必須一直做事的想法完全是屬於主流文化的影響（而且完全不健康）。請注意，我們要能感覺到自己正在做「某件事情」，這個「某件事情」是可以由外部衡量的情況。而從外部衡量的……是誰？是其他人嗎？

02 | 就算「什麼都不做」的狀態，大腦也會運作。

在休息狀態下，神經網絡可以處理經驗、鞏固記憶、強化學習、調節注意力和情緒，進而使我們在日常工作中保持更高的生產力和效率。

03 | 我們本來就不是為了要不斷消耗能量而活的，這會對我們想要投入精力的事情產生巨大影響，如我們的工作。

新聞工作者及商業書籍作家東尼・史瓦茲（Tony Schwartz），在《紐約時報》一篇有關生產力和休息的文章[25]中，引用了一項研究。該研究證明，睡眠時間或「無所事事」的時間不足，是預測工作倦怠的最高指標。（他引用的另一項哈佛大學研究估計，睡眠不足導致美國公司每年損失六百三十二億美元的生產力。）

04 | 一旦你不坐下來讓自己深思、調節和認可自己的感受，你就會主動地賦予這些感受更多的力量。

心理學家史蒂芬妮・布朗（Stephanie Brown）認為：「人們普遍認為，思考和感覺只會減慢你的腳步、妨礙你的發展，但事實正好相反……大多數心理治療師都會認為，壓抑負面情緒，只會給負面情緒更多力量，導致侵入性思維，從而促使人們更加忙碌，以逃避負面情緒。」

25　請參閱：Schwartz, Tony. "Relax! You'll Be More Productive." *2013. The New York Times.*

05 | 創造力在靜止和虛無中茁壯成長；創造力是當你遠離手頭上的項目、任務或問題，分散注意力在其他日常狀態下，培養出來的。

無數的研究顯示，那些持續深具創造力的人，那些能夠提出最創新、最獨特想法的人，都是那些將自己從架構中解放出來，任由自己的思緒遊走，而不是專注於手邊各種任務的人。愛因斯坦將這種創造力的勃發稱為「上天恩賜的直覺」（而不是理性，他將理性視為直覺的「僕人」）。

06 | 如果你間歇性地努力，就更有可能達成你設定的目標，並且在這個過程中，你會保持更健康、更快樂的生活方式。

讓你的思想保持在持續專注的狀態，會造成縮短壽命（和降低品質）的壓力，而在你忽略了同樣重要的事情（你的健康、你的家庭、你的精神狀態）時，你更有可能達到飽和點，最後直接放棄你最初投入所有時間和精力的事情。

07 | 幫助你更正念（更覺察到當下）。

培養正念，有助於減輕一般壓力、改善記憶力、減少情緒反應、提高關係滿意度、認知靈活性、同理心、同情心、整體性地減少焦慮和憂鬱／提高整體生活品質等等。

08 | 不是放下「應該要做的事情」，是人類天生需要「休息」片刻或暫時「離開」。

作家及漫畫家提姆・克雷德（Tim Kreider）認為[26]：「無所事事不是閒散、放縱。它對於大腦來說，就像維生素D對於身體一樣不可或缺，如果缺乏它，我們就會遭受像佝僂病一樣、毀損身體等級的精神痛苦……少了無所

26　請參閱：Kreider, Tim. "The 'Busy' Trap." *The New York Times. 2012.*

事事所提供的空間和安靜,我們就沒有辦法從生活中後退一步,看清生活的全貌;建立意想不到的創意連結跟等待夏季狂野的靈感閃電──而矛盾的是,它是完成任何工作的必要條件。」

第55篇

你還在感情關係中苦苦掙扎嗎？

眾所周知，我們對世界大部分的信念都是在童年時期形成的，而成人後遇到的大多數問題，都與生命早期階段的經歷有關。戀愛關係更是如此。畢竟，戀愛關係是我們建立關係的延伸。我們從父母身上了解到有關男性、女性，以及男女之間如何互動的事情。許多人終其一生，都在重建與原生家庭的關係，但往往對他們造成傷害。接下來將提到孩子們發展出四種類型的依附風格，當你了解自己的依附風格，能幫助你停止在感情關係中苦苦掙扎。

安全型依附

如果你是安全型依附的人，那麼你的父母其中一方或雙方，在幼兒時期，就已經完全理解並滿足你的需求。你學會信任別人，客觀上來說，在感情關係中遇到的困難最少，因為你不會對被拒絕或置之不理的想法，做出過度的反應，你不會那麼害怕遇到這類的情況。

但是，如果你在感情關係中掙扎，很可能是你的自滿。你願意一直停留在錯誤的關係中，因為這些關係「已經夠好了」，但與此同時，當「感覺很對」的關係出現時，你卻猶豫是否要給出承諾，因為可能涉及更大的風險。你想舒服自在，而且更願意保持這種狀態，但這可能會阻止你實現內心真正的渴望。你需要做的是敞開心胸去面對現實，愛情是可怕的，尤其是那種值得投入的愛。慢慢來，但不要選擇最省事的做法。

迴避型依附

如果你是一個迴避型依附的人,那麼你的父母很可能在情感上無法滿足你的需求,並且對你真正的需求漠不關心。你在很小的時候,就成為了一個「小大人」,避免(並且現在仍然避免)表達真正的痛苦或需要幫助(尤其是對父母／照顧者),並且高度重視自己的獨立性,幾乎已經到了快變成缺點的程度。你很獨立,獨處時最自在。你的父母很可能會因為你「快樂」以外的任何情緒而懲罰你,或至少會因為你哭泣,或你其他的感受對他們造成不便而斥責你。這都會導致親密關係的問題,因為你很難在別人面前,表現出完整的自己。

如果你在人際關係中遇到困難,那是因為你已經把「不完美」與不被重視連結在一起。你認為完全、真誠地敞開心扉,必然會不被愛或被拒絕,因為你從小就知道,表達真實的感受可能會很危險。你可能會過度接受別人的缺點,卻無法容忍自己的任何缺點。你需要做的是練習以真誠的方式,向他人敞開心扉(也許可以從朋友開始),看看會不會因為做自己而被嫌棄。一旦你對他人產生了更信任的態度,要跟他人變得親密就會越來越容易。

焦慮型依附

如果你產生了焦慮型依附,那是因為你的父母不是隨時都能理解你的需求。有時你會受到照顧和關愛,但有時他們會過度關心和漠不關心。你很可能會因為優柔寡斷和對未知事物的恐懼而遇到麻煩,因為你永遠不知道該期待別人如何對待你。你很難信任別人,但同時又很容易過度依賴和黏人;你所依附的對象,有時甚至只是你想像中的對方。這是因為你害怕任何你不知道是否「安全」的東西,並且想要緊緊抓住別人不放,而不是面對自己對未知的恐懼。

如果你在感情關係中陷入困境,那是因為你花了太多時間猜測別人的心、投射、預測和期待結果,試圖「保護」自己免於受苦,或是因為你害怕再也找不到對象而拒絕放手。無論是哪種情況,你都太過相信自己的腦袋,

而不是相信自己的心,而且你讓自己的生活,被你想要避免的──而不是你想要實現的──事情所引導。想要讓感情關係變得更好,你可能要先明白,自己所感受到的焦慮和緊迫感,其實是你的大腦的產物。你需要努力重新凝聚自己的各種思維、區分現實和恐懼,並讓自己的身旁都是被值得信賴且關心你的人所圍繞。

混亂型依附

如果你在童年時,形成了混亂型依附風格,那是因為你的父母或照顧者虐待你、讓你恐懼,甚至威脅到你的生命。你想要逃離,但你的生活卻必須仰賴那些傷害你最深的人。你可能直到成年,才完全能夠逃脫。你的依附對象是你痛苦的主要來源,為了活下去,你被迫開始跟自己斷開連結。

如果你在感情關係中遇到困難,那是因為你還沒有學會傾聽自己的情緒導航系統。你沒有選擇自己真正關心的伴侶,或是因為你在成長過程中,被迫不相信自己,而忽略了自己的直覺。當然,你很痛苦,但如果你想活下去,就必須忽略這種痛苦,並說服自己一切都很好。你需要做的,是一些非常認真的心理／情緒工作,很可能涉及到回憶過去的創傷,以及改寫你對生活中所發生事情的自我敘述,你需要重新跟內在的導航系統建立連結,學會相信它多於自己的想法或意念。

第 56 篇

生活中的
十六種情緒壓抑

　　許多人都會同意，壓抑是最無效的情緒調節策略，但卻是最常見的應對技巧。在某種意義上，情緒壓抑只是忽略自己的感受，或者認為它們是「錯誤的」而不承認它們。這是危險的，因為情緒是老天為了讓你活得更好、更健康而設計的反應。當然，造成這個問題是因為缺乏情緒智商的基本常識。我們不去面對可怕的未知，卻是一味逃避它。

　　在一九八八年，社會心理學家丹尼爾・韋格納（Daniel Wegner）進行了一項開創性的研究[27]，該研究顯示出情緒壓抑的危害性。他的研究結果，是能夠辨識出「思想壓抑的反彈效應」。從本質上來說，在研究中，被指示要消除對白熊的想法的那一組，比另一組——被允許去想任何事情（包括白熊）——的人，更容易想到白熊。有沒有聽過這麼一句話：「無論我們抗拒什麼，它都會持續存在」？

　　你無法迴避你的情緒。你無法否認它們、使它們失效或壓抑它們。你只能嘗試忽略它們，但基於某種超出你的意識所能理解的、相當強大的原因，它們會以許多其他方式表現出來。以下是受到壓抑的情緒，在生活中重新出現的幾種方式／你也可能正在經歷這種情況的跡象：

---

[27] 請參閱：Wegner, Daniel. "Suppressing the White Bears." 1987. *Journal of Personality and Social Psychology.* Vol. 53. No. 1.

01｜你的自我形象很兩極化：你不是認為自己是世上最偉大的人，就是認為自己是一文不值的垃圾，兩者之間幾乎沒有什麼區別。

02｜預期自己將要參與社交場合時，你會變得焦慮，因為你覺得不能以本來的面目示人，所以你必須「表演」，否則就會受到在場人士的批評。

03｜你會放大負面情緒。同事一句不中聽的話，就會導致你自我價值的崩潰；與伴侶的一次爭吵，就會讓你重新思考整個關係等等。

04｜你的價值存在於與他人的比較之中。你要跟別人比較，才會認為自己有魅力；抑或你要跟同儕裡最有魅力的人比較，才會認為自己有魅力（以此類推）。

05｜你無法容許自己犯錯，因為犯錯就等同於是失敗者。

06｜你會因為很小的、不重要的事情，引發從未有過的暴怒。

07｜你不斷抱怨——甚至對那些根本不值得抱怨的事（這是因為在潛意識裡，你希望別人看到並認可你的痛苦）。

08｜你很優柔寡斷。你不相信自己的想法、意見或選擇第一次就會是「好的」或「正確的」，所以你會想太多。

09｜你做事拖拖拉拉，經常處於一種對自己感到「不安」的狀態（你無法讓思緒簡單地流掉，這是壓抑所造成的）。

10｜你寧願覺得自己比其他人優越，不願與他人建立聯繫。

11｜認識的人取得成功時，你的第一個反應是指出他們的缺點，而不是表達欽佩或認可。

12｜你的感情關係，都會因為反覆的原因而告終；你對反覆感到焦慮，即使你認為時間會減弱這些情緒反應，但模式依然存在。

13｜你覺得自己的痛苦、失敗、無法做出決定的狀況，是對方必須負責的，你就會很怨恨對方。

14｜你覺得自己無法真心地對人敞開心扉。

15｜你患有「聚光燈情結」：你覺得每個人都在看著你，並且都在關注你的生活。（他們沒有。絕對沒有。）

16｜儘管你想繼續前進但也害怕，裹足不前。你也許在心理上做好了準備，但在你完全處理好隨之而來的各種情緒之前，你還是一直原地踏步。

第57篇

五十個人分享
最解放自我的想法

　　你的人生,在一連串的啟示中展開。

　　當你放下書本,凝視前方,在腦海中一遍又一遍地重複這句話,並將之應用到你困惑的每一件小事上,你回答了在幾年前無法解開的問題。

　　能夠完全解放自我的想法,其關鍵在於它是不證自明的。它已經在你的經驗中,證明了自己。它不一定要能解決問題,但一定要幫助你理解,為什麼一開始會有這個問題產生。

　　你每一個有意識的想法不是把你拉回自己所處的心理循環,就是把你從中解放出來。有些循環是健康的,有些則不然;有些是你想保留的,有些你不想;有些是你想要改變的,而且你知道自己確實想這麼做;有些是你需要改變,但你不知道如何去做的。

　　我認為,如果你越常陷入,別無其他選擇的情況的話,那麼你的生活改善幅度就會越大。生活安逸的人,不需要不斷閱讀、尋找。他們不會成長,因為沒有這個必要(關於人類,一件可悲但重要的事情是,他們不會改變,除非情況已經到了不改變比改變還慘的地步)。

　　我知道我的成功與我的痛苦成正比,這也是我得出上述理論的經驗。

　　截至目前為止,我曾經有過的、最解放自我的想法,就是我不會改變任何事情。我生命中的一切都有其意義,包括最黑暗、最糟糕、最可怕、最自我毀滅的事。是那些事情,將我帶到了此時此刻。

我在自己的痛苦中成長，因為我能夠察覺到什麼是錯誤的、不舒服的，而且是在無從比較的情況之下，這是多麼令人難以置信啊！就算不完全確定相反的情況是什麼，我們竟然也能知道什麼地方出了問題？

　　世界上沒有一件好事不是由一千次微小的革命所組成的，人也不例外。我不僅想要彙整自己一系列最解放自我的想法——那些改變、塑造和創造了我的啟示——也包括其他人的想法。在此，四十九個陌生人分享他們的想法（其中一個是我的），希望這些想法，也能引起你的共鳴。

01｜「我可以選擇我的想法。」

02｜「我不因為不同意他人的觀點，而需要對對方抱持歉意。」

03｜「你可以擁有想要的一切，只是不能同時擁有每一樣。如果你認為這是一件不幸的事情，請想一想，如果你同時擁有每一樣，你就無法徹底地體驗或完全地享受。」

04｜「你可以選擇自己的家人。你可以選擇自己的宗教信仰。你每天都可以選擇自己是個什麼樣的人，而不必非得當昨天的自己。你並非只能成為一個能夠讓別人喜歡或理解的人。」

05｜「不是生命定義了我，而是我定義了生命。這一刻不是我的生命，這一刻只是生命的片刻。」

06｜「我所感知到的一切，都是我自己的投射。如果想改變生活，我只須改變自己。」

07｜「我不必接受任何事情。我不必改變所有一切。」

08｜「自由是一種心態。」

09｜「沒有什麼是可以永遠擁有的，但如果你忙於留住它們，而不是在擁有時去愛它們，那麼你就會錯過很多事情的體驗。」

10｜「除了浪漫的愛情之外，還有許多值得追求的愛。除了快樂之外，還有許多其他的經驗。即便事情並不理想，並不代表它就是失敗。這就是人生。這就是老天造人的目的及意義。」

11｜「我是一個有價值的人。我值得快樂。我應該善待自己。我值得愛。」

12｜「我會克服現在的困難，就像我克服了以為永遠無法克服的事情。在我看來，這是最令人欣慰的想法：將你正在經歷的事情，與你已經經歷過的事情進行比較，並且知道自己有能力度過難關。」

13｜「你不會記得一整年的時光，你只會記得片刻。」

14｜「除了成為自己之外，我不應該成為任何人。」

15｜「沒有什麼是永恆的，即便最糟糕的感覺也是如此。」

16｜「我只要決定以不同的方式去看待事物，就能改變自己的經歷。我也許無法控制發生在自己周邊及身上的事情，但我總可以控制如何去看待它、回應它，以及如何做出反應。這就是我所要負責的一切。」

17｜「沒有人會在葬禮上為世上少了另一張美麗的臉蛋而哭泣。他們之所以哭泣，是因為世上少了另一顆心、另一個靈魂、另一個人。不要等到為時已晚，才把注意力放在真正重要的事情上：那就是創造比你的身體更永恆的事物。」

18｜「人們之所以愛你，並不是因為他們把你跟別人比較才決定要愛你。最漂亮、最瘦、最有錢的人，並不等同於最受喜愛的人！他們沒有過最棒的生活！每當我開始擔心自己的外表，都必須這樣提醒自己。」

19｜「當下就是一切。『活在當下』是句陳腔濫調，說得太氾濫了，但確實也沒有其他選擇。問題就出在你有沒有把注意力放在此時此地此刻。」

20｜「度過任何難關的方法，就是接受事實：無論遇到什麼事，必有其原

因；無論留下了什麼，必有其原因；無論你受到了什麼樣的傷害，必有其原因。忽視或抗拒其後果，並不能解決原因。」

21｜「你所關注的事情會擴展。」

22｜「這件事情一樣也會過去的。」

23｜「必須採取行動時我就行動，我從來都不需要太花精力，去想那些注定要發生的事情。我只需要對它們敞開心胸就好。」

24｜「我所經歷的一切，造就了現在的我；我正在經歷的一切，會造就將來的我。現在選擇將精力投注在自己身上，就能創造出一個新的自己。握有決定權的人是我，而不是我的環境。」

25｜「永遠不要忘記，你不在世界裡，是世界在你之內。任何事情發生在你身上時，將那段經歷帶入內心。天地萬物存在的目的，是為了不斷給你提示跟線索，讓你記得自己是這一切的共同創造者。你的靈魂正在代謝經驗，就像你的身體正在代謝食物一樣。（這段話是整合醫學先驅狄帕克·喬布拉〔Deepak Chopra〕所說的）」

26｜「總會有辦法的……即使是在最沒有辦法的時候。總會有辦法的。有不同的工作、新的想法、下個小時有航班飛往我一直想去的地方。總有辦法找到錢、找到工作、找到愛情……總會有辦法的！我從來沒有被困住過，我只是被自己的心態困住了。」

27｜「生命中沒有什麼偉大的時刻。你不會一覺醒來就說：『啊哈！我成功了！』幸福全在細節中，快樂全在旅程中。過去是如此，將來也會是如此。」

28｜「存在的目的，在於成長。成長意味著，你能夠擁有更多的體驗、看到更多的事物。因此，存在的目的，就是擴展自我的覺知。」

29｜「之所以會發生那些最糟糕的事情，是因為唯有那些事情，才能夠教會

我無法學會的事情，好讓我能夠為如此美好的事情做好準備；我無法想像出這麼美好的事情竟然會發生，遑論自己必須為它們的發生做好準備。」

30｜「唯一的失敗就是放棄嘗試。」

31｜「我不需要為了幫助別人，而把別人的問題當作自己的問題。」

32｜「你不是非要先得到所有人的愛，才值得被愛。」

33｜「現在是唯一存在的時間。如果你不開始活在當下，你就根本沒有真正地活過。」

34｜「你要別人如何對待你？你要先勇敢去索求，生命才會把你要的東西交給你。」

35｜「我這輩子唯一的遺憾，就是自己沒有更樂在其中。」

36｜「我注定要擁有的東西，會自然而然地出現在我的面前。我只要負責做好準備就好。」

37｜「不要把任何事情看得太嚴重。我們終究難逃一死。」

38｜「我無法改變身邊的人。真正的改變是一點一滴在發生的，每個人都在做他們唯一能做的事情：看看自己在哪些方面可以改善，而不是忙著用手去指別人身上所看到的不公義之事。」

39｜「智慧就是知道你不知道的，並永遠不可能知道所有。我們曾經相信地球是平的，一個發現改變了這一點。你不知道，說不定我們都不會發現，我們每一個人說不定都只是某個矩陣模擬器裡的機器人，或者，我不知道……重點是，智慧就是接受存在的現狀，而不是試圖去釐清。」

40｜「我曾經為自己買了一張火車票，並在一趟完全由我自己付錢的旅程中，意識到我可以養活自己，我不需要對誰負責或者去取悅任何人。我

努力工作，所以可以過我想要的生活。」

41｜「**我是無限的**。人們總是說：如果可以永生，你會做什麼？好吧，我在這裡想說的是：如果你相信自己的靈魂是永恆的，你就可以……你現在正用它來做什麼呢？」

42｜「即使你放棄信仰、希望和愛，它們也不會離開你。」

43｜「**我是由愛和光組成的**。這就是我的本質。其他的一切都只是一種斷裂。我的職責並不是要轉變成另一種東西……我是愛和光，我可以選擇自己要不要記住這一點，或者我也可以決定因為恐懼而封印住自己。」

44｜「**走進圖書館時，世界上的所有知識都呈現在你的面前**。每天醒來時，世界上的所有可能性也都在你眼前。你可以選擇是否只看到書本。你也可以選擇是否只看到新的一天。」

45｜「我永遠只差一個選擇，就能改變一切。」

46｜「如果我選擇不難過，不把時間浪費在只去感受某種特定的東西，那麼**我就不會感到難過**。如果我不會感到難過，那麼我就沒有受到傷害。馬可．奧理略也說過類似的話，但我比較喜歡用我自己的說法。」

47｜「**細微的事物**——一本好書、新鮮的蔬菜、一張溫暖的床、愛人的擁抱——**中，蘊含著無限的喜悅**。在這個扭曲的世界裡，這些東西很少受到重視，但到頭來，它們可能是我們將擁有的、最大的快樂。」

48｜「**我們把自己的生命看得太嚴肅了**……幾百年後，大多數人都會被徹底遺忘。這件事情不應該讓人覺得沮喪，而是應該讓人覺得解放。盡你所能，讓生命變得美好。付出愛，做你最真心想要做的事。無論如何，一旦到了未來，這一切都無關緊要，所以要好好把握現在。」

49｜「我不必成為別人眼中的我。我不必假設他們最了解我。」

50｜「**你會沒事的**。不是因為我這麼說，而是因為每個人最後都會『沒事』，縱使我們在途中完全搞砸了。（說這句話的人是作家雪兒・史翠德〔Cheryl Strayed〕）」

第 58 篇

你才不過二十多歲，
重新開始還不算太晚

　　我知道，在你二十多歲時，老天安排給你的工作，似乎就是去建構——穩定而漸進地獲得更多的、更好的事物。我知道，世界上最重要的事情，似乎是建構一幅心目中的美好畫面——那是你能讓自己「平靜下來」的畫面，那是這個世界會注視和認可的事物。你可以想想這些事情，好讓自己能擺脫恐慌的情緒。但二十多歲，也意味著要拋棄舊習慣，拋掉缺乏熱情的愛情、不擅長的工作、不再合適的朋友，以及你一直仰賴其引導，卻也限制了你的那些想法。你正在為自己的實際生活，騰出更多的空間。

　　大多數人在二十多歲時都是跌跌撞撞的，因為他們一直都在期待這些事情的發生。他們為了這一點而活——好讓快樂可以隨之而來。但最不快樂的人，往往是那些擁有相當漂亮的公寓、朋友眾多、在他們至少有點感興趣的領域裡，擁有一份不錯工作的人，因為他們花了一生的時間，在建立各種想法，而不是學習如何去感受。

　　二十多歲的時候，你破壞掉的事情，就跟其他的事情一樣多。選擇新的，做出不同的決定，擺脫掉一層層你對自己模糊不清的認知，這就是你想要的可怕魔法。這些行動能夠帶領你進入美麗的未知世界，你正在成為新的自己，這個你將要用上一輩子的新我。你要活得多真誠？你會有多害怕？你還要讓心魔控制你多少年？

　　你才二十多歲。現在重新開始還不算太晚。

　　事實上，我希望你不斷重新開始。不是要你自斷後路，也不是閉關自守，而是不再恐懼自己所沒有的。我希望你能利用下午的空閒時間，來學

習所需的技能，以便有朝一日，你能找到自己想要的工作。我希望你能意識到：你不應該看起來跟高中時期一樣，或者想要的東西也跟當時一樣。我希望每當大腦浮現「我現在想要什麼？」的時候，你都能停下腳步，好好問問自己。我希望你明白，只有一種方法可以引導你的人生，那就是不斷把注意力放在正確的下一步。

那些不快樂的人，不是因為所處環境感到心煩意亂；他們之所以感到心煩意亂，是因為他們將主導權交給環境。他們相信只能在合適的經濟條件下，找到合適的工作，而不是磨練自己的技能，以至於公司除非失職，否則一定會看見他們的能力。

如果你想要扎扎實實地重新開始，請清除掉所有你曾經設想過的，如何讓生活井然有序的想法。不要去預測、投射、猜測別人、假設，不要去想像一場更棒的短講，不要只想著要怎麼做才合理，想想做什麼的感覺才是對的。不要想你的衝動怎麼說，不要想你的懶惰怎麼說，也不要想你的恐懼怎麼說，這些東西可能是讓你得以走到今天的位置。但是在它們的下面，有一個更堅定的聲音，它會告訴你該走哪條路。你只需要安靜下來，聆聽，然後採取行動。

與其坐在一旁，琢磨著生活該是什麼模樣，不如學習實際去走一遭。過度的深思熟慮，不會讓你的生活迎來變局，只會讓你動彈不得。如果在內心深處，你知道自己必須重新開始，那麼問題不在於你是否願意，而在於你是要等晚一點再說，還是你現在就開始行動。

第 *59* 篇

阻礙生命的
十七個想法

01 | **如果你夠努力，成功是必然的。**多數人很少能按照他們最初設定的方式「成功」。與其努力實現最終目標，不如努力享受那個過程。無論成功是偶然還是命運的產物，你所能控制的，只有自己付出了多少努力（而不是得到了多少東西）。

02 | **非常想要某樣東西，你就有資格去擁有它。**從來沒有人，能夠單單因為想要就得到任何東西。你必須渴望到願意做出犧牲、努力工作、成為符合資格的人、抬頭挺胸去面對無數的拒絕和懷疑，然後周而復始地經歷這一切，直到夢想成真。

03 | **無論遇上什麼情況，你都是個特例，所以你不必搽防曬乳、不必存錢、不必煩惱自己的退休計畫、不必尊重別人，因為你的情況跟其他人不同。**

04 | **你在自己心目中，就是個名人——每個人都在看著你，評斷你的選擇。**「聚光燈情結」無疑與社群媒體有關，但無論如何，別人腦海中的你跟你腦海中的自己並不相同，而他們其實也沒有那麼關注你。沒有人會在意你穿著一件醜陋的襯衫去藥局。沒有人真的在意你怎麼過日子，所以在選擇時，不需要去想像誰在乎。

05 | **如果你做對了事情，結果就會立竿見影。**就算你做對了事情，結果仍然需要很長的時間去累積，才能產生出令你滿意的結果。

06 | **「忙碌」是件好事**。忙個不停這件事情，是在人們無法管理自己的壓力時才會發生的。實際上，有很多事情要做的人會專心把事情做好，因為他們除此之外沒有其他選擇。

07 | **創造是有「適當時機」的**。或者結婚，或者生孩子，或者開始去追尋你想要的生活。如果你想要找藉口，來解釋為什麼適當時機還沒到，你總是能夠找得到。

08 | **成年人的生活很「艱難」**。在生命中，有很多事情具有挑戰性、令人心碎、教人煩惱，但學習如何過正常日子，不應該是艱難的。

09 | **你的目的有深遠的意義**。你的目的就只是來到這個世界，做你在做的任何工作。你並不需要去改變世界。

10 | **只要夠努力，每個人都可以找到自己喜歡的工作**。每個人都可以找到享受工作的方法——儘管任何工作會帶來不可避免的挑戰——但老天沒有賦予任何人權利，讓人可以找到一份符合自己興趣，做起來又舒舒服服的工作。

11 | **你不需要為自己無意間所做的事情負責**。不小心傷害了別人的感情，不會真的對他們造成傷害；不小心浪費掉了的時間，不會真的浪費掉；花在「必需品」上的錢，並不會真的花費掉。基本上，如果你沒有意識到某件事的後果，那麼它們就不算數。

12 | **跟你一起過生活的伴侶有責任讓你有某種特定的感覺**。而你用這個單一的感覺，來判斷你們之間的這段關係「好不好」或值不值得。

13 | **接受某件事，你必須對它感到開心，或者至少可以接受**。你可以接受自己所處的情況（承認它們是真實的），儘管極不喜歡它們。你不必喜歡一切，但如果你想保持理智，必須先接受生活中發生的一切，然後去改變它。

14 | **人們都在回想你五年前做過的那些蠢事。**他們跟你一樣,都在忙著回想自己的事情(你把大部分的時間都用在回想別人多年來做的各種事情?不太可能吧)。

15 | **你必須「正確無誤」,才能當一個被接納的、聰明的人。**事實上,最聰明的人比任何人都更願意去犯錯(這就是他們學習的方式),但無論如何,你不需要始終是對的、聰明絕頂、美麗絕倫或諸如此類的,才有價值且值得被愛。

16 | **你就是自己的困境。**你會說:「我是一個焦慮的人」,而不是:「我有時會感到焦慮」。你認同你的問題,這可能是你無法克服它們的重大原因。

17 | **只有在周遭環境許可的情況下,你才能感到快樂。**只有在你選擇專注積極、協調和解決負面的問題、建立重要的關係、肯定自己並讓自己的心態變得更好時,你才會感到快樂。你無法選擇一種特定感覺,但你可以選擇你的想法。拒絕這樣做等於讓自己屈服,並注定你永遠無法得到真正的快樂。

第 *60* 篇

如何成為值得擁有你想要的生活的人

我們習慣相信,身邊的快樂是有限的。

從小,我們就在競爭中相互對立。這種心態滲透到我們的日常,而且無疑是以自我為中心的社群文化的支柱。我們被教導有贏家,也有輸家。有成功的人,也有不成功的人,而你需要加入成功的那一方。位置就這麼多、成功的機會就這麼多,能過上自己想要的生活的人就這麼多。你從人類的物質成功目錄中抉擇,為了過上限量版的生活方式而奮鬥。

我們相信快樂和成功是靠別人給予的東西——老闆給我們工作,戀人承諾「永遠」,難怪我們總是感到無法掌控,難怪我們會因為自以為想要的東西,而遭受如此多的痛苦。

「想要」是所有行動中最難堪的。它讓你持續有「匱乏感」,它讓美好的事物遙遙無期。一旦你不再「想要」,就會得到自己最想要的東西。一旦將心態和體驗轉變為「已經擁有」時,你自然會創造並吸引符合你所期望的事物。接受才是豐盛的根源。

你真正想要的東西,很少需要經過絞盡腦汁才有答案。幫這些東西貼上標籤、文字和想法,就是在創造一個你純粹的本質形象。如果我們成長了,但我們的想法卻沒有跟著一起成長,那就是我們最容易陷入困境的時候;我們一面在創造自己想要的東西,一面卻仍依附於舊有的想法。

你就是要透過這些方法,來釋放掉那些舊有的想法。沒有人會教你該照這些方法去做。

你就是要透過這些方法,來擺脫他人為你建構的生活;你就是要透過這

些方法,來停止與過去的自己纏鬥、打破舊有的思維,並且開始創造嶄新的思維。你需要知道這些事情,才能成為那個嶄新的人,值得你真心想要——而不是其他人想要——過的生活。

要想支付房租的方法有好幾種。要想讓不愛你的人愛你,那可就沒轍。要跟你想要的對象攜手,創造出你想要的每一刻、每一天的生活,必須透過一件又一件的瑣事:一份工作、一個月的租金、一堆待洗的髒衣服、一個疊滿碗盤的流理台、一張電費通知單。

成年人做這些事情時,不會抱持著無所謂的心態。去做這些事情就是自由。它們撐住了你頭頂上方的屋頂。它們會把你的諸多思緒,簡化成一個想法:沒有什麼比心靈的平靜更重要。

有必要的話,就離開吧。你很難找到藉口,繼續跟一個不愛你或不接受你的人待在一起。活下去的方法很多。有人會給你下一份工作;你會有額外的空閒時間;會有好心的人願意租房給你,或跟你共享一個空間。但這些東西,都是保留給更重視自身的心理健康大於便利性的人,都是保留給值得擁有的人。他們知道自己應該擁有一個空間、房間、家庭或公寓,好讓他們決定哪些事可以或不能出現在自己的生活中。

你不應該總是快樂、篤定和穩定。如果是的話,人生就不會這麼艱難了。想要超越人類的苦痛,有一個方法,而且是唯一的方法:允許你成為真正的自己。困難來自試圖逃避無法避免的事情。

臣服於它不是接受失敗,而是誠實以待。這是真實的、混亂的、絢麗的、痛苦的、難以辨出差異的、閃爍著希望的。這就是注定要成為的自己。我們唯一真正想要超越的,就是無法成為我們自己,因為那就是我們。

留白也有同樣的價值。並不是生命中的每一秒都必須被填滿。排得滿滿的日程規劃,並不意味著成功。工作應該是為了生活,而非活著是為了工作,後者毫無生活品質可言。事情不應該分成「你在做一些別人可以量化的事情的時候」和「你什麼都沒有做的時候」。兩者都很重要。

最深刻的啟示,會發生在你的獨處時刻。如果沒有孤獨、空無和精神的乾枯,當你跟一群人擠在一塊、約會、迸發想法和創意,就不會如此深刻而震撼。事物的背景,和它們的本身一樣重要。一件藝術作品如果沒有留白,

就不會吸睛。

不幸的是，沒有任何事物或任何人可以給你快樂。幸運的是，沒有任何東西或任何人可以把快樂奪走。你可能會想把這句話寫下來，當作是書中最古老的思維把戲，但這並不會改變這句話的真實性。縱使如此，即便心知肚明，我們依然在尋求快樂。我們抗拒自己的天性，以促使自己成長、拓展、啟發、尋求、創造，而不是認為這些事情就是注定會降臨到我們身上。就好像我們把「想要」和「嘗試」這兩個概念，應用在完全錯誤的方向上。

我們所感知到的時間並不是線性的；一切都在同時發生。你召喚自己所需要的經驗，並與之合而為一。你永遠不是在其中，也永遠不是在之外。你永遠不會得到，也永遠不會失去。你存在於過去，也存在於現在。這樣的認知，才是真正的魔法發生的基礎。

快樂很無聊。美麗很無聊。人們不會只對「快樂」和「美麗」感興趣或被吸引。他們被對事物感興趣的人吸引，這些人看起來很不一樣。他們有自己的故事、想法和心態，這些都映照與完整了他們自身。如果有這麼一個人，會因為一些複雜的原因，而相信某人正在暗示自己很胖，從而發脾氣的話，那麼就不會有人想要認識這個人。他們想要認識的人，會說：「肥胖不是我的本質，而是我所擁有的東西，就算事實不是這樣好了……就算我真的很胖好了，誰管我啊？」。

愛不僅僅只是擁有特定的外表、行為和生活方式。你的身體會先低語，直到被迫大叫。「不好的」的感覺並不意味著應該被擋住。它們並不是要造成我們的困擾。它們就是你自己，或是某種比你更偉大的東西，正在跟你說：有些事情不太對勁。

直覺的聲音永遠不會受到忽視。它會投放出來，最終變成巨大而響亮的外部聲音，要求你留心去聽。

要學會在它還小的時候，就先聽見。

在生命中，最滑稽又諷刺的事情是，你在做感覺正確的事情，最容易成功。追求真正的快樂、內心的平靜，是我們唯一真正的責任。熱愛自己所做的事情的人，總是比那些「努力工作」或聲稱如此的人更成功。當你做自己真正熱愛的事情時，會出現獨一無二、難以言喻的能量。

你的人格特質不一定要前後一致。你的人生故事不一定要理所當然。你不需要把自己包裝得整整齊齊，好讓他人方便理解。

　　在想像他人會如何解讀或評估我們是個什麼樣的人時，我們會試圖在腦海中拼湊出一段概要或總結，而你必須停止把自己的人生活成那種樣貌。人生不需要合情合理。你可以在很多不一定相互關聯的事情上表現出色。你並不限於只能擁有一種愛、一種才能、一個生命意義。你可以從事各式各樣的工作，每份工作都有其意義。你可以擅長很多事情，而這也不表示你其他地方缺乏能力。你不必是一部長篇小說；你可以是一本短篇故事集。你不一定要將在腦海中共存的各種真理合而為一，也不必讓自己的光芒變得黯淡，就只為了讓一個眼界狹隘的人覺得這樣才合情理。你不必去成為別人喜歡的那個自己。

　　你往往不知道什麼對自己最好。預測未來，並不保證它會順著你的預測走。這種行為只會讓你更封閉。它會讓你執著於一個想法，就是你希望預測成真，因為你已經產生了執念。與執念相比，更重要的是心態：我們只想追求正確、想要掌控一切、想要知道什麼是最好的，以及透過預測創造一種生活，而且也在那種生活中，取得了成功。

　　在世界歷史上，沒有人會在回顧自己的人生時說：「沒錯，一切如我所料。」但有許許多多的人，有一天在回首往事時會說：「沒錯，我知道這是我的人生，但裡面的種種細節往往讓我訝異不已。」

　　事情的發展，會比你選擇或設想的更好。然而，在你還不知情的時候，會覺得一切亂成一團。在你意識到，比你所能想像的更美好的事情就快要付諸實現之前，你會覺得，自己所期望發生的每一個計畫，似乎都被一個無形的力量完全打亂了。要有信心，你所得到的，會比你認為自己應得的，還要更多。

　　你必須成為值得擁有自己想要的生活的人。沒有人會因為極度渴望，就會得到想要的東西。你的生命會有多美好的開展，取決於你認為你多相信自己值得──而不是應該要──擁有美好的人生。

第61篇
我們期望他人做到，卻很少考慮改變自己

01｜**我們期望他人誠實表達自己的想法（尤其是在愛情方面），但我們自己呢？** 我們總為了自己的方便，讓他人在徘徊、困惑、等待、猜測中度過？

02｜**我們對那些沒有做到無條件付出善意的人感到憤怒。** 當孩子不友善時，我們會懲罰他們，藉此試圖教導他們要善良。當我們要求他人心胸開闊、充滿愛心，我們的方式往往是非常封閉、沒有愛心。

03｜**我們希望，如果有人對我們感興趣，就必須先主動出擊。** 沒有人願意坐在那兒苦等著有人約自己出門，但也沒有人願意主動提出約會邀請，或主動告白。你上一次跳出舒適圈，告訴別人你關心對方，是什麼時候？你上一次明確地邀請某人出去約會（不只是打發時間的玩樂），是什麼時候？你上一次去做你希望別人為你做到的事情，又是什麼時候？

04｜**我們熱中的志業無法激起他人的共鳴時，我們無法理解，為什麼別人對那些我們最在乎的議題無動於衷；但當別人的熱情讓我們稍感不便時，我們卻會立刻開始抱怨**——像是在臉書上看到太多「冰桶挑戰」的影片，或是每天都得面對那些我們覺得「煩人」的政治意見。

05｜**我們期望別人馬上就能信任我們，但我們不信任別人的原因總是理直氣壯。**

06 | 當別人沒有無條件地陪伴我們，或無法在我們不開口的情況下就知道我們需要他們時，我們會覺得對方無情又自私。但我們自己又有多常主動去理解對方的心理狀態，並設身處地去預期他們的行為、渴望與意圖呢？

07 | 我們常說別人心胸狹窄，因為他們對我們的生活妄下評論，卻不了解全貌；但我們自己又有多常在日常對話中，對陌生人、同事，甚至朋友做出類似的評斷？我們知道，如果別人真的了解我們──了解我們的整個人生故事──他們會理解我們的處境……然而，我們卻忙著以一知半解的事件、殘篇剪影的生命故事，批評別人。

08 | 有一種情況我們常感到沮喪，就是看到別人陷入當局者迷，處理他們的關係問題──如果對方不完美，就離開啊；「忘掉」那些你沒辦法改變的事情嘛……但這種情況一旦發生在自己身上時，我們做到的機率有多高？我們不允許別人的生活一團亂，卻期待在我們支離破碎時，別人給予安慰。

09 | 理論上，我們期望人們能夠接受所有宗教，但如果有人不理解我們的教規、信念系統或宗教背景，就會認為他們只是「水準不夠」才無法理解。我們可以聲稱條條大路通羅馬，但許多人沒有意識到，他們認為自己所選擇的道路就是比其他人好。

10 | 我們認為因為小事而批評他人的人很糟糕，但我們之所以批評這些人……就只是為了批評……

11 | 我們希望別人不要開我們玩笑，但事實上，最廉價的幽默往往是貶低別人。但當我們需要讓自己心情好一點時，卻很輕易用那些不經大腦（而且刻薄）的話，來嘲諷別人。

12 | 我們期望別人能夠重視自己，停止貶低自己。但與此同時，我們也期望，當我們貶低自己時，他們能夠鼓勵我們（或者我們甚至自以為不斷

自我貶低的行為能惹人憐愛）。

13 | 我們期望人們能夠在一夜之間發生改變，無論是飲食更健康、控制自己的健康狀況、擺脫一段有毒的關係或是工作——無論是什麼，當其他人進行自我破壞時，我們相信一番激勵的言論就能解決問題。這種情況鮮少發生——我們只需要看看自己身上那些有害的習慣就知道了。

14 | 一旦我們認為對方的行為不體貼或不適當——在公眾場合大聲喧譁、遲到、邋遢，或有些地方不修邊幅—我們就會翻白眼或用批評的目光望向對方。可是，一旦我們覺得疲憊、有壓力、工作進度落後時，我們就會滿不在乎地，在公眾場合大聲地接聽跟工作有關的電話；或是為了滿足一個忽然湧上來的需求，而耽誤服務生或收銀員的時間。在吃早午餐時，我們如果因為興奮而大聲談笑，這是無傷大雅之舉；可是如果其他人做出同樣的行為，那就相當惱人了。只有當自己這麼做時，我們才不會覺得這種行為很討人厭。

15 | 我們期許別人完全誠實，然而如果這種「誠實」不是我們想聽的，那就成了「刻薄」。而輪到該我們說實話時，我們總會逃避，除非已經別無選擇了。

16 | 我們期望最親近的人給我們無條件的愛，彷彿這足以彌補我們不愛自己的事實。

第 *62* 篇

你不用完完全全「愛自己」才值得別人的愛

每當聽到別人說，在愛別人之前，你要先「愛自己」時，他們的意思是，如果你潛意識地，在尋求一段能夠修補你的人生、給予你方向，或是讓你感覺更好的關係，那麼你會不斷地選錯對象，也永遠得不到你夢寐以求的感情。也就是說，我們必須要等到先愛自己——生活中的方方面面——你才有資格找到對的人，並投入於一段美好的關係。

聽起來就像，如果你還沒有找到愛情，那是你的錯，就因為你還不夠好，因為你做得還不夠多，才會得不到。聽起來就像，除非你已經做好準備，否則不應該接受愛情；還要成長到能夠獨立自主，才能進入一段感情關係，然後就可以停止進步。

但在你生命中的摯愛出現時，你是無法為此準備的，沒有人可以。如果你認為自己需要做更多的事前準備，而拒絕進入一段關係的話，你就錯過了世界上最有效的成長機會。

愛是一個巨大的放大鏡：它會讓你看到，關於你自己，關於你的生活，你有哪些喜歡的跟不喜歡的地方。正確的關係，會鼓勵你正視並努力解決問題。正確的關係，會幫助你學會愛自己。正確的關係注定改變一切，總是如此。

因此，在愛情尚未來臨之前，你要學會茁壯成長。利用你獨處的日子，做你自己；去做只有單身時能夠做的、只有你自己一人時才能完成的事情。但千萬不要被「唯有做到完完全全地愛自己，別人才有辦法愛你」、「你要先善待自己，別人才會善待你」、「愛情降臨時，你會是已經做好準備的」

這些想法給弄糊塗了。

　　沒錯，你對待自己的方式，會影響並決定別人要如何對待你，但要成為一個完整的、有所成長的、完全的、被愛的也愛人的一個人類，你所要做的事情，不是在孤立和隔絕中追求自我成長，而是為自己挺身而出、要求尊重、選擇愛情，並學會不斷前進與蛻變，即便你一直在尋找的那個人，已經站在你的身旁了，你也要能持續茁壯成長。

　　愛自己，也是允許自己被愛。

第 *63* 篇

還沒找到真愛之前，你需要問的三十個問題

01 | 你認為感情關係是靠著「你夠好」而爭取到的，還是因為你強大到足以敞開心房，才能建立的東西？

02 | 「愛」對你來說意味著什麼？只是一種美好的感覺嗎？是陪伴？是安心感？是未來的方向？

03 | 如果不是透過某個你可能、甚至還不認識的人所帶來的陪伴，以及對方所承諾的親密與永恆，你又怎麼可能在生命中擁有那些你所渴望的東西呢？

04 | 如果你愛的人，反映出你所有尚未療癒的創傷、反映出你的缺陷，並讓你內心深處的不安全感暴露出來，你會願意跟對方交往嗎？

05 | 你是嘗試與他人建立關係，還是嘗試對他人展現你的優越感？你是想要與他人連結，還是想要對方覺得你很了不起？你參與討論是為了學習，還是為了向別人推銷自己的思考方式，好讓你覺得得到了他人的支持，以及自己的論點是正確的？

06 | 關於愛情生活，你在腦袋裡想的，是不是比你實際去做的還多？你有沒有制定過計畫，來尋找你極度渴望的那種愛情？

07 | 如果你要制定一個計畫來尋找那種愛情，它會是一個什麼樣的計畫？你需要做什麼？你可以嘗試什麼？你可以去哪裡？

08｜相較於未來幾年（或更久）可能會獨自一人度過的想法，你可能需要透過網路交友、被朋友撮合，以及逼自己經常出門認識新對象，後者是不是讓你感到更不舒服？

09｜你是否公開承認自己正在尋找愛情？如果你試圖表現單身好像沒什麼，你就會錯過朋友介紹更多朋友的機會，因為他們不知道你想要談戀愛。

10｜除了別人對你的喜愛之外，還有什麼能讓你感到開心的事情呢？

11｜如果你決定從今天開始，就要掌控自己的感情命運，而不是「順其自然」的話，你會開始採取什麼不同的做法？

12｜你認為美好的關係是苦尋來的，還是隨著時間去發展和鞏固的？

13｜你是否相信那些更美麗、更成功、更聰明、更有才華，或在其他方面更優秀的人，會比你擁有更多的愛？

14｜你是否曾經好好地看看身邊有感情關係的人，並且用上述標準來評價他們的吸引力、智慧和優勢？

15｜如果這麼做的話，你會發現什麼？

16｜如果你知道感情關係不只美好，更類似於縫線，能夠將這個分崩離析的世界縫合在一起，你會不會大吃一驚？如果你在其他重要的事情上花費了大量的時間跟精力，那麼你就應該如此面對感情關係，因為這件事情不只必要，也會讓你實現身為人類的終極生命意義。

17｜如果你知道，即使是那些被朋友圍繞、有著看似「幸福」的感情關係、每逢假期都有家人陪伴的人，有時仍會感到寂寞孤單，因為關鍵在於你如何跟他人互動，而非你身旁有多少人；如果你知道，你會不會因此而大吃一驚？

18 | 你知道自己在長期關係中的需求是什麼嗎？

19 | 如果這些需求沒有被滿足，你是否會繼續爭取這些需求？還是你會為了討伴侶歡心，而放棄這麼做？

20 | 如果你找到了夢寐以求的感情，但最後關係卻失敗了，你如何走下一步？

21 | 你是否真的準備好，去承諾一段長久的關係——也就是與另一個人共同成長？還是你心中對「愛」的想像，意味著彼此無條件接受對方，誰都不需要改變？如果是後者，那麼你所追求的，其實可能不是愛，而是一種偽裝成「接納」的安於現狀——一種不願面對成長與挑戰的自滿與逃避。

22 | 有沒有可能，你現在的孤獨，並不是因為你心碎了或者不被愛，而是因為有一些深奧而神聖的東西只能透過孤獨才能被發現？

23 | 如果你知道生命中的摯愛即將來臨，這些獨自度過的夜晚只是暫時的，你會做些什麼？你會把心力投入到哪些地方？寫書還是瀏覽臉書？培養友情還是羨慕有愛情的人？學習冥想，還是每次覺得有一丁點不舒服，就喝一大口酒？

24 | 你是否假定其他人給你愛、花時間陪你，只是在幫你的忙？

25 | 你有沒有想過，他們可能也同樣渴望愛情？

26 | 你有沒有想過，在一段關係中，你可以「給予」什麼，而不是索求什麼？

27 | 你心中的愛情形象是與另一人一起相伴、成長？還是為了自我滿足的包容、支持，及無條件的接受？

28 | 你是否願意，或已經準備好，放棄愛情會如何降臨、愛情會是什麼模

樣，以及你的伴侶又會是什麼模樣，每一個先入為主的想法？（你需要這麼做。）

29｜**在這一生中，你願意為了什麼而受苦？**你為了恐懼、想法、工作……而受苦。有哪一件事，是真正值得你受苦的呢？你是否願意全力以赴，失敗幾次，然後抵達終點（愛情、承諾）時才發現，約會只是愛情這趟長途旅行的起點？

30｜**你準備好讓愛情掏空一切，並幫助你成為想要成為的人了嗎？**

第 *64* 篇

學習誠實的勇氣

　　我們正在被不尊重誠實的人和文化掐住脖子，我們無法與之共存。

　　我們稱那些無法與我們立場一致的觀點為「冒犯」，並用這個詞來表示他的觀點是錯誤的（更不用說，一位女性的乳頭和一句髒話「冒犯」我們的程度，遠超過世界上的饑荒、戰爭和環境破壞等等暴行）。我們強迫人們說我們認為有道理的話，做我們認為有道理的事。我們的文化教導我們，要把自己放在最後，即使「把別人放在第一位」是虛假的、偽善的、出於怨懟與謊言的。我們都因為心中無法被碰觸、不被理解的孤獨而正在瀕臨死亡；我們只能緊緊抓住碎片化的文字和音樂，除此之外我們無法表達自我。我們之所以飽受焦慮、憂鬱、孤獨、不確定、恐懼和失敗所苦，大多是因為我們必須持續顛倒事非以自欺欺人。沒有人是誠實的，所以沒有人能找到真正愛他們的人，因為他們沒有做真正的自己。別人只愛他們的外殼，而我們都知道，外殼是很容易破碎的。

　　我們的許多關係，其實都建立在一套必須不斷被滿足的期待上——有些期待我們清楚知道，有些則模糊難辨。我們對誠實和改變的恐懼，源自於害怕不再被那些聲稱愛我們的人接受、需要或重視。

　　我們認為「做自己想做的事」和「把自己放在第一位」，就是自私和不為他人著想。我們被教導，應該追求那些能讓別人快樂的東西。但你想與其實內心並不想陪在你身邊的人共度一生嗎？一旦我們被教導，為了不傷害別人的自尊，要掩蓋自己的直覺和真理，從而使得我們統統都迷失、混亂、與自己脫節，這件事情真的很令人驚訝嗎？（並沒有。）

　　說實話並不是「刻薄」，我們只是習慣聽見想聽的答案。我們把任何不

悉心呵護、不安撫平息，不符合我們極端妄想、極致撫慰的想法，都視為「錯誤」。「誠實」和「刻薄」已經成為同義詞，因為只要人們不做我們想看到和聽到的事情，那麼他們就是錯的；他們——有意或無意地——傷害了我們的感情，讓我們覺得不被接受、不被需要、不受歡迎和缺乏價值（因為我們只向外尋找這些東西）。

你必須記住的是，那些最大聲喊著「你應該怎樣怎樣」的人，往往一生都徹底而深切地受到了他人的期望所形塑。他們聽從了那些對他們大聲喊叫的人的話，因而內心空空如也。他們的話語所迴響出來的，正是這種空蕩蕩。

我們的內心深處只有光。我敢保證，只要你聽過對方的真實故事，他們整個人生的故事，如果你站在他們的角度生活一天、一年，或一生，你無法不愛他們。一旦我們以不誠實的方式，來掩蓋不平等的表象時，我們就不能指望平等的存在。如果有人總是感覺自己比別人低一等，我們又怎麼能指望他們平等對待其他人呢？

平等的根源，以及要理解人類處境的平等，就是誠實。

要改變社會的進程、啟迪封閉的思想，轉變我們對性別、種族和人性本身的看法的唯一方法，首先也最重要的，就是如實攤開一切。我們在繞圈子說話，只同意那些基本上同意我們的人，而不是試圖理解那些不同意我們觀點的人的背景。這不是改變。這是打了類固醇的自負心態。「幫助他人」、「無私」，以及在人們並非真心想要的時候，卻強迫他們去做義工，我們太推崇這些事情了。

我們唯一培養和支持的仁慈，是我們強加在別人身上的仁慈，也就是我們自認為正確的仁慈。

假仁假義是不值得去做的。它會讓世界變得更糟。它是怨恨、惡意、自我厭惡、偏執和偏見的根源。

我們在生活中經歷過最仁慈的事情，往往是有人在乎我們，雖然他擔心如果說實話，我們可能會覺得很受傷——但這個實話可以拯救我們，或是讓我們看到一些看不見的現實。很多時候，我們對自己最仁慈的方法，就是說

「不」。我們最心存感激的事情，往往是那些曾經（和現在）最艱難、最深刻動人、最能完全改變我們的事情，即使一開始，這些事情未必讓我們覺得舒服。

因此，當你想說不的時候，就應該說不。看到朋友正在掙扎著做出選擇，而這個選擇將會對他們的整個生活品質產生深遠的影響時，你應該準確、友善、通情達理但直截了當地說出來，而不是一走了之。如果屋子裡的另一個人不想要你繼續待著，那麼你應該離開。想要支付租金的方法，有很多種；但要讓不愛你的人愛你，沒有任何方法。你應該說出自己的感受，以免它在黑暗中停留太久，而成為你餘生的基礎——然後一切隨之崩塌。你應該告訴那些你愛的人，你愛他們；你應該告訴那些你不愛的人，你不愛他們，好讓他們去找到真正愛他們的人。你應該深入挖掘自己未曾觸及的深淵，看看你會找到什麼。首先，它會是你不知道的、沒有得到療癒的那些傷口。其次，光、愛、熱情安歇於它之下。第三，它會是一股渴望，要帶著那些東西，與它們一起奔跑，然後建立一些了不起的東西。你不應該根據其他人的看法，來評估自己的選擇，而應該根據它們是否符合你最深刻、最真實的自我。

你應該站起來說：「我就是這樣的人，即使你們會因此而把我釘在十字架上。」就像許多宗教、政治、社會偶像和崇拜對象一樣，即便他們的崇拜者和追隨者，正是將他們釘上十字架的人。

你應該給予別人你最需要的東西。這句話的意思是：不是每一個人都愛你，但這並不表示你完全不被愛。你不是最完美的，但成為最完美的這件事，並不是最重要的。除了你自己的恐懼之外，什麼都無法束縛你，除了從內在去尋找之外，你在其他任何地方都找不到自由。每個人都會受苦。但不是每個人都能在彼端閃閃發光，並準備好讓那道光迴盪在濃密無法穿透的黑暗中。不是每個人都有勇氣說實話，但每個人都有能力這麼做。而最極致的諷刺、最深刻的狡猾之處在於，我們所尋求的愛、熱情和接納，只存在於我們自己無拘無束的誠實中。所以去吧，讓它終於得以呼吸。

第65篇

心碎之必要的
七個理由

　　有許多詩人、思想家和哲學家，都談到這個觀點：苦難的意義。蘇菲派詩人魯米（Rumi）表示，光會照進傷口。生死學大師伊莉莎白·庫伯勒－羅斯（Elisabeth Kübler-Ross）說，美麗的人們必須經歷失敗、痛苦和掙扎，才能懂得感激、體貼和理解。詩人卡里·紀伯倫（Kahlil Gibran）相信，痛苦會灼痛最不可思議的人的心。杜斯妥也夫斯基（Fyodor Dostoevsky）認為，大智慧和深邃的心靈會在苦難中誕生。C·喬伊貝爾·C認為受苦受難的人就像星星：他們正在消逝，直到他們意識到自己塌縮成為超新星，變得比以往的任何時候都更加美麗。

　　心碎或許跟人類生理上的成長無關，而是關乎我們的思想、內心和靈魂的進化。即便哲學家無法完全說清這種經驗……但你肯定也在生活中經歷過心碎的威力：過程中至關重要的痛苦、為了得到而先失去的那些東西、讓彼時的你得以成為此時的你的那些痛徹心扉的經驗。

　　很多人都在談論這種現象，但多數人永遠都無法準確定義：它是讓你敞開心扉的催化劑，也是讓你得以建構美好生活的扎實基礎。雖然原因不明，但這種痛苦是如此重要，等到一切都塵埃落定之後，你會對它抱持感激。它等同於人類的蛻變，光芒來臨以前的黑暗。

　　我相信，如果我們能夠理解為什麼痛苦是必要的，我們就可以更風度翩翩地承受它，或者至少在它迫使我們接受之前，學會傾聽它的聲音。以下是人類的成長為什麼需要經歷心碎的七個原因……

01｜你需要經歷過一些事情，才會意識到苦難不是必要的。

　　痛苦跟苦難並非同一件事，我相信你一定聽過這句話。我們熱愛痛苦。我們在高潮時的表情和受到折磨時的表情是一樣的。哭泣是一種宣洩，生理上的疼痛感最終讓我們得以存活下來。我們不喜歡的是苦難。苦難源於對痛苦的抗拒，而我們正是在抗拒中受苦。我們不會選擇那些會讓我們痛苦的事情，這是一件好事。但我們確實可以選擇自己為何要受苦，這就更好了。只有我們能決定自己要受多少苦。

02｜我們以為在尋求快樂，但其實尋求的是安心感和熟悉感。

　　人們無法預測什麼會讓自己快樂，這是因為我們的所知終究僅限於腦中的一切。然而，我們的文化非常注重「規劃」未來、選擇快樂、追求快樂。為了做到這一點，我們往往選擇一些自己過去所知道的東西，即便客觀上來說，那根本就不是快樂。我們更渴望的，其實是安心感。除非我們的舒適圈已經讓我們難受到只能叛逃離開，否則我們不會被迫去尋求最好的、更遠大的東西。

03｜苦難教導我們，試圖改變外在世界讓自己快樂，就像是試圖改變螢幕上的投影，而不是改變播放的投影機。

　　美國心靈導師拜倫・凱蒂（Byron Katie）對此進行了精采的闡述：「一旦意識到毛絮在哪裡，我們就可以清理鏡頭本身。這是苦難的結束，也是快樂天堂的起點。」當然，她指的是我們的心靈，以及這樣的一個事實：除非我們往下挖，把自己深陷在一個試圖改變外在事物的黑洞中，否則我們不會意識到要轉向自己的內心。你的心靈，是你感知世界的鏡頭。你必須調整它的焦點，來改變自己的生活，而不是顛倒過來。

04｜「苦難」常常以崩潰的形式，降臨到我們身上，而這其實是一種突破，只是我們還沒有看到突破的盡頭罷了。

你要明白，有時候（……很多時候）我們不知道什麼對自己最好，但不知何故，我們的潛意識、本能卻知道。我不是在說一定有神的介入，但我知道很多時候——即使是在我自己的生命中——不知怎的，我也會知道，是時候為了更遠大的事情，而傷透自己的心，儘管我當時並不知道，那個更遠大的事情是什麼。

05｜感受快樂的能力，與了解痛苦的能力同樣重要。

我們的世界源於二元性，也因為二元性而存在。這是自然世界的基礎，但在我們生命中看到這一點也很重要。事實上，你能容納越多黑暗，相對地，你就越能看到光明。我們的情緒總是如陰陽在調和；這完全只取決於我們選擇用什麼角度來看待事物——兩者對我們來說都是平等的，最終的選擇權永遠握在我們的手中。

06｜痛苦是出現問題的徵兆，如果我們輕忽它，就會為之受苦。

生理上的疼痛是如此，情緒上和精神上更是如此。幾乎可以說，我們喜歡為自己製造問題，因為我們深信自己應該承受痛苦（糟糕的那種），因為我們（錯誤地）相信自己非常糟糕，而痛苦是我們的報應。只有透過與那種痛苦搏鬥，我們才會意識到，痛苦是自找的，幫助我們擺脫創造痛苦的需要，意識到為什麼我們沒有必要承受痛苦，並且在這個過程中，讓我們重新認識真正的自己，而不只是其他人眼中的我們。

07｜探索心碎之必要

沒有任何創傷經驗是真正孤立的事件；沒有任何一場心碎是單一原因造成的。那是一種模式，是累積的傷痛，是最終一擊——讓我們崩潰，也讓我們覺醒的瞬間。

那一刻，我們終於明白：其實自己早就知道真相，只是先前總有些什麼，讓我們無法聽見內在的呼喚。而當我們「破碎」時，我們真正突破的

是那層自我防衛的殼。

　　多麼美好——我們的身體及這個世界，都允許我們去探索黑暗，並在應當回返之時，用痛苦提醒我們。

　　又多麼瘋狂——沒有人會在事情發生之前告訴我們這一切。我們總是在身陷其中，或者快要來不及回頭時，才會真正明白。

第66篇

為什麼要緊緊抓住那些不適合我們的東西？

我曾想，如果放手會讓我痛不欲生，那麼要如何放掉那些正在一點一滴摧毀我的事物？而我到底該相信「命裡有時終須有，命裡無時莫強求」還是「三分天注定，七分靠打拚」？

我認為，我們緊緊抓住那些不適合我們的東西，是因為在某種程度上，我們知道它們並不真正屬於我們。我們總是在索求不曾擁有的愛；我們總是在試圖證明一些毫無道理的事情。

我們知道，一旦自己不再思考、不再談論、不再反覆回想細節時，一切就真的結束了。當一切只剩下腦海中的一絲餘念時，緊緊抓住，是把它留下的唯一辦法。

因為放手不等於「允許」某個人淡出我們的生命、「允許」某個人宣布不再愛我們，或「允許」某個人永遠離開。放手是我們得「接受」他們已經這麼做了（事情已經發生了）。

命運什麼的，我不知道。但我的確知道，真正屬於我們的東西，並不需要我們在精神上和情感上強把它們留下。最好的事情從來都不是被迫的，從來都不是由最後通牒逼出來的，從來都不會是讓我們一次要花上好幾個月或好幾年的時間去猶豫不決、質疑不已。

我的確知道，你無法透過失去有多痛苦，來證明你有多愛對方。你無法透過說服別人自己有多合理，來證明自己的堅毅。

我知道，傷害你的從來都不是愛情，而是對愛情的執念。我知道，除非我們學會放棄這份執念，否則我們永遠找不到真正的愛情。我知道，世上

沒有什麼是永恆不變的，關於「永恆」的概念只是一個幻覺——我們終會失去一切，失去我們所緊握的、我們所成為的，以及我們所擁有的一切。

所以重點不在於我們失去了什麼，而是在於我們一開始擁有什麼。我們不是為了蒐集經驗如累積一份漂亮的履歷；我們應該身在經驗中，讓經驗進入我們的生命。

有些愛情在一個月內教會了我們一些東西，有些則是一生。兩種愛情一樣重要。

我們注定要經歷的事情，就是不再強迫自己去尋求外在的光，而是讓自己成為那道光。我們注定要經歷的事情，就是艱難、歡樂、美麗、肝腸寸斷。面對這些事情，我們不是用大腦去思考，而是用身體去感受。

以及那些我們不需要緊緊抓住，就能實現的一切。

第 *67* 篇
二十幾歲的你，
不應該把時間浪費在這些事情上

01｜讓任何人說服你：你太年輕，你做不到。

　　柏拉圖在二十歲之前，就開始了他的政治生涯，他曾說自己在成年之前經常被嘲笑。本世紀一些最偉大的文化巨頭，在做出他們第一個巨大貢獻的時候，都只有二十幾歲：賈伯斯、祖克柏等。想像一下，如果他們聽到有人說：「你懂什麼？」就放棄了，這個世界會變成什麼模樣？

02｜跟那些其實不打算理解你，只為了證明自己是對的人爭論。

　　如果有個人，他對話的目的，只是為了滿足自己的自尊心，那麼你沒必要跟他談下去，你又沒欠他。但你該做到一件事是：跟那些聽不進別人的話，只想著要發表自己的高論；說話不是為了讓別人聽見，只想自我捍衛的人交流時，你會感到挫折跟自我質疑，記得一定要走出那種情緒。

03｜浪費你的精力，去安撫那些習慣性消極，不讓自己好好振作起來的人。

　　面對一個正在經歷困難時期的人，你最沮喪的，往往就是他們不願意聽道理或邏輯，甚至是你的意見。到最後，你不得不開始敷衍。無論他們說什麼，你都點頭附和，因為你不希望每次互動都變成吵架。然後怨恨會不斷累積，關係破裂。

04 | 向那些不關心你、不了解你的人,證明你的選擇是正確的。

　　有些人會用尖銳、刺耳的聲音下指導棋,例如你應該做什麼、不應該做什麼、你走錯人生道路等等之類的,但他們根本沒立場說三道四。他們最在意的,是你會如何影響他們在別人心中的觀感,以及他們要如何跟自己的朋友、表親、姊妹、家人、同事⋯⋯解釋你的情況。在決定誰的意見比較重要、在討論各種主題、在各種情況中,都要記得留意這一點。

05 | 和不喜歡的人保持聯繫,因為你覺得自己「應該」要這麼做;如果不這麼做你會有內疚感;因為你太害怕如果誠實以對,別人怎麼想。

　　如果別人沒有——他們也不會——竭盡全力來讓你開心,那麼你也沒必要浪費自己的生命去取悅別人。

06 | 緊緊抓住過往的戀情不肯放手,因為你擔心最美好的愛情已經結束了,或者你再也找不到讓你有同樣感覺的人。

　　最刻骨銘心的愛情之所以存在,就是要逼你敞開心胸,教導你需要知道的東西,並送你走向更大、更好,甚至更快樂的事物。不要讓非理性的恐懼阻止你發現這一點。

07 | 吃你不喜歡的食物、保留你不想要的計畫、跟覺得很煩的人維持網路上的往來、為永遠不會來到的「某一天」囤積衣服,以及為一個不願——也不會——給出承諾的人,停擺自己的人生。

　　我們浪費自己的生命,去收集和保留永遠不會真正對我們有益的東西,只會帶來一個後果:我們永遠都得不到真正重要的、帶給我們幸福、目的和意義的事物。

08｜沒有花時間去弄清楚自己想要什麼，縱使不確定也沒關係（其實你也沒必要確定）。不要因為害怕找不到確切無誤的事物，而不去找任何東西。

如果你不花時間去反思、評估，就會在別人為你畫出來的圈圈不斷繞圈圈。其實，你要去做的事、要去到的地方、要成為的身分——哪怕只是一天、一小時、一年——不但你自己會知道，你內在的認知也會知道，並且會大叫提醒你。

09｜沒有花時間去療癒你的童年創傷。

那些塑造你的東西，將成為你必須為自己拆除掉——也只有你能辦得到——的構造。要做這件事情的時機，要麼是現在——趁你還能適應和發展——不然就是等到以後，有一股更強大的、你無法控制的力量出現，把你那些尚未獲得療癒的牆壁一一推倒（選擇權握在你的手中，永遠都握在你的手中）。

10｜因為看似「不對」的事情而批判他人。每一件事情，都有其意義。

我們的目標不是創造出一個完美無瑕的形象，而是要走過一些必經的道路，讓我們自己獲得成長、得到經驗、有所改變。

你不會知道，一段錯得離譜、不合邏輯的婚姻，正是某人真正需要的。你不會知道，一對貌似過於年輕而缺乏準備的父母，生下了一個孩子，這件事情背後是不是有其命運或宿命存在。

你不會知道，那些看起來無所事事，成天都在收集知識和經驗的人，有朝一日會寫出下一本偉大的小說、揭露下一個偉大的哲學思想等等。也許很難相信，但所有的事情都是好的，因為所有的事情都是為了幫助我們成長和發展。

11｜無論收入高低，永遠不去主動學習如何量入為出。

不管你賺的錢是多是少、無論你有多少投資、無論你的存款帳戶是金山銀山或是一貧如洗，也無論你要償還的債務是多是寡，如果你還沒有養成量入為出的心態和生活方式，那麼無論你到哪裡或取得什麼成就，同樣的財務問題都會如影隨形地跟著你。

12｜把你最想要的東西晾在一邊，打算等到更「方便」的時候再做。

如果你正在找一個推託之詞，那麼你總能找到一個藉口。如果你正在尋找一條達成之道，那麼你總能找到一條途徑。

13｜為了一些小挫折，而過河拆橋──這些橋梁本來說不定可以讓你找到一份工作或一段感情，儘管你原本並不知道自己想要或需要。

二十多歲這個時期，充滿了無限的機會，也充滿了無可避免的、不可思議的、出乎意料的機緣巧遇。在這個奇特的時期裡，不能看輕你所擁有的人脈。如果你一定要脫離某件事情，要學會風度翩翩地離開，如此一來，有朝一日，等你需要打開通往過去的那扇門時，門才不會是上鎖的。

14｜留在一份讓你感到痛苦的工作中。

我並不是在說，奇蹟明天就會發生。也不是在說，你會在一個禮拜甚至一個月、三個月或六個月之內，找到你夢寐以求的工作。我的意思是，任何在年輕時就完成了自己真正想要做的事情的人，都有一個共通點：他們在對的時間、對的地點，出現在正確的地方，因為他們始終不辭辛勞地前行。要創造自己的運氣，就要增加自己的機會，並相信一些更偉大的、宿命般的力量，會為你完成剩下的工作（這個論述聽起來好像很籠統，但是請相信我）。

15 | 待在一段沒有其他選擇而選擇的關係中。

　　有點類似，明明是一份糟糕的臨時工作，卻因為你沒有採取任何行動，而變成你在這一份工作裡待了十年；一段糟糕的感情關係，會變成一段糟糕的婚姻關係，諸如此類。

16 | 不敢嘗試改變自己的外表，因為你擔心任何改變都會為你的整體形象帶來影響。

　　在這種情況下，做兩件事情會對你有好處，一是讓自己超級無敵喜歡這具你的靈魂受困其中的身體，二是讓自己超級無敵喜歡這具身體的改變，因為從現在開始，它只會不斷地改變。有些改變是你可以掌控的，但大部分是你沒有辦法掌控的。不要讓自己過度執著於特定的外貌，因為在面對無可避免的成長與老化時，你會過得很艱辛。

17 | 永遠不學著去說「對不起」或「謝謝」——不要為了這個行為能影響他人對你的觀感而說，而是你能夠藉此意識到自己可以做得更好，以及讓你可以感到謙卑的事情。

　　對著父母說。對著前任情人（們）說。對著陌生人、朋友、家人、曾經認識的人說。但最重要的是，對著自己說。

18 | 不在凌晨四點吃披薩。

　　或者至少吃一次蛋糕當早餐；或親吻一個陌生人；或者把電話號碼告訴你在酒吧或咖啡廳裡看上的人；或者來一場公路旅行，並且和你最好的朋友一起睡在車裡；或者其他任何你很想做，但大多數時候都沒有膽量去做的、稍微不負責任，但到頭來也沒什麼危害的事情。（去做吧。）

19｜痴等從天而降的良藥來修補你的內心。

在接下來的一年裡，工作、感情、薪水、一件衣服、新的公寓，都可以解決你所感受到的任何不適或不滿（不滿會隨著不適而來，除非你著手面對自己的感受）。總是如此。

20｜只追求開心。

生命無法總是如你所願。你最重要的經歷，可能幾乎與開心無關。它們將關乎苦難、心碎、歡樂、恐慌、恐懼、愛，以及你跨越這些事情後，淬鍊出來的你。

你不會記得那些「還好」和「開心」的日子。你會記得那些喜悅的時刻、痛苦的煎熬，以及那些具有定義性、改變性、奇蹟性，和難以置信的事情，會讓你感覺真正活著。

不要因為恐懼而麻木度日。你唯一需要馴服的野獸，是不敢真正活著的自己。

第 *68* 篇

練習滿足感

　　滿足感看似是個難以捉摸的欲望，卻帶動了整個消費市場，有些聰明人利用了我們所有人（或至少是數百萬人）與生俱來的欲望：我們都渴望過有意義的生活，但似乎都不知道該怎麼做。

　　不知從何時起，我們將快樂誤解為是我們所擁有的事物，而不是我們所做的事情。我們以為，要解決這種無法理解的空虛，就必須填滿周遭的空缺。不用說，這種做法，就算不是全部，也多半都失敗了。

　　真正的滿足，是因為自我實現而感到快樂；是真切地了解自己想要什麼，使得自己能夠不再猶豫，勇往直前；是超越自己所採用的思維模式，或是超越那些本質上不屬於你自己的理想；是你每天想要提供給世界的、謙卑而簡單的東西；也是你在做這件事情時，心中所喚醒的愛。

01｜成功是愛上過程，而不是愛上結果。

　　成功是讓自己的夢想聚焦在旅程、聚焦在「行動」、聚焦在例行事務、聚焦在細節上。你想要的生活，就藏在簡單的日常事務中。你不能整天空想一些故事的點子，然後抱怨自己一本書都沒寫成。

02｜社會只重視某些幸福的價值。

　　不是每個人都會為你因熱愛的事物辭掉原本的工作，改去咖啡店上班而鼓掌。大眾眼中的快樂很狹隘，那種快樂與真正的滿足相去甚遠，以至於沒有人會覺得有壓力，必須思考自己的生活是多麼不充實。不要讓

別人的恐懼,決定你的幸福是什麼。不要讓別人的恐懼影響你,連帶讓你也感到害怕。

03 | 愛情和成功都不是消耗品。它們不是不可再生的資源。別人的愛情和成功,不會奪走你的愛情和成功。

多數人在小學的時候,就有這樣的信念:我們注意到有些人很受歡迎,有些人則不受歡迎;有些人可以快樂,有些人則不能。這往往就是終生競爭的開始,而這種競爭只存在於我們的腦海中。別人的成功,不會奪走你的成功。別人受到喜愛或稱讚,並不表示你不值得受到喜愛或稱讚。你不用表現得比別人好,才算夠好。

04 | 你對一個決定越感到自在快樂,就越不需要別人也替你感到開心。

你對自己所做的事情越滿意,就越不需要他人的認可與支持。

而諷刺的是,一旦真心滿足於自己的所作所為,你反而更容易獲得那些你曾經渴望、卻不知該如何給予自己的支持。

05 | 終極目標是弄明白,為什麼最簡單的事物也最不平凡。

如果你的終極目標是一些有形的東西,代表你還沒搞懂你的「終極」目標。有形的目標——金錢、書籍、職位等等——都只是里程碑。它們是生命的產物,而不是生命的目標。生命的目標是感到完全滿足。你為此而寫的書,不會給你帶來滿足感,而是滿足感的一種表現形式。不要把有形的收音機與無形的聲波混為一談。

06 | 你不是「必須」去做,而是「可以」去做。

這是最簡單的觀念改變之一,但也是生活過得心滿意足的人所掌握到的技巧,知道每一件事情都是體驗的機會。你不是必須去上班,你是可以去上班;你不是必須早起,你是可以早起。一旦你開始不把事情視為義

務,而是機會,你就會開始善加利用,而不是試圖逃避。

07｜舉重若輕。

這句話常有人講,但很少有人能夠理解:任何真實、美好且極可能成功的事物,都是不費吹灰之力的。你在創作時所處的狀態,將決定你的成果。你投入越多的自在與愛,其他人也會從中得到越多。

08｜你生命中存在的任何事物,之所以能夠存在,是因為你創造了它。

任何事物之所以能持續存在,是因為你在餵養它。

想想看,你的每一個行為,都會助長你內在的某些東西。它助長了你的控制欲、對工作的熱愛、對姊妹的惡意、對婚姻的自滿。每一個行動都會創造和加劇已經存在的東西。考慮到這一點,問問自己每天餵養了自己什麼……如果這麼做的話,你的生命就會變得更有意義。

09｜問題不在於你是否聆聽自己,在於你聽從的是自己的哪一個部分。

多數人都發現自己無法聽從直覺,因為他們不知道直覺在說什麼。或者更糟的是,他們以前聽從過直覺的意見,卻發現直覺錯得離譜或短視近利。在任何時候,都會有許多不同的「聲音」,來促使你達到不同的結果。你的直接本能,可能更傾向於保護你,而不是拓展你。它們可能是出自於匱乏或恐懼。你必須問自己:這個直覺反應的根源是什麼、它從何而來,而長遠的結果又會是什麼?

10｜即使你能證明自己對別人的批判是正確的,你仍然是錯的。

不管別人有多糟糕,也不管你對他們的心理情緒狀態的判斷有多正確,你這樣做還是錯的。你的責任不是要監督一切,你的責任是要弄清楚,自己不是真的想要批判對方,而只是害怕別人可能會批判你,才會先一步採取言語的攻擊行動。

11｜你的靈魂知道如何療癒自己，困難的點在於你準備怎麼做。

　　大多數心理和情緒療癒的第一步，都是要先徹底地面對問題。你會發現，在自己的一生中，你會一次又一次地創造出一些情境，迫使你去解決一些長期存在的問題。這個行為無可避免地，是因為你折磨自己但同時你也想解決問題，並將之帶入你的意識中，這樣你就能去處理，然後放下它。相信你的本能。它比你的腦袋知道得更多。

12｜你可能無法成為想要的任何樣子，但如果你真的很幸運，而且你真的很努力，就可以成為真正的你。

　　……無論如何，這就是大多數人想要的。我們可以根據一個人想成為某個偉大人物——並且與自身的各種技能和個性等等有著徹徹底底的天壤之別——的願景有多宏大，來衡量他們認為自己有多匱乏。有趣的現實是，那些完成驚人成就的人，從來不認為自己是什麼了不起的人，他們都覺得自己很平凡。正是這種融入「日常平凡」的行為，才使其成為一種模式，成為一種慣例，成為一種習慣，最終成為一種產物。這種驅動力和持續性源於一件事，就這麼一件事，去做一些符合你真實自我的事情。喚醒真實的自己是一種殊榮，儘管這是一項非凡的挑戰。更棒的是，擁有一個愛這樣的你的人、一份需要這樣的你的工作，以及一個能讓這樣的你完全實現自我的生活——即使你在過程中，否認過這樣的自己。

第 *69* 篇

失去過愛情的人
所知道的事

　　曾經失去愛的人知道，別人的愛，從來都不是你會「失去」的東西。
　　別人對你的愛，是屬於你的經驗，除此之外，都只是隨之而來的一個想法、一個奢望、一個大大的「應該是」。失去過愛情的人都知道，你什麼時候失去了自我——當你開始相信別人離開你的時候，他們也帶走了一部分的你；當你希望從讓你陷入困境的人身上尋求救贖，當你相信其他人（除了你自己之外的人）可以拯救你。
　　失去愛情的人都知道，你可能失去自己從未真正擁有過的東西，結束從未真正開始過的關係，放棄那段從未實現過的你們共同擁有的夢想和計畫。他們知道，你為那些從未真正存在過的人哀悼。
　　失去過愛情的人都知道，用枕頭來填補床上的空白；用無關緊要的工作或約會來填補生活中的空白；或者只是承認自己的悲傷，意味著什麼。他們知道擁抱傷感所帶來的療癒效果。
　　他們清清楚楚地知道，自己再也無法像過去那樣深愛一個人。他們知道，自己的邏輯、理性、正義、公平和「本來應該如此」的概念，被徹徹底底地顛覆是什麼感覺。
　　他們知道，你不一定能和最愛的那個人共度餘生，但你可能要花上一輩子的時間，來試圖說服自己接受這個事實。
　　而更重要的是，他們知道，「放下」不是一種刻意的選擇，而是當你不再努力去「放下」的時候，它才會真正發生。唯有不再強迫自己去忘記某人，你才能真的開始忘記他。你會在重新把注意力回到自己身上以

後，逐漸淡忘那個人。

他們知道，回頭望向那些曾以為永遠無法跨越的傷痛時，會發現：即使是最難熬的事，也會隨著時間的流逝而消散、隨著理解而淡化，隨著覺察而釋放。

他們知道，見證自己走過地獄，會帶來無與倫比的力量。

他們在魯莽對待他人之前，會先考慮自己的行為。他們知道被粗魯地對待是什麼樣的感覺。他們成為了溫柔的戀人和謹慎的追求者，他們的猶豫和膽怯，可能會被誤認為是冷漠——但事實並非如此，這一點非常重要。他們對於人類的內心可以愛得多深，以及人類的自我有多麼脆弱，有著尊敬和理解。

失去過愛情的人，都知道那種胸部、喉嚨和雙腿緊繃、刺痛、灼燒的感覺。他們知道，當自己窮盡所有選擇時，恐慌會將你推向何等的深淵。

他們知道所謂的靈魂伴侶，並不像人們所想像的那樣——他們並不總是幸福美滿。那是一種愛，能點亮你的每一部分，也會照射出未被療癒的層面；你真正的靈魂伴侶，是那個能讓你看見自己的人。

而他們知道，那就是重點。

他們知道，你對舊愛的掛念可能遠超過你對他的愛。他們知道除了活在當下之外別無選擇。你必須在心裡陪伴自己走過每一天，否則你的意識會不斷地在懊悔過去與擔憂未來之間拉扯，猜想舊愛現在人在何方，揣測他們到底還在不在乎你。

他們知道，在擁有的時候，要懂得珍惜。

他們知道，最深的痛苦，莫過於看到自己所愛的人愛上了別人。或者更準確來說，你以為屬於自己的人，突然屬於了別人。就是這麼簡單。你以為存在你們之間的深邃情感，可以在彈指之間消失殆盡。

他們知道這樣的感覺：小心翼翼地幻想著再次遇到失去的舊愛。他們知道這樣的感覺：在腦海中為愛人挑選衣服、獨自在臥室裡練習對話、剪掉自己的頭髮、多跑個一點五公里，彷彿只要簡單地改變自己的外表，就能讓對方再次愛上自己。

他們絕對知道，撞見舊愛與別人在一起，是什麼樣的感覺。這個別人與自己很不一樣，不論比較好，或比較差。

　　從那非比尋常的痛苦中，他們了解到，一個人對你的愛不會因為他愛上別人，而有增減。愛不是數量有限的消耗品。

　　而知道這一點，可能是最重要的一課。

　　他們知道那種感覺：自己彷彿跟三個幽靈住在一起，第一個幽靈是「要是我們還在一起的話」，第二個幽靈是「我們當時應該要」，第三個幽靈則是「也許我們還有機會」。他們知道那種感覺，走在街上，腦海裡不斷想起，舊愛會說什麼、會想什麼，要是他們也在這裡就好了。他們知道那種感覺：出門到了酒吧，你本來在跟別人說話，忽然間，你的意識似乎飄出了對話之外，此時，你的注意力只能集中在一個微弱的想法，要是舊愛坐在我的身邊，那會是什麼樣的感覺。他們知道那種感覺：拿著菜籃在雜貨店排隊，聽見你們的主題曲響起，忽然間，你開始想像舊愛眼中的自己，以及想像他們一定也有同樣的想法、發同樣的簡訊、做同樣的事，只是身旁的人不是你。

　　他們知道，世界上有一個曾經了解你一切的熟悉的陌生人，是什麼樣的感覺。他們知道，你總是會以某種方式，將自己確實需要的東西，帶入自己的生命中──那些最痛苦的、最千變萬化的。

　　他們知道，你永遠不會失去愛。他們知道，你所經歷的、你如何因此而成長、你所學到的、你所看到的、你所做的，才是失戀的重點。不是為了永遠擁有愛，而是為了成為這份愛注定要塑造的你。他們知道，一開始你會把時間花在嘗試弄清楚，該如何處理所有揮之不去的愛意。

　　而他們也知道，你應該把那樣的愛，給予自己。

第 70 篇

練習簡單

　　學會喜歡不需要花太多錢的東西，那些才是值得你花時間的事情。你可以透過花錢買到自己想要的東西，但你買不到它們帶給你的真實體驗。重點不是你做了什麼，而是你感知到了什麼。有意義的人生，不在於你能多頻繁地滿足自己的感官享受，而是在於你如何透過最簡單、最不起眼的日常事物帶來反思而成長。

　　學會喜歡閱讀，不管你喜歡讀的是什麼。學會喜歡說話和喜歡人，即使他們和你不一樣。學會真理是可以共存的。這是能讓你在這個世界上獲得自由的一件事。

　　學會喜歡簡單的食物和烹調方式。學會喜歡田野、樹木、露營、散步、火焰、欣賞日出和日落。學會喜歡在多雨的夏日傍晚寫作和點蠟燭。學會喜歡乾淨的床單、洗碗、洗熱水澡、喝水和漫長蜿蜒的車程。

　　學會簡化自己的需求，縮小自己的欲望。

　　學會深呼吸。吃飯時，要好好品嚐食物。睡覺時，要睡得深沉。發笑的時候，盡情地笑，直到自己流汗又喘不過氣。生氣時，要發自內心，讓熊熊火焰燃燒起來。你越抗拒這些情緒，他們越內耗你。控制你的不是憤怒或悲傷，而是你對它的抗拒，才會讓它們在你的靈魂中占有一席之地。

　　學會讓負面的想法回到它們的來源──虛無。

　　做那些毫不費力的事，讓它們毫不費力。有人教你要相信，成功來自於精疲力盡的、壓垮靈魂的拚命工作，但那大部分是我們強加給自己的，因為若一件事情毫不費力也能成功，那可能不值一提。就因為如此，我們常常在沒有問題的地方，製造出問題。

決定只保留那些有意義和有使用目的的東西。一旦你徘徊在自己的空間裡觸摸，看見和使用那些能喚起安全感、使命、生命意義、歡愉的事物時……你的日常生活就會根植於幸福中。一旦東西需要清理、洗滌、處理的事情都在自己的掌控中時，你會感到全然安定。

複雜往往是最容易的選擇。我們很容易讓自己被纏繞、被束縛；讓自己的想法和恐懼，成為故事情節的敘述，成為我們活出來的現實。

簡單是困難的，因為它需要清晰的思考。這是漫長而艱難的淨化感知之路（也就是說：不受條件反射或負面想法的影響）。但感知是你的，永遠屬於你的。你可以在有生之年中，保留一百件物品，每一件都會被使用、損壞、替換、拿走、丟棄、變得過時。對於這些身外之物，你所感知到的意義與價值、你對它們的欣賞、你從中得到的快樂，都是屬於你的。而這就是選擇以簡單為根基的生活：讓平凡變得神奇。

人們喜歡誇大什麼能帶給你幸福。而幸福在某種形式上，是我們所有人都在尋求的，即便我們用的不是這個詞。穩定的生活、愛情、金錢。幸福心理學是過去二十五年來的現象，它之所以會出現，其實是我們為了無拘無束、徹徹底底的快樂，而開拓出的國度──宗教解放、自由、民主。

然而，這些東西、這些我們居住的房子、我們經營的公司、我們搞砸的關係，因為我們不斷增加的期望──渴望將愉悅最大化──並沒有讓我們變得更快樂。

因為我們並沒有改變自己的思維方式──那是唯一真正的改變，因為它是我們感覺的基礎。一個人的生命廣度，取決於你對生命的感知深淺。你的生命會隨著你的成長而成長。你的經歷反映你是誰。

不要忘記，你沒有用不完的時間來做這件事，來改變這件事。

讓一天、一星期、一個月、一年又悄悄溜走，讓自己不斷地在他人、金錢，以及更多、更多、更多的事物身上，尋找光明，這是很容易的。但花時間在自己身上尋找光，會更容易，因為你會認為那是對的。你找不到光──感知的能力──因為你已經是光了。你所要做的，就是把阻礙自己的一切，統統清除乾淨。

第 71 篇
十八個提醒，給不知道人生在做什麼的人

01 | **沒有人知道自己「一輩子在做什麼」**。雖然有些人比較清楚自己努力的方向，但到頭來，我們沒有人能夠準確地預測或總結自己存在的意義。下結論的時機未到。

02 | **你決定自己的人生要由什麼來定義**。之所以會出現「迷失」的感覺，不是因為你偏離了人生軌道，而是因為你丟失了人生的主導權；是因為你不想接受事件走向，要再次找回確定感，就是要接受已經發生在你身上的事情，並繼續撰寫自己的人生故事。

03 | **J.K. 羅琳並不知道自己會成為世界上最著名的作家之一；她當時只是在為自己的孩子寫一個故事**。賈伯斯並不知道自己會成為人類與科技互動的先驅；他只是一個在車庫裡製造電腦的人。歐普拉並不知道自己會成為自我提升和成功的典型女性；她只是想做好一份工作。你不需要知道自己在做什麼，也能做出非凡的成就。

04 | **你無法預測或計畫五年以後會發生什麼事情**。

05 | **如果你能夠預測並計畫五年後的事情，那就做更遠大的夢想。也更努力一些吧**。

06 | **規劃自己的人生（或清楚「你正在做什麼」）不一定要充滿野心，而是有安心感**。你要把注意力，放在每一天都想做的事情上。那是崇高的、那是值得的，那會讓你有所成就。

07｜你不用對年輕的自己感到虧欠。你沒有責任成為你曾經以為自己會成為的那個人。

08｜你的一切，都歸功於今天的、成年的自己。你應該問問自己，你喜歡什麼、想要什麼、什麼在呼喚你、你需要什麼、什麼是你應得的。

09｜你知道為什麼你沒有得到自己曾經想要的東西嗎？因為你不再想要它們了。沒那麼想要了。

10｜你目前處於「對曾經想要的東西已經沒有欲望」以及「允許自己希望得到現在想要的」之間。

11｜允許自己希望得到現在想要的東西。

12｜如果想改變人生，就不要再茫然，而要採取行動，讓自己積極地朝著一個方向——任何方向——前進。把思考轉化為新行動，不要只思考。

13｜沒有人的生活像網路上看起來那麼美好。

14｜最關心你社群媒體形象的人，是你自己。

15｜社群媒體以一種獨特而明確的方式，讓我們變得越來越在意下一個「重大目標」是什麼。如果你感到迷失，很可能是因為你不知道自己想要的、下一個會令人印象深刻的「目標」是什麼。

16｜你不需要完成任何事情，就已經是一個有價值的人。事實上，只有極少數的人注定是不同凡響的。但這並不表示，你無法體會滿足、愛、歡愉，以及生命中所有真正的奇蹟。

17｜你的生命是否美好，取決於你的看法。如果感到迷失，或「不知道自己在做什麼」的話，只能透過學會以不同的方式來思考事情。就這樣，別無他法。

18｜不要再問：「我這輩子要做什麼？」而是開始問：「我今天要做什麼？」

第72篇

停止自我厭惡

所有的厭惡都是自我厭惡，而一切都是我們內心的投射。

我真心希望，每當你胸口打結、感到絕望無助、彷彿要掉進無底深淵時，都能記住這兩句話。

萬事萬物都是你的映照，因為每一件事的意義，終究只取決於你從中看見了什麼；而你能看見什麼，取決於你有多少覺察。你的內在意識有多廣，你的生命經驗就有多寬。這世上的事物，沒有「本來如此」；它們只是「如你所是」。（改編自美國女作家雅娜伊斯·寧恩〔Anaïs Nin〕的名言）

除非你親自觸摸、聞到、看到一朵花，否則它只不過是在虛空中振動的隨機物質。你的認知，賦予了它美麗和存在。你不在世界之內，世界在你之內。儘管這聽起來像是另一個抽象的陳腔濫調，但事實並非如此。它反映了一個更偉大、更深刻、更真實的真理，而在這些認知、覺察的微小瞬間，我們發現自己第一時間感知到的並不是事情的全貌，任何讓你感覺膠著、沉重、「錯誤」和「負面」的事物，並不是因為外在發生了什麼事，而是因為我們的內在沒有得到療癒和改變。

自我覺察，是解決許多看似無解問題的解藥。光是單純地知道——你那以自我為中心的頭腦，正在扭曲他人的行為、臆測他人的想法來折磨你自己——這個意識，就足以讓那股折磨安靜下來。

活在當下的藝術，就是學習不將你的感受、你所看到的、他人表現出來的樣子，去區分「好」、「壞」、「對」、「錯」。畢竟，即使是最沉重、最黑暗的事物，最終也是為了啟發你、向你揭示，若你不曾置身其中，你無法體悟到的真理。

以下是在你感覺特別糟糕時，需要注意、反思和重新閱讀的所有事情（有人多次要求我為此寫一篇續集，所以我就寫了）。

01｜你的行動比任何人對你的評價更有力量。

陷入無助的境地時，通常會伴隨著一種感覺，那就是自己完全無法控制別人對我們的看法。當然，這不過是我們如何看待自己的一種機制，但任何人說的任何一句話，都不會比你的行為和你的真實自我更有力量或更真實。你是有力量的。你能作主。其他人想要如何看待你，那是他們的問題，他們仍然必須接受真正的你。你想讓他們的看法對你造成多大的影響，取決於你自己。

02｜你覺得別人怎麼想，比他們真正的想法更重要（你可以從中看見自己）。

你不需要因為別人怎麼想你，或你以為他們怎麼看你，來決定自己的意見、想法、情緒或心情。

03｜你的反應比其他人的行為更重要，你可以選擇要如何反應。

你的觀點／想法／感覺／情緒／心理狀態，不要被你想像、發現他人會說什麼、想什麼、如何認定你這個人而影響。事實上，你永遠不會知道人們在說什麼、在想什麼或認定什麼，而且那些事情與你無關。無論你有沒有察覺到，他們只是在過自己的生活，向來如此。唯一會改變的是，你有多想根據這些揣想來改變自己。他們想說什麼就會說什麼，你也可以隨心所欲地做出你想要的反應。

04｜值得你去愛、約會和上床的人，對親密關係、性、愛情、體型和吸引力等等的接受度，遠比你想像的還要寬廣。

在歷史上，從來沒有一個關於真愛的故事，是因為有人認為別人的腹肌無懈可擊，從而開花結果的。本質上不會認可你的人，不管你長得高矮胖瘦，對方都不會認可你。而本質上愛你的人，無論你長得什麼模樣，對方都會愛你。

05 | 你應該為年輕時的自己感到尷尬——真的。

這是進步的標誌（但並不意味著你必須繼續尷尬下去）。這是一件好事，因為表示你能回顧過去，並懷疑「我當時怎麼會搞成那樣？」這表示你已經脫離那個時候了。我希望你回顧年輕時的自己，永遠不要：「哇，一切果然如我所料！」這表示你停止成長了（也表示你不再認真過）。

06 | 如果你沒有覺察到一些根本性的問題，這些問題衍生的症狀會一次又一次地出現。

多數人一輩子都在忙著解決後者。舉例來說：減肥並不能解決你對自己身體形象的負面看法或情節。如果你真正喜愛自己的身體，就不會因為缺了一堂課或吃了一塊披薩而影響自己的精神狀態。問題在於，該評估的不是表面上的行為，而是行為背後的根源。我的意思並不是說，解決這些根源很容易，也不是在說找到它們很有趣——我的意思是到最後，你還是必須這麼做。你可以選擇現在就做，也可以選擇以後被迫去做。

07 | 不是只有你會感受恐懼、擔憂、憂慮、偏執或不安，每個人都有過這樣的感受。

自我厭惡的本質是自我孤立。它讓你成為「另類」，其他人則成為「妄加批判的正常人」。我知道，接下來要說的事，可能會有點傷害到你的自尊心，讓人覺得沮喪，但請泰然處之：一般來說（邏輯上也有例外），你所做過的每一件事情，沒有一件不是以前的人曾經在某個時間點、某個地方、以某種方式都做過了。人類處境的故事，本質上是具有普

遍性的。正因為我們的自我區分，以及認為自己是唯一經歷過它的人，才加深了其中的痛苦元素。（不覺得它的運作方式很有趣嗎？）

08｜在許多時候，你往往只顧慮一個（也許兩個）人對你的看法。

我們會覺得，「這些人」在某些方面不接受我們，而我們正在努力證明一些什麼。

我們擔心誰看到我們不光彩的一面，然後跟「這些人」打小報告。「這些人」通常是友達以上戀人未滿的對象、對我們略有微詞的父母，以及我們多年來一直夢想著要給他們留下深刻印象的某些人。我們的生活只能圍繞著區區幾個人打轉，即使我們看起來是在擔心「人們」。每次出現這種擔憂時，試著找出這些臉孔，你就會發現，這群無名無姓的「人們」，其實只是一、兩個你非常非常熟悉的人。

09｜除了你，沒有人比你更常想到你自己。

我們與自己內在對話，大多都圍繞著平息自己的恐懼和恐慌：別人是如何看待我們的，我們透過別人的心態在思考。我們只是在預測和假設，而這些預測和假設，在很大的程度上受到我們對自己假設的影響。簡單來說：每個人都在擔心自己，就像你在擔心自己一樣。

10｜這件事很危險……

……你把時間浪費在擔心短暫、不重要的事情，這會分散你的注意力，讓你沒辦法把心力放在帶給你快樂的事情上面。

11｜你想要改變自己，好符合別人對你的期待，而這正是你恐慌感的來源。

如果你不在乎取悅別人；如果你不覺得自己需要跟別人好好相處，才表示自己沒問題，那麼你就不會擔心。這種恐慌感和在意別人對你的看法，與你覺得需要改變或證明自己有直接關係（儘管不是完全相關）。

從更深的層次來看，這表示你把自我價值、生命意義與隨之而來的內在穩定性的衡量標準外包了。長此以往，你就不可能成為真正的你。

12｜**所以，如果你想要克服這些外在的、表面的、膚淺的東西，就必須要把注意力轉移到更重要的事情上。**

你要放下對自己的擔憂，「別人怎麼看你」不重要了。這是最真實的解決方案、最有效的解藥，也是祕密中的祕密。如果你最關心，認為自己能為這個世界所提供的，只是一具美好的身軀、一種美妙的生活方式、很多很多的錢，或是讓你感覺很棒的、來自他人的認同，那就表示，你沒有去做自己覺得真正重要的事情。

當然，你會陷入焦慮；一切都毫無意義。當你知道自己比別人以為的更有價值的那一刻，當你真正接受你的生活比你的外表更重要的那一刻，其他人的瑣碎顧慮就會被你拋諸腦後，成為無關緊要的東西。你變得對他們視而不見，因為你只專注於真正重要的事：你自己，還有你能真正提供給世界的一切（無論那是什麼）。

第 *73* 篇

你不知道
人生的下一步時，
問自己十個問題

01 | **如果你真的擁有想要的生活，明天會是什麼樣子？** 在想像想要的生活時，不要把注意力放在想向別人說「我是這樣的人，我做這樣的事……」，而是專注在每天要做的事情上。如果你已經擁有想要的生活，明天你會做什麼？這跟你正在做的，有什麼不同？依循著這樣的願景，你明天開始可以實際做些什麼？

02 | **如果社群媒體不存在，你做的事會有什麼不同？** 你會穿著不同的衣服嗎？你會對住的地方感到不滿嗎？如果社群媒體上那些不露臉的人，沒在默默監控著你，你會做出什麼樣的選擇？什麼事情會是重要的？你會做些什麼？你會成為什麼樣的人？

03 | **如果沒有人知道你接下來的人生會做些什麼，你會做什麼？** 如果你的生活沒有一絲一毫的表演性——如果一件事情除了當下什麼也得不到的話，你會把時間拿來做些什麼？你會有興趣做些什麼？做什麼事情會讓你覺得精力充沛？

04 | **如果你昨天就過世了，你最後悔的會是什麼？** 不要去想像如果明天自己就要死了……如果你已經死了的話，你最後悔的事情會是什麼？你希望自己在哪些方面採取不同的做法、以不同的方式看待、以不同的方式做出反應？

05 | 如果你可以選擇對自己最重要的五件事，這五件事會是什麼？不管你有沒有意識到，你的人生根本上都是建立在你最在乎的幾件事。如果不是這樣的話，頂多只是感覺失衡，最壞的情況也可能是偏離軌道。要對人生感到滿足，就是追求我們真正重視的事物。

06 | 在你的生命中，你會從什麼事物感覺到一股微妙的、無法解釋的「推動力」？有沒有什麼東西，會給你一種微妙的、無法解釋的享受感？有沒有什麼東西，是你喜歡卻又不明白自己為什麼喜歡的？這些都是需要關注的事情。這些才是真實的事情。你的意識，會去回應你認為自己喜歡的東西；你的情緒，則回應那些真正會引起你共鳴的東西。

07 | 如果你知道沒有人會評論你，你會怎麼做？如果你之所以受到讚賞，完全只是因為你的工作、你的生活和你的選擇——你會做出什麼樣的選擇？你會做些什麼？

08 | 現在最讓你困擾的是什麼？有趣的是，困擾你最深的事情，表示是你接下來必須前往的方向。如果困擾你最深的問題，是缺乏戀愛關係，那麼你人生的下一階段，可能至少需要嘗試一下發展戀愛關係。現在最讓你困擾的事情，可以讓你知道，你真正想要的是什麼，以及你應該朝哪個方向邁進。

09 | 此時此刻，你已經擁有什麼了？能為生命帶來重大改變的口號，永遠是：「從現在出發，利用你所擁有的，做你能做的。」除此以外，別無他法。

10 | 如果從明天開始，到你生命結束的那一天，你都會過著不斷重複的生活，你會做些什麼？或者，換個方式來說：如果不斷重複今天的生活，你會擁有什麼樣的未來？你會取得什麼成就？你會在工作中一帆風順嗎？你會抽出時間陪伴所愛之人嗎？你會寫書、玩音樂，或是以健康的方式花錢嗎？你會穿得自由自在、享受日出，並採用一種長此以往都能夠維持身體健康的飲食方式嗎？你的生命存在於每一天的實

際經歷中，而不是在你對那些日子的想像或期待裡。在日積月累的情況下，你的習慣會開始成為你的日常。想像你永遠改不掉這些習慣，是檢驗自己目前狀況最好的方法。

第 *74* 篇

所謂的放手，並不存在

一切的事物都是好的。

到頭來，一切事物都是對我們有益的。一切的事物都是好的。

我知道你在想什麼。開什麼玩笑？這聽起來就像是另一個無意義的陳腔濫調，你試圖把它當成一個不可能為真的事實。

但是，是什麼讓某件事變得「不好」呢？是我們已經決定（或已經習慣）認為「這個不對」的信念。是什麼讓一種感覺變得「不好」？我們有很多感覺——其中為什麼有些是好的，有些是不好的？有些能讓我們知道，自己走在正確的道路上，有些則讓我們知道，我們需要在何時、何地，以及如何重新調整方向。前者比後者好在哪裡？其實後者不是更重要嗎？

在抗拒不好的感覺時，它們就會變得更不好。

一旦我們不傾聽自己的心聲、不允許任何的感覺出現——即使它們不一定會讓我們覺得舒服——我們就會抗拒它們。這些感覺本來應該要為我們服務，並讓我們看到自己需要被療癒的部分，或是我們人生道路上，需要轉彎的地方，感覺就變成了「不好」的感覺。

從整體來看，好跟壞的價值都是被認定的，而且是主觀的。對這一個人來說是對的，對另一個人來說是錯的；對某個人來說有利的，對那一個人來說卻是悲劇。在世界各地的教室裡，大家教授歷史的方式各不相同。一旦你意識到，自己可以定義生命中何謂「好」的那一刻，你就可以開始解放自己。因為每件事，甚至是最難克服的事，都可以是好的，只要我們看清感覺存在的原因，感覺需要讓我們看見什麼。

無條件地愛一個人，是一件很難得的事情。愛情不就是找到一個滿足擇

偶條件的人嗎？一旦我們所愛的對象，不像我們曾經想像的那樣符合條件時，我們就會開始動搖。這就是為什麼最深厚的感情，變成最艱難的感情的原因——有人滿足了你想要和需要的東西，但一旦他們無法滿足你了，你一定會大吃一驚。你沒有做我認為你應該做到的事情；所以，你怎麼可以這樣對我？

這不是真正地愛一個人。要克服這種半途而廢的愛情，關鍵在於，我們要意識到，很多時候，我們爭吵和分手的原因，並不在於我們是否愛他——將對方視為一個生命、一個人、一個存在去愛——而在於我們有多麼認同或不認同對方為我們所做的一切。

我們在這方面很挑剔。我們說，想要無條件的愛和幸福，但卻言行不一。得到某人或某事時，想要愛和幸福，為什麼？因為我們把選擇幸福、努力追求幸福和邁向幸福的責任，放在別人身上。

重新獲得控制權、自我體現的第一步，就是允許一切發生。允許愛，允許失去，允許潮起潮落。不要懷有任何意圖；只是存在。一旦我們以此當作自己的中心思想，即使是最深的煩惱也會很快消失。

道家說，柔弱者生之徒。死亡時身體僵硬。變硬的樹木會被砍掉。故剛則死，柔則生。

一旦心變得堅硬，一旦內在的一部分被阻塞、充滿未經過濾的情緒時，生命會迫使我們突破困境。樹會被砍倒，身體會腐朽，堅硬只能存在片刻。

大腦有一種機制：它會專注於最劇烈的痛苦，屏蔽掉其他所有感受。它會將注意力集中在最難受的那一處，逼迫我們去直面它。即使我們以為自己藉由專注於某一個痛點來淡化其他痛苦，其實不是這樣，我們只是走在讓自己更敞開的路上。

所謂的放手，並不存在；我們只是選擇接受事物已然離開。我們只是讓自己迷失在「受控」的幻象，以此築建一座混亂的迷宮，從中找尋歡愉即便過程令人不適。這不是永遠的。不適之所以存在，是因為我們緊抓不放。是因為我們抗拒。是因為我們意圖控制。是因為我們不接受事物已經離開。

第 75 篇

你是一本短篇故事集，而非長篇小說

你的過去並不一定會影響你的將來。

我們經常把過去的自己和我們認為的自己捆綁在一起，從而妨礙了成長。我們以為，如果不是根據過去對我來說有意義的東西，我們就無法繪製出一條通往未來的途徑。

之所以會意識到這一點，是因為我找出了自己所擁有的，而一般人也會擁有的三個習慣：

首先，我們憑空製造問題。彷彿為了生活有意義，我們就必須要克服某些事情。快樂是我們必須有意識地選擇的東西，我們以為自己理當得到那樣的東西，但在某種程度上，我們受到其他人（以及我們自己的假設）所制約，我們以為我們只有他們說的那麼好而已。

其次，我們會避開太完美的事物。如果有的話，我們會在精神上或其他方面，摧毀掉它們。

第三，我們會在腦海中總結。每當我們要做出選擇（任何選擇，真的）時，我們都會在腦海中替自己旁白。「她二十歲畢業後，就開始做這份工作……然後……」諸如此類。

但我們花這麼多時間寫的故事大綱，卻是為我們不再扮演的角色所寫。你無法總是在過去、現在和今後應該如何之間劃清界線。你無法理解所有的真理；你只能知道它們都是合理的。在這個過程中，你也不能因為所勾勒出來的角色不值得擁有，就逃避追求。

一旦我們逃避——一旦我們迴避——我們就終結了自己的幸福。

你本來就不該成為一則以懷舊、討喜的方式展開的故事。生命不是深褐色的、老照片般的倒敘。生命是活生生的、持續變化的、真實的、不可預測的，無法用圖表去表示的。除了我們此時此刻的生活之外，沒有其他可能的情節。我們甚至沒有意識到，很多時候，我們是基於潛意識裡，對自己仍抱持的陳舊信念，來選擇當前的經驗。因為我們對自己抱持的看法，會轉化為我們對自己的允許；而我們允許的，就是我們所經驗的；而我們所經驗的，就是我們生命的整體。這個整體就是一本短篇故事集，故事與故事之間不需要銜接得天衣無縫。不一定要以相同的方式去敘述。每一篇故事可以或長或短，或令人吃驚，或使人困惑，或教人興奮，都隨你想望。

重點是，你掌握著事情如何發展的主導權——但你內心那個不斷重播的敘事之聲，那個一直在為你的人生編寫故事的小小聲音，必須先放下舊的篇章，才能真正寫出新的章節。

第76篇
這個世界正在經歷「認知轉變」

有一種社會理論認為，人類的演化不是單線前進，而是以週期循環的。文明崛起，然後衰落；每次衰落時，人類的集體智慧都會達到更高的巔峰。簡短回顧一下歷史，想想大自然的運作，這個觀點似乎合乎邏輯——我們磅礴地進化，然後災難就降臨了。

這並不是無中生有的說法。這是一種古老的信念：地球受到其在春分點歲差位置影響。每當地球運行至最接近宇宙中心的位置——也就是能量最為集中的地帶——我們就會離「覺醒」更近一步。而現在，我們正處於揚升階段。

無論神話是怎麼說的，當今世界正在發生一些有趣的事情。我們的集體意識正在擴張。我們對正在發生的事情更有覺察（無論是好是壞），我們努力了解自己，我們正在學習與自己的情緒合作，並建立起代表我們價值觀的、而非討好別人的生活。無論是什麼正在推動這些認知轉變，以下是日常生活中的一些跡象：

01 | **人們開始認識到自己的力量。**自我賦權、個體性和自主性，被視為完整和充實生活的基礎。

02 | **正向心理學、情緒智商、人格類型和其他自我理解的概念，正變得越來越流行。**過去十五年來，正向心理學在媒體上處於鼎盛時期，五大人格、MBTI、占星學、九型人格等等測試方法的盛行，可見我們對自我覺察的渴望。

03 | **社會正義議題，正以前所未有的方式，成為頭條新聞。任何不認為眾生平等之人，都被認定是無知的。**當然，這不是歷史上第一次，我們想要將自己從壓迫性的結構中解放出來，但在科技的幫助下，這是我們第一次認為健康的社會「規範」，指的是那些平等且富有包容性的。

04 | **在西方，瑜伽和冥想已經很常見。**就在幾十年前，人們還會覺得這些事情很奇怪，但現在幾乎到處都有瑜伽課程，而且研究顯示，冥想確實可以改變大腦。

05 | **「常識」正透過網路，以一種前所未見的速度在擴張。**以前我們的知識僅來自能記住的東西，現在我們幾乎可以研究任何東西。主流媒體以破紀錄的速度讓我們吸收各種文章和想法。我們正在以前所未有的方式學習，而且速度也比以往任何時候都快。

06 | **人們對有機食品和順勢療法產生了新的興趣。**人們突然開始擔心食物裡的基因改造生物、抗生素和其他大量的化學物質。

07 | **每個人都可以發聲。**過去媒體傳達的訊息，是由少數精選的看門人所策劃的，現在每個人都可以發言，並分享自己的觀點。雖然人人都可發聲，有時可能會讓人覺得沮喪，但這對於取得集體共識來說，至關重要，無論好壞。

08 | **人們正在質疑體制，並學會獨立思考。**雖然有些對話，比其他對話更具建設性，但現在比起被動接受「真理」，我們更常主動論證。我們越來越常對社會制度與結構提出合理質疑。

09 | **我們的感情關係是建立在相處的基礎上，而不是義務的基礎上。**因為「應該」而結婚和養育孩子的日子，已經隨風而去了。現在，我們想要處得來的生活伴侶、經過深思熟慮的生育，和快樂的、也許是非典型結構的家庭。

10 | **我們正在公開、誠實地談論原本被忽視的問題——憂鬱症、性虐待等等**。我們正在慢慢消除圍繞著精神疾病和虐待的恥辱和惡名,並透過分享、講述、教學與療癒,來更加理解那些需要幫助的人。

11 | **我們已經無法忍受目前的勞動模式**。我們體認到,拚死拚活地工作,並不會帶來美好的生活;但我們也意識到,為了生存下去,我們本質上還是資本主義的奴隸。儘管兼職工作、自由工作者,以及如何在工作與生活之間取得平衡,正在成為越來越流行的話題,但整體的資本結構仍然存在。

12 | **人們變得更仰賴直覺**。人們變得更有同理心、更有好奇心、更有知識、更能包容與自己不同的人。

13 | **我們正意識到陰性能量的失衡**。我們看到陰柔特質在社會中是如何被刻意地壓迫,而這樣的失衡對我們的個人生活與全體社會的方方面面,都有著至關重要的影響。

14 | **我們正在打破性別二元對立**。我們不再單純以外表來定義自己——探索自己的性別認同,而不是僅遵循外表上的性徵,變得越來越容易被接受。

15 | **我們越來越關心自己對自然氣候造成的影響**。長久以來,我們對待地球如一件物品,而不是一個實際的、活生生的存在。

16 | **我們正在處理長期被壓抑的情緒所帶來的後果**。在過去五年左右的時間裡,你的某個朋友或家人的生活,以及他們本人都經歷了翻天覆地的劇烈變化——說不定你自己也是!這並不表示我們經歷了困難時期,然後挺過去了,而是我們經歷了困難時期,領悟了更深層的東西。

第 77 篇

不去感覺受傷，
你就不曾受到傷害

苦難是一種必要之惡。

但苦難之所以無可避免，並不是因為它是人生中理所當然要經歷的一部分，也不是我們只能被動承受的東西。相反地，苦難其實源自我們自身成長的不足；它是一種催化劑，用來提醒我們還有內在的功課尚未完成。也就是說，我們對苦難其實是有掌控權的——我們之所以滋養並經歷苦難，是因為我們允許它發生，更確切地說，是因為我們讓那些尚未療癒的內在部分主宰了我們的生活。如果我們始終沒有意識到這一點，並錯誤地以為苦難的源頭與解方都來自外在，那麼久而久之，我們就會開始相信，自己理當受苦。

許多人可能記得：我們因為一連串的憂慮和沒來由的偏執，破壞了原本順利的一天。我們「相信苦難是必要的」而開始強迫自己恐慌。如果萬事太平，那就找一些東西來填補它——一些我們活該要承受的東西。

這種假設到底是從哪裡來的呢？通常都與被壓抑的情緒有很大關係。我們累積了那些不被接納、不被處理的感受，最終這些感受就成了我們建立自我認知的基礎。我們一旦執著於某種「自己哪裡有問題」的觀念，並讓自己被這種信念制約（例如：朋友的怒罵，其實是他們自身情緒的投射；一次錯失的機會，往往是為了更合適的安排讓路），久而久之，我們就會被洗腦成「自己不夠好」的樣子。而關鍵在於：這一切的始作俑者，其實是我們自己。

我們之所以會被困在某些僵化的心理結構裡，是因為我們讓外在情境替我們建構了這些框架，而我們從來沒意識到自己其實可以將之拆解。一旦有某個情境觸發了這些記憶，碰觸到某個未被療癒、未被解決的內在傷口，我們很少能冷靜地客觀看待它，而是會下意識地對「讓我們痛苦」的事物發洩情緒。我們的痛苦無法主宰內在的對話，也不能讓痛苦的念頭強迫指使我們。每當我們這樣做時，都會讓這種情緒滲透到我們的意識中，並將其轉化為當前的體驗，把過去投射到現在。

　　你必須要翻轉這樣的思維結構，徹底轉變思維。你要意識到，你所經歷的並不是眼前的事情，而只是你目前主觀、暫時的投射──而在這個投射裡，你應當受苦。

　　但諷刺的是，痛苦的反面不是歡欣，而是接受。反抗只會火上加油。它會讓你回到最初壓抑痛苦時的狀態。反抗痛苦會強化「應當受苦」的思維，你得接受痛苦，以度過痛苦。

　　我們很難相信自己值得幸福，因此竭盡心力去吸引和造成痛苦。這種二元對立是很自然的，也是人之常情，但超越這樣的二元對立，是有益處的。如果你認為這是不可能的，你只會因此而繼續受苦。如果你想繼續將痛苦視為人之常情，那就這樣吧──但現實是，使我們更有人性的，不是毀滅我們的東西，而是用來自我重建的東西。

　　正如馬可‧奧理略所說：選擇不受傷害，你就不會感覺受傷。不去感覺受傷，你就不曾受到傷害。

第 78 篇

練習獨處

寂寞只是一個念頭。

寂寞暗示,你與周圍的人失去連結。你仰賴與他人之間的的互動來了解自己,來認可自己,所以你感到寂寞。

與他人的互動,不在他人如何對待你,而在你如何根據他人的對待來看待你自己。這與我們身邊實際上有多少人,或給予我們多少愛無關;關鍵在於這種愛對我們的意義,以及它如何改變我們的心態,無論我們做什麼,或將心力專注什麼地方。與人之間的情誼,似乎會強化認同感和連結感,但也意味著,我們不僅需要別人的存在,還需要他們的認可、接納。

在一個擁擠的房間,你可能感到更寂寞;在完全的孤獨中,你也可以感覺到與他人之間更緊密的連結。

只要我們是獨立的存在,或者只要我們意識到自己是獨立的存在,我們就會感受到,自己是多麼「寂寞」。基本上,你的寂寞程度高低,完全在於自己的認知。

擺脫「孤單就是孤獨」這種想法之所以重要,主要是在這種神聖的空閒狀態,你會發現一種異乎尋常且難以捉摸的東西。一旦你停止「做點什麼」,只是存在;一旦你不再以為他人和為自己所扮演的角色,來定義自己,你就不會再把自己置於社會的框架,你不再透過與他人的比較來評價自己。你會開始拓展自己的思維模式,不再只受限於那些他人會認可的思維。你不只是開始聆聽自己說話,而是意識到自己是一個活生生的人,而你能聽到自己的想法。

你開始跟自己溝通,溝通的方式比言語所能做到的更為深刻、深邃,也更容易理解。著有反烏托邦小說《美麗新世界》的英國作家赫胥黎(Aldous

Leonard Huxley）曾經說過：「儘管有語言，儘管有智慧、直覺和同情心，一個人永遠無法真正地傳遞任何東西給任何人。每一種思想和情感的基礎本質，仍然是無法被表達和解釋的，它們都被鎖在一個人靈魂和肉身之內的、無法被穿透的保險庫之中。我們的生命，就是一樁永遠被單獨監禁的判決。」

不過，這並不是一件壞事。

它讓你看見了，真實的自己是個什麼樣的人，因為你不再是別人眼中的他人。你只屬於你自己。你的行為不再只是為了符合某種標準，而是開始為了生存、為了活著、為了人性而行動。你沒有意識到，在自己的日常生活中，有多少事情，有多少生硬的行為，都只是為了讓周圍的世界「接受」你，而這些不真誠的行為，讓你跟自己之間的連結產生嚴重的斷裂。

獨處是最重要的練習。它能讓你腳踏實地地回到當下，並幫助你擺脫掉你所認定的「應該」。正是因為這個原因，它既讓人惱怒，又讓人感到自由：它讓你獨自看清自己是個什麼樣的人、做了哪些事；更重要的是，它讓你獨自看清作為一個人的真正本質，好的、壞的、徹底的古怪和醜陋。它讓你別無選擇，只能去思考更大的願景、潛藏的道理、事物的本來面貌。

唯有後退一步，我們才能看清整個結構。

第 *79* 篇

如何養育出
沒有焦慮問題的下一代？

　　大多數人並不覺得，自己拚命控制情緒，因為他們並沒有思考自己的感覺。相反地，他們在想該如何表現得「正確無誤」，這樣他們就不需要再去感覺了。

　　他們想像自己最糟糕的夢魘成真。他們不斷擔心自己要賺多少錢才算得上「成功」、必須限制多少食物才能維持身材，以及反覆推敲其他人給的回應，好讓自己的言行舉止能夠討人喜歡。他們會思考自己在社群媒體上的模樣，例如某些東西是不是「適合」他們，以及他們的家看起來漂不漂亮。

　　他們利用恐懼來監控自己「變好」。

　　我們不認為這些東西是情緒控制，因為它們是我們生活中身體或精神的一部分。然而，如果無法控制自己的情緒，我們就不會去控制生活中的實體事物；我們透過控制生活中的實體事物，來控制自己的情緒。我們認為，如果找到了「靈魂伴侶」，自己就不會心碎；如果有魅力，我們就會受到尊重；如果別人喜歡我們，我們也將永遠地喜歡自己。

　　任何受困於過度情緒化或非理性情緒的人都會跟你說，大部分焦慮和恐慌的根源，是害怕經歷焦慮和恐慌。

　　我們不是拒絕去感受，而是利用其他事情來試圖逃避，以否認自己的感受。一旦沉迷於試圖控制結果、降低風險、確保不會經歷任何「不好」的事情時，我們就不是在活出完整的人生。我們的自我是支離破碎的，只表現出那些暫時令自己感覺良好的部分。

　　這種與情緒失去連結的現象始於童年，是因為「不好的」感覺受到了懲

罰，從而誕生出來的產物。孩子不知道如何調節自己的情緒。他們不了解這些，就像他們不了解自己的身體是如何運作的，也不了解餐桌禮儀是什麼，也不了解什麼叫尊重他人。必須有人來教他們，但很多時候，卻沒有人去教。

相反地，孩子們被教導為，行為出格會讓自己受到懲罰，於是壓抑的循環就開始了。他們學習到父母會在他們「乖」的時候更愛他們，於是他們就封閉起那些他們害怕自己不會被接納的部分。

他們所反應的，是缺乏被愛的感覺。他們本能在追尋的，是父母的愛。如果父母沒有自然而然地給予他們愛，他們就會試圖操控父母對他們的看法，從而創造愛。不幸的是，在這個過程中，他們會跟自己的重要部分產生斷裂。

他們因此長成驚慌失措、愛評判他人、焦慮的成年人，也無法維持良好的人際關係。他們因此認識到控制周圍一切的重要性——如果不要觸發出某種感覺，他們就不需要去處理那種感覺。

想要養育出不會受困於焦慮情緒的成年人的方法，就是成為接受自己的焦慮的成年人。我們必須成為理性之聲。他們聽到的聲音——尤其是在他們最恐懼和最脆弱的時刻——有一天將成為他們腦海中的聲音。想要養育出不會受困於焦慮情緒的成年人的方法，是成為有愛心、善良、不批判的成年人。如果我們希望世界改變，我們就必須改變自己。如果我們想激勵他們處理自己的感受，我們就必須學會處理自己的感受。

在還沒有足夠的情緒智商來應對焦慮的情況下，我們仍然有機會，在有意識的情況下自我成長，從而去理解焦慮。我們可以給予我們的孩子自我認識的禮物，但這樣的禮物，只會來自於我們必須先認識自己。（事情不總是如此嗎？）

第 80 篇

為什麼
我們都需要痛苦？

快樂不能治癒痛苦，這是最大的心理誤解之一。快樂不能治癒痛苦，因為它們存在於同一道光譜的兩端。從生物學的角度來看，我們的快樂和疼痛反應，都集中在大腦的同一部分。帶給我們快樂的「快樂化學物質」，也參與了疼痛反應。英國哲學大師艾倫・沃茨（Alan Watts）說，這是我們為了增強自我意識，而付出的代價。簡單來說：我們不可能只對一種情緒更加敏感，但對其他情緒卻沒有達到同樣深度的體驗。

你知道人們經常說，沒有雨天，就無法欣賞晴天嗎？事實上，如果沒有雨天，晴天也不會存在。這就是所謂的二元性。我們生活在二元性之中。我們因二元性而存在。這聽起來像是一個流行詞彙，但理解這一點非常重要。我們的身體存在於二元性中：我們的肺、心臟、性腺，它們之所以能夠運作，都是因為它們有著相反而對等的另一半。大自然也是如此：它透過創造和毀滅的循環，來維持自身，就像人類的生命一樣。重要的是要明白，我們並不是獨立於宇宙之外的存在。沒有壞就沒有好，沒有低就沒有高，沒有痛苦就沒有生命。問題不在於痛苦的存在，而是無法看到痛苦的意義。

我們相信「快樂」是一種持續的「美好」感覺，正是因為這種信念，我們才不快樂。快樂的人並不是一直「有著美好感覺」，而是那些一直「去感覺美好」的人。他們能夠接受負面情緒的指引，而不是因負面情緒變得動彈不得。

快樂不是「你感覺有多好」，而是你為什麼會有這種感覺。建立在意義和目的之上的生活讓人感覺美好，而建立在貪婪和自私之上的生活也讓人感

覺美好。然而，其中一種比另一種更好。為什麼呢？因為貪婪和自私，是尋求快感以消除痛苦的人們的典型特徵。以意義和目的為導向的工作或意識形態，是那些接受了痛苦，並選擇與之共存，而非與之對抗的人的特徵。前者是破壞性的、無法滿足的；後者的道路比較艱難，但是值得。

我們的痛苦為我們所用，這是一種至關重要的指引力量。一旦不去傾聽痛苦，痛苦就會開始滋長。想像一下，把手放在點燃的瓦斯爐上，會發生什麼事情。你會感到疼痛，是因為身體發出信號，要求你在手燒焦之前將之移開。我們生活中的情緒也一樣，差別只在於，我們知道把手放在瓦斯爐上，會有什麼後果，但我們不知道痛苦的情緒要引導我們離開什麼地方。

我們以為痛苦與快樂背道而馳，卻不知道痛苦是創造幸福的關鍵要素。

要轉變這個想法，首先需要了解的是，本質上，我們並不想要避免痛苦。事實上，很多我們自以為想要的東西，根本不是我們想要的。（有些情感最空虛、對人生最不滿足的人，就是那些我們崇拜的、富有或「成功」的人。）

接下來，就是將我們的目標，從想要超越痛苦，轉變為追求更中性的情緒酸鹼值。有人稱之為「情緒基線的改變」。我們通常會避免實際去調整自己的精神／情緒接受能力，因為這樣做會消除獲得外在「快感」的可能性。我們以為，自己正在放棄會讓自己覺得美妙絕倫的夢想和希望。事實上，我們所放棄的只是會帶來持續快樂的幻覺，轉而選擇真正能為我們帶來持續性快樂的、覺知的轉變。

用最簡單的術語來說，我們稱之為平靜：既不存在對情緒高點的渴望，也不存在對情緒低潮的壓抑。在你將情緒基線從「生存」轉移到「繁榮茁壯」，並且不再關心事物的結果後，你就可以享受每一天所帶來的一切。

一旦你從無止境地追逐難以捉摸的快樂競賽中走出來，就會意識到，自己從來不是奔向更好的東西，你只是想超越自己。你也會發現，只有經歷過痛苦，才能明白這一點。你的痛苦為你開闢了一條道路；它一直都在引導你去了解這件事情。

第 81 篇

所有的關係，
都是你與自己的關係

有趣的是，人類是唯一（已知）會與自己建立關係的物種，但更重要的是，人類是唯一會透過他人，來與自己建立關係的物種。

也就是說：我們對他人的看法，在很大的程度上，決定了我們如何看待自己。

在愛情和友誼中，是什麼將我們連結在一起？熟悉感。你們在內心深處相互理解的感覺。在別人身上看見自己，更重要的是，你知道、看見並感覺到，別人無論如何都愛你、接納你、認同你。因此，你也可以對他人這麼做（我很確定這是一種生存機制）。

最有意義的人際關係，往往是那些讓我們能夠徹底反思自己的，因為這就是人際關係的作用：讓我們敞開心胸。我們只在重大的、舉足輕重的、通常令人心碎的關係中，意識到這一點，但每一段關係都是如此。這就是我們超越基本生存的關鍵：我們如何與他人相處。我們如何與自己相處。

讓我們感到最快樂的關係，往往是我們接受對方對這段關係可能的敘事——也就是我們認為他們對我們的看法。

每當感到被理解，每當認為別人的想法與我們需要聽到和相信的東西一致時，我們就會感到被愛。每當認為某人對我們評價很高時，我們就會感到被愛——他們的所作所為和親切的表現，都是為了證明這一點。

這就是為什麼，不是每個人都可以證實我們很好。只有那些對我們有意義的人、只有那些與我們有身體或心理連結的人、只有那些我們將其視為自己的夥伴的人、只有那些像我們一樣的人、只有那些理解我們的人，才能證

實我們的好。

這就是為什麼「要先愛自己」，是最常見、最令人困惑，卻是任何人都能給出的、最深刻可靠的建議。因為重點不在於感受到對自己的愛，而是在於能夠感受到足夠的穩定，讓你的思維不再局限於他人的敘事中。

這就是為什麼，一旦我們認同了某些人，他們就有了能讓我們痛不欲生的能力。所有的厭惡都是自我厭惡，這也是為什麼我們變得如此容易心碎，我們不會失去別人；我們失去的只是自己對他們抱持的想法。我們透過他們決定了我們對自己的感受——無論是好是壞——所以當我們意識到，他們的心態從愛我們變成愛別人時，我們自身的穩定性也隨之消失了。

你所能做的最自由、最解放自我的事情，就是認識到，我們都是一個集合體，而我們每個人都是反射這道巨大集合體之光的微小碎片，向彼此折射自身需要看見和理解的東西，而折射出來的光永遠是屬於你自己的映照。你所擁有的每一段關係，都是你跟自己之間的關係。每一個讓你感覺回到「家」的人，都只是讓你回到了自己之中。

在旅程的最後，你發現的永遠是你自己。你越早面對自己，就越不需要其他人來填補那些空白（你無法透過把某個人擠進你自身的破碎中，然後指望那能讓你變得完整）。你越早面對自己，其他人的行為就越不會對你造成負面影響——你對自我的思維並不仰賴他們。人際關係並不能為你帶來永恆的、持續的快樂，但你越早能夠覺察到你和自己的關係，就越容易與他人建立關係。

第 *82* 篇

關係更緊密的
十五個小方法

01 | **和他們共度星期天。**不是星期六晚上,那時候一切都熙熙攘攘、吵吵鬧鬧、社交無限。和他們一起共度一個週日的早晨,疲憊不堪、宿醉未醒、毫無計畫。一起吃早餐,不要整理頭髮。無須娛樂,只有彼此。

02 | **保持舒適的沉默。**一起開車兜風,讓安靜時刻自然發生。存在於某人的沉默中,等同存在於他們生命中最親密的部分。

03 | **在狀況不好的時候,打電話給他們。**收下他們的承諾:無論發生什麼事,他們都會陪伴你。告訴他們真相。讓他們安撫你、安慰你。告訴他們,如果他們需要,你也會陪伴他們。信守這項承諾。

04 | **為他們保留空間。**全心全意聆聽他們想說的話。不需要思考自己的回應,不要看手機,不要目光游移。給予他們你全部的能量。沒有比這更珍貴、更神聖、更難得的了。

05 | **聊聊彼此的想法。**你的信念。你對存在所抱持的理論,或是未來五年之內可能會發生什麼事情。不要只討論人、事、物,以及瑣碎的日常不滿。

06 | **閱讀彼此最喜愛的書籍。**交換彼此的書籍——那些被畫出重點、做了記號、因為翻閱過許多遍,而幾乎完全散掉的書。與他們分享一些能

夠敞開你的心房、滋養你的思想的東西。

07 | **一起創造一些東西。**開始做點小生意、寫一篇故事，或畫畫消遣。一起去當志工、打造一張咖啡桌，或重新裝飾各自的廚房。做一些你們為了更偉大的志業而攜手合作的事。

08 | **留意小事。**留意他們最煩惱的是什麼、他們最喜歡的冰淇淋口味是什麼。知道他們在墨西哥速食品牌塔可鐘（Taco Bell）點了什麼餐點，這樣你就能給他們一個驚喜。並不是每個人都天生就注重細節，所以要刻意這麼做。人們對此的感激，比你以為的還要多。

09 | **一起參加各自的宗教儀式或靈性活動。**為了了解對方，請在某個星期日去參加他們的教會禮拜，或向對方展示你如何冥想，或詢問他們的信仰和原因。讓他們成為你的引導者，讓你了解一些原本不會知道的事。了解別人的文化、教條或生活方式，共同實踐何謂相親相愛，這絕對是一件非凡卓絕的事情。

10 | **計畫一趟短程旅行。不一定要很複雜或昂貴。**花一天探索附近的城市或健行。提前規劃，這樣你就有了期待。

11 | **讓他們融入你的其他社交圈。**無論你有多麼深信他們之間沒有任何共通點，也要讓你的朋友們一起共度一個美酒之夜。把自己的生活中所有分開的部分聚集在同一個地方，是一件親密又特別的事情。

12 | **總是出現。**參加他們的產前派對、藝術展覽、畢業典禮和搬家的日子。不是因為這就是「好朋友／男朋友／女朋友該做的」，而是因為，如果你關心別人的快樂，就像關心自己的快樂一樣時，你就會這麼做。

13 | **計畫你們的談心時光。**年紀越大，就越不方便談話到凌晨三點（有工作要做、有雜貨要買、要打電話給爸媽，你懂的）。所以，如果有必要的話，請提前計畫。決定在外過夜，第二天也不安排計畫，這樣你

就可以熬夜睡個懶覺,重溫中學時期的輝煌時光。

14 | **談談你們的家庭以及各自的成長經歷**。與朋友╱男朋友╱女朋友的親友見面是一回事,但聆聽他們的人生故事、實際情況,以及聽他們聊聊那張看起來就有問題的家族合照,則又是另一回事。我不是在鼓勵你毫無必要地揭穿一些家族裡的祕密,而是要你明白,除非你了解他們最根基的事實,否則你不會真正了解一個人。

15 | **暢所欲言**。不要拐彎抹角,不要調整自己的觀點,也不要只呈現你認為「他人可以接受」的一面。如果他們不想要完整的你,不想要真實的你,那麼他們就不適合你。更重要的是,人們可以感受到真誠,並會下意識地將其視為一種暗示,暗示他們也可以自由地做真正的自己。

第 83 篇

你值得擁有更多快樂

　　如果說,所有偉大的事情,都是由一連串的小事組合而成,那麼偉大的一生,就得靠每個微小的時刻去累積與創造。若我們只想著「偉大的一生」,我們就只是在寫故事大綱,而不是每一章節每一段落地好好生活。

　　這就好像我們是為了寫自己的悼詞而活。我們獲得學位和配偶,渴望故事情節和展開的命運合理且流暢,最終能夠寫出優美又令人讚嘆的故事,但那些故事只會講給自己聽。人們真正記得我們的,只有我們是個什麼樣的人、我們愛過誰、我們某時某刻過著什麼樣的生活。其餘的部分——盛大的、重要的、里程碑式的事情並不重要,也許它們從來都不重要。

　　我們錯過了那些時刻,因為我們分心了。我們之所以分心,是因為我們在人群中尋尋覓覓一個人,即使他們身在距離你好幾個小時、好幾個州,或者猶如天邊海角那麼遠的地方。我們之所以分心,是因為那個在我們寫作、創作、抉擇、搭火車或入睡時,總是會在我們腦海裡浮現的人——而我們表現得好像他們和我們在一起,並且以「如果他們和我們在一起的話,他們會說些什麼、有什麼感覺、想些什麼」,來敘述我們的生活,儘管我們知道,自己其實永遠也不會知道他們的想法與感受。

　　總是有一項艱鉅的任務,總是有一份待辦事項清單,但其中卻沒有包含我們真正想做的任何事情。不是為了工作,不是為了功勞,不是出於責任,只是因為我們想要快樂。總是要多一次升遷、再一次搬家、多找到一段美妙的愛情,我們才能快樂。

　　但我們沒有。我們不去選擇。我們不認為自己值得擁有。我們繼續在尋找、繼續在敘述、繼續在生活,彷彿有朝一日,可以實現所有這些宏偉的幻

想，和對自己的承諾，而現實是，除非我們今天停下腳步，否則我們將永遠生活在對明天的期盼中。這些都是白日夢。它們是不存在的願景、希望和課題。在開始思考過去或未來的那一刻，要意識到這只是對一件事情的想法，一個當下的想法。一個我們正在錯過的當下。

明天永遠不會改變我們。工作永遠不會改變我們。感情關係也不會。我們的問題，會隨著生活中事物的變化而變化。我們所面對的問題，反映了自身的問題、我們討厭的人；反映了我們對安全感的缺乏。無論有多少事情來來去去，我們都會因為同樣的原因，面對同樣的問題，痛恨同樣的人，並且永遠不會停下腳步意識到，我們痛恨的不是他們，而是他們迫使我們認識到的、我們自己的一部分。

你必須停止為了「別人會如何記得你」而活。不要再告訴自己為了「別人看了會開心的故事」而活。那是一則空洞、毫無生氣的故事，一旦你這麼做，它會剝奪你最想要的東西。最重要的是，你要做讓自己快樂的事情，你要明白，你的快樂是你自己的選擇，也是你一個人的責任。它不在某一天、某一份工作、某一段關係或某一個改變，它就在現在。唯一要做的工作，就是清除阻礙你實現快樂的障礙。唯一必須發生的改變，就是你自己。

數以百萬計的微小時刻，才是最重要的。這無關乎有沒有工作，而是關乎你是否擁有自己想要的生活；這無關乎有沒有擁有某一個學位，而是關乎你終於感受到與寂寞相反的感覺的那些夜晚；這無關乎擁有一段感情關係，而是關乎與他人合而為一；這無關乎過著別人可以輕鬆地為之總結的生活，而是關乎擁有一種生活，在這種生活中，數以百萬計的時刻相互建構、相互印證，而你追隨它們，並擁有更多。你不會在那裡，聽到它們講述你的故事和悼詞——你只要在此時此刻身在其中。

第 84 篇

如何獨立思考的八個步驟

你一天中經歷的大多數想法,都不是獨一無二或自己產生的。我們的思想就像電腦程式:它們會尋找、重複並相信別人告訴它們的事情。

很少有人會意識到,自己的思維受到了多麼深的限制,他們認為自己的想法和隨之而來的感受,是自己的一部分(因此他們會充滿激情地捍衛它們)。學會獨立思考,是你必須有意識地選擇的事情,而很少有人會這樣做。以下是引導你完成這個過程的幾個步驟——假設你是一次剖析一個想法(或觀點)的話:

01 | 解讀觀點的來源。回想一下自己第一次經歷它的時候。

舉例來說,如果你記得在二年級時,聽到有個家長說,任何支持墮胎的人,都是殺人犯,那麼你可能對此有非常強烈的反應,畢竟當時你才七歲。弄清楚自己的思想、想法和信念的起源,你會發現它們往往不是你自己的認知或發現,而是別人強加的。

02 | 確定你的證據是基於情緒還是理性。

你的觀點或想法的支持論點是什麼?如果它們是基於情緒的,那麼這些感受是你自己的還是別人的?如果兩者都不是,那麼支持你信念的事實是什麼?

03 | 問問自己，這個觀點對誰有利。

除了你或人類的共同利益之外，還有任何人（或任何事物）會從中得利嗎？

04 | 考慮為什麼對立的觀點可能是合理的。

這可能是最關鍵的部分，很少有人有足夠的能力去思考和討論相反的想法，而不會感到絕對的憤怒（一旦過度深入地認同自己的想法，就會發生這種情況）。無論如何，認真地坐下來，嘗試了解反對意見的邏輯、理由，或恐懼，而不要妄下判斷。

05 | 認清自己為什麼會有這樣的感覺。

除非你是該主題方面訓練有素的專家，否則你對自己的觀點所抱持的任何強烈情感，通常都是個人看法（因此讓你無法客觀和務實）。要真正了解一個細微的問題，並對它產生極為強烈的感覺，需要花上數年的時間，並進行大量的研究（以博士候選人的標準來說）。

06 | 研究。

如果你像自己所聲稱的那樣，對某個特定想法充滿激情，那麼就去進行研究，並確保你的想法並非毫無根據。然後密切關注一些信譽良好的報紙、公正的新聞來源和研究中心，讓自己隨時了解世界上正在發現和討論的內容。

07 | 問問自己，如果世界上每個人都像你一樣思考，結果會是什麼。

這是判斷一個想法是否只是用來滿足你的自尊心的最佳方法。

08 | 想像一下最理想的自己：如果不是這樣，那個理想的我會怎麼想？

想像最完美的自己，會對某個問題說些什麼，這是一個很好的方法，可以幫助你決定思維模式應該轉往什麼方向。

第 85 篇

領悟無法回報的愛

　　一段感情關係的意義，不是要得到完美或永恆的愛。它不是要用來滿足並實現我們的每一個突發奇想和願望。它不是為了要讓我們的人生變得完整，也不是為了讓我們的心智與情感，不斷靠著那些讓人沉醉的荷爾蒙刺激來維持所謂「愛的感覺」。一段感情關係的意義，並不是全世界對你說：「你值得被愛，有人可以證明這一點」。

　　一段感情關係的意義，在於讓我們完整地看見自己。它是為了讓我們看見我們無法察覺到的部分。一段感情關係的意義，在於激怒我們、讓我們歡欣雀躍、將我們摧殘殆盡，如此一來，我們就能看到什麼讓我們憤怒、什麼讓我們興奮，以及我們需要在哪裡給予自己愛。一段感情關係的意義，不是為了修復我們、療癒我們，或讓我們完整和快樂；而是為了讓我們看到自己的哪些地方需要修復、哪些部分仍然破損，以及也許是最殘酷的：除了我們自己之外，沒有人可以完成這項工作，或者讓我們快樂。

　　我們之所以會選擇去愛那些無法回報我們的愛的人，是為了告訴自己，我們其實值得被愛。我們選擇這些人，是因為他們代表了我們不愛自己的那些部分——否則我們為什麼要把時間，浪費在那些無法回報我們的愛的人身上呢？我們之所以會選擇愛這些人是因為，他們是唯一與我們共享足夠深入親密連結的人，這種連結可以喚醒並照亮我們最黑暗的角落，而也只有他們可以離開，留下我們去該做事情：自己去解決、實現、療癒那些地方。

　　讓人們陷入困境的不是愛的本質，而是愛的目的。我們大部分的煩惱只是因為從來沒有人告訴我們，愛會不斷地傷透我們的心，直到我們的心房敞開，而我們會一次又一次地投入愛的懷抱。

我們的人生伴侶，是那些在我們心房敞開以後，出現的人。我們更大的愛，是在我們認為自己已經失去了它們之後，才會出現的愛。它們是在我們準備好之後、在我們已經清除了損害和殘磚碎瓦之後、在我們學會了愛自己的意義之後，才會出現的。在這個過程中，我們體會到，愛是分享我們已經擁有的，而不是依賴別人為我們補充的。在這個過程中，我們體會到，愛那些無法給我們愛的回報的人是多麼重要。他們從來都不是故意的，剩下的只取決於，我們需要多長的時間才能意識到這一點。

第 86 篇

不是每個人都會
以你理解的方式來愛你

在我們的感情關係中，有如此多的緊張會變成摩擦，而有如此多的摩擦會創造出潛在的問題，然後在我們的關係中爆發。這些都與我們感知愛的方式、我們期待愛的方式，以及我們認為自己理應得到的愛與實際得到的愛——以及很多時候，所付出的愛——是否對等有關。

對許多人來說，是否愛上一個人並不重要，重要的是兩個不同的個體，如何愛上對方的方式。人們說，我們不應該有一丁點的不確定感，於是各式各樣的想法就出現了：

「他們太年輕了。」

「沒有這種或那種毛病的人可能會出現，而且會比現在的對象更好。」

「外頭還有更棒的。」

「前任更合得來。」

「遠距離。」

「對承諾的恐懼。」

「時機不對。」

「那些讓人分心的事物。」

「想嘗試其他事物的衝動。」

我們每個人知道自己在這些想法中徘徊的感覺，我們都被困在兩者之間：想好好愛上一個人，但又想要做出其他選擇。

問題是，我們很少意識到，心不是單一功能的機器。你不能把人放進去，然後就指望能療癒傷痕。你必須意識到，很多時候，困難的地方在於，

我們選擇離開，即便我們愛他們；我們選擇爭吵，即便我們愛他們；我們做了錯事，即便我們愛他們。而這並不是因為我們不夠愛他們，而是這些事情，都可以在我們的內心共存，一種愛的存在，不會使另一種愛消失。但它也無法從根本上療癒傷害。它只能稍稍掩蓋傷口。

我們可以預期，自己的心可以容納不止一件事、不止一個人、不止一種感覺——但我們不能預期它們都能完美共存。愛會成長，它會讓你由內而外成長。它拓展了你，但這樣的拓展並不會消除掉之前存在的任何其他東西。

所以它看起來，並不總是如我們所想。在我們的內心裡，有隱藏的空間和深度，而每當愛產生出能夠穿透我們那些部分的回音時，它有時會以不同的方式出現。

有些人愛得無聲無息。有些人在愛的時候，並沒有意識到自己已經戀愛了——愛看起來一點也不像愛。它被恐懼所掩蓋，被迫展現寬恕，並在憤怒和失望中表現出來。愛有時是在某人離去之後，無法再看對方一眼；有時是無法停止想念；而大多數時候，是無法以任何一種方式告訴對方。有時愛會像某些父母一樣懲罰我們，試圖強迫我們服從，卻沒有意識到，你不能透過羞辱使人改變。他們之所以表現出憤怒，是源於自尊心的運作機制，而不是源於愛。就算我們找到了另一個適合自己的人，我們本質上也不會是完整的。沒有人可以為我們做到這一點。我們必須自己填補這些空間。

所以愛有時會被誤解。但欣慰之處在於，我們知道，這不是我們對愛的誤解，而是我們如何讓這些誤解敞開我們、拓展我們。你讓愛，以及所有它被變形與玷汙的扭曲方式推動了你，使你改變自己和自己的生活。你最終會意識到，是愛創造了你，而不是失去愛所帶來的副產品——痛苦。這不是別人沒有給予你的愛，而是你必須在自己身上找到的愛。

唯一重要的是，我們要讓愛發揮它應有的作用：給予我們更多的愛，即使——也許特別是——這意味著，我們必須為自己爭取愛。有時候，我們會選擇能讓我們看見自己隱藏的一面的人；有時候，我們會選擇那些會傷害我們的人。或許只有這樣，我們才能了解自己的內心，而這往往也是我們愛自己最誠實、最美麗的方式。

第 87 篇

如何馴服你內在的惡魔？

我曾經以為，要馴服內在的魔鬼，是一種超越它們的過程。我曾相信，那個不斷啃噬心智的「我不夠好」的念頭，會在我擺脫對自己的主觀想像之後自動沉寂，因為內在的魔鬼本來就不是建立在現實基礎上。

我們內在的惡魔會攻擊我們的痛處。我們害怕別人把我們看成什麼，魔鬼就會不斷把我們描述成那個樣子。它們會讓我們困在某個地方；在那裡，別人的看法就是我們的現實。當然，那些看法是屬於別人的，而這些擔心是我們製造的。

我以為，只要不再分析自己的生活，開始體驗自己的想法和感受，而不是用想法和感受去取代完整的我，內在的惡魔就會消失。但我逐漸意識到，你的每一部分都必須齊心協力地努力。而一旦做一些需要思考處理的事情時，就會又回到原點。

沒有什麼需要克服的，也沒有什麼需要忽視的。我們只需要承認和理解，然後換一種方式去培養。因為思維是培養出來的，因此它最終是一種有意識的選擇。我們可以改變它。如果不這樣做，我們就會繼續受制於別人的行為。我們不理性的內在惡魔，就是阻止我們活出真實的自己。當這兩股力量相互碰撞、彼此干擾，我們會發現自己陷入焦慮和憂鬱的深淵，因為有些東西會試圖從我們身上掙脫出來，而有些東西則阻止它這麼做。

這種情況的的解藥，就是自我覺察。一旦你意識到，自己的想法來自非理性和恐懼，你就已經開始削弱它的聲音。一旦你發現，自己不需要聆聽那個聲音，而那個聲音也不是真正的你，你就不再需要被它控制。

你會開始明白，自我懷疑乃人之常情。非理性的恐懼也是。這並沒有任何奇怪或不對的地方。這只是我們的天性。如果想要超越它，就要開始有意識地選擇。選擇要吸收什麼、要如何安排自己的生活，以及我們要花時間去做什麼。我們要賦予事物什麼價值和意義，以及賦予多少價值和意義。

　　我們不需要一輩子都遵循人之常情。我們允許自己被腦海中每一個自我貶低的想法所占據的時間越長，就會繼續將自己鞏固在那些信念之下，最終它們就會成為現實。

　　這不並是要我們相信，有一天，我們將永遠不再對自己產生評判的想法。這也不是在說，我們將永遠不會在乎別人的想法。人類的這些面向是普遍的、不變的，而且是有原因的。但是這些原因，與我們尋找快樂無關。我們必須為自己做出選擇。我們永遠不會不在乎，也永遠不會聽不見它們的聲音。關鍵只在於，我們是否會根據這些聲音而採取行動。

第88篇
為什麼我們拒絕正向思考？

人們之所以將自我幫助或正向心理學視為「不入流」，一個很大的原因是因為，它看似難以實現。正向思考看起來很簡單，那麼為什麼我們卻很難做到呢？

說起來，答案很簡單，因為正向思考沒那麼容易：在我們的潛意識中，對正向思考有很多偏見，而這些偏見在經過長時間的累積之後，就會強化你的負面信念。要轉變到更正向的心態，就必須克服最初的時期，也就是憤怒與懷疑。以下是我們拒絕正向思考的幾個原因：

01｜我們認為正向思考很天真。

我們錯誤地把「負面心態」與「深度」連結起來，因此意識到負面（或冷漠、情緒低落或消極）也意味著「很酷」（這就是為什麼我們認為學校裡那些「很酷的孩子」都是一副滿不在乎的模樣）。

02｜我們不斷強化潛意識中的負面信念。

形成個人信念的本質是，以經驗證明我們的想法是對的。我們下意識地尋找證據，來支持我們不斷產生的負面想法，即使這件事情不可能辦到。

03｜我們對世界上的負面事物感到著迷，因為我們不理解它。

因為我們不了解痛苦和負面心態的目的和原因，所以我們覺得它是未知的、神祕的，因此更需要關注。我們對於那些自己不理解的事物的張力感到著迷，因此到頭來，我們會因為不停關注它，從而助長了它，使得它越來越強烈。

第 89 篇

不抗拒的哲學

西方禪學復興運動於五〇年代開始時（許多人認為艾倫・沃茨的作品啟發了這場運動），它完美體現了古老教義對人類的期望：將之納入我們的生活方式中。然而，在翻譯的過程中，卻遺失了精髓。我們開始從個人的角度，來詮釋靈性，而它並不是為此而設計的，我們沒有意識到自己正在這樣做，因為我們只知道這種做法。

以「不抗拒」的概念為例。根據我們的理解，它是有意識地釋放掉對結果的期望和執著（道家認為，這是所有痛苦的根源）。

然而，我們並不真的了解不抗拒的意義，因此我們將其視為一種「自我投降」，其中我們將「放手」的想法漸漸演變為「放棄控制生命，任由所有事情發生，無論那件事情有多可怕！」靈性是「被動」和「懶惰」的錯誤觀念，就是這樣產生的。

不抗拒的實踐方式，就是在你生命中能控制與不能控制的事情之間，取得微妙的平衡。用比喻來說，就是順水行舟，而不是逆水行舟。這並不表示要放棄所有的控制或努力，而是更有智慧地運用它。

這是一個對「自我的本質」典型的描述方式，但正如傳統文化所教導的，自我並不是「壞」的（這是西方的另一個刻板印象）。自我有一個絕對重要的意義：讓我們辨識出自我，且臣服於它，僅此而已，而不是臣服於我們的恐懼和缺乏覺知。在這種情況下，我們必須意識到，不抗拒之道，並不是要完全屈服於生命中的「任何」事。相反地，要明白如何施加控制，並意識到「命運之流」比我們更強大的事實。我們可以選擇打一場必輸的仗，或是讓自己順水而流。

第 90 篇

當你覺得
自己不值得被愛的時候

　　我們相信，對自己殘忍是一種自我保護策略。我們挑出自己的缺點，設想別人可能會認為我們能力不足，我們老是想著會遭到嚴厲批判。但這麼做，永遠不會讓我們變得更堅強。也不會因為先批評自己，就能夠避免別人批評我們。即便在別人說出口之前，就已經預先相信了他們可能會說的話，但這不會讓我們因此有招架的能力。

　　你必須停止相信，你需要別人的允許才能覺得自己很好；你必須停止相信，你需要符合別人的價值觀，才能確定你的價值；你必須停止相信，你值得他人多少善意，取決於世界是否對你表現出善意；你必須善待自己，即便當你覺得自己最不值得的時候。

　　用別人可能指責我們的言語，反覆自我灌輸，並不會讓我們麻木。這只會讓我們相信我們理當受到指責，而那些指責是合理的。此外，某人是否會對你表示認同和讚賞，是有很多變數的，而你幾乎不可能顧慮到每件事、每個人。如果要尋求認同，那就需要確定性。而我們在自己身上找不到那種確定性。

　　但是人們的觀點，尤其是負面觀點，很大一部分是他們知道自己沒有什麼也無能為力做什麼。你必須停止將自我價值建立在他人的不安上，而是要建立在你的信念上——無論你需要花多久的時間才能找到它們。我一直都知道，我不是因為認為自己不值得，才扮演起自我的反派。真正的原因是，我害怕被別人傷害。

唯一能讓你真正獲得痊癒，或找到真正滿足感的方法，就是像某個愛你的人一樣去敘述你的生活。因為你應該愛自己。所以今天，我因為一些關於寫作的事情，對自己感到沮喪時（因為生活有時就是這樣），我本來打算傳訊息給一個朋友——她總是鼓勵我，並告訴我要堅持下去，但卻意識到：為什麼我不能對自己說出那些鼓勵的言語？為什麼我要等別人來告訴我這些話？這不是說我不該感謝她的鼓勵，而是為什麼我重視別人的想法和意見，多於重視自己的想法和意見呢？

　　這是一種思維的轉變。從這個角度來看，這是一種有意識的選擇。它是選擇尋求幫助、選擇離開、選擇結束一段關係、選擇重新開始一段關係。它是餵飽自己，並確保自己有足夠的睡眠。它是溫柔地、不斷地提醒自己，你會沒事的；不是因為你有妄想症，也不是因為大家都這麼說，而是因為所有人到頭來都會「沒事」的。不是因為其他人告訴我們會沒事，而是因為我們自己發現了這點，並學會相信。

第 91 篇

十五種最常見的認知扭曲

善於思考，是指客觀且以事實為基礎的思考方式。人類大腦天生就有肯定自己的功能，我們會找證據來支持我們最想相信的事。除非我們的潛意識是清晰的，否則我們都是這樣建立我們最信服的信念。如果我們從小就認為自己受到社會排斥，我們就會一直尋找證據，來證明同儕其實不喜歡我們。

就像大多數的事情，認知扭曲會以一定的模式出現。我們每個人都會遇到困擾我們、讓我們著迷，或是讓我們恐慌的事情，事實上，你可能會因為這些事情竟然還有專有名詞，而感到安慰。一九八一年，馬修‧麥凱（Matthew McKay）博士、瑪莎‧戴維斯（Martha Davis）博士，和派崔克‧范寧（Patrick Fanning）準確地概述了有哪些認知扭曲[28]，以及它們的表現方式。

以下是十五種最主要的認知扭曲類型：

01 | **心理過濾**。心理過濾是選擇從特定觀點理解全局。把負面細節放大，同時過濾掉正面的面向。挑選出單一細節，並以此來渲染整個事件，將「好」和「壞」的經驗分開來看，因此，它們變得比現實更巨大、更可怕（或更好）。

---

28 請參閱：Davis, Martha; Fanning, Patrick; McKay, Matthew. "Thoughts and Feelings: Taking Control of Your Moods and Your Life." 2011. New Harbinger Publications.

02 | **兩極化思考。**這種認知扭曲的特徵，就是過度依賴二分法。事情不是好，就是壞；不是對，就是錯，沒有中間值。它就是以極端的角度去看待一切，而對中間地帶視而不見。這種傾向在自我認知上表現得最為明顯：你不是完美，就是失敗。

03 | **以偏概全，過度類化。**你會根據單一證據或單一經驗，得出總體結論。如果不好的事情發生一次，由於害怕它會再次發生，你就會對其產生擔心受怕，這樣你就可以為它「做好準備」。伴隨這種思考方式，你經常使用「永遠」或「從不」等字詞。這種認知扭曲，可能會導致生活受到限制，因為你會以單一事件或例子的失敗看成永遠，從而迴避掉許多經歷。

04 | **讀心術。**你會假設自己知道別人的感覺，以及他們為什麼會這樣做，尤其是涉及他們對你所抱持的感覺時，這通常是來自你自己的投射和偏見。你只能從自己的角度出發，來理解別人在某些情況下的感受及反應，因為除此之外的理解方式，你並不熟悉。

05 | **災難化推論。**明明只是隨機的情況，但你卻誤以為這暗示了最壞的災難性結果即將發生。這是一種症狀，表示你不相信自己，也不相信自己有能力去適應改變。如果在你的想像世界中，最壞的事情總是在發生，那麼天底下就沒有任何事情可以讓你震驚或驚訝。

06 | **個人化。**你會把所有發生的事情，都解讀為會影響到你、牽涉到你。你認為人們所說的、所做的，或所推斷的一切，不是在支持你，就是在反對你。你不知道除了你之外，還存在另一個更廣大的世界。這個認知扭曲的症狀還包括，你試圖將自己與他人進行比較，彷彿別人的智慧或吸引力是屬於你的。這個思維的根本謬誤是，你將每一次經驗、每一次談話、每一個眼神，都解讀為自我價值和自我意義的線索。

07 | **控制謬誤。**關於控制的謬誤思維有兩種運作方式：你要不覺得自己完全被外部控制（你認為自己是無助的，或是命運的受害者），要不你

覺得自己的內部需要控制一切，也就是說，你認為自己對周圍每個人的痛苦和快樂負有責任。這兩種情況產生的症狀，通常都是沒有以健康、有成效的方式來掌控自己的生活。

08｜**公平謬誤**。你相信什麼是公平、正確、公正的，而別人不同意你的觀點是唯一的問題。你不明白真理是可以共存的，而且你認為自己的觀點是合理的（經驗證明它們是合理的），於是你假定它們對其他人來說，也是合理的；而只要他們採納這些觀點，遇到的問題就會迎刃而解。

09｜**怪罪**。這與自我投射是同一系列的問題。怪罪他人時，你會認為每個人、每件事，都要為你的痛苦負責。相反地，當你怪罪自己時，你會把所有問題都歸咎到自己身上。無論如何，這是一種某人或某事一定得為問題負責的認知扭曲。

10｜**理所當然**。你有一張清單，列出應該做什麼、不應該做什麼，而你從小到大，都相信這些規則是無庸置疑的。這些規則，是透過文化、家庭、宗教、學校教育等強加給你的。違反這些規則的人會惹怒你，而你也會盡一切努力，避免自己這樣做。因為你相信，這些規則是毫無疑問的，所以你把自己，放在一個能夠評斷和挑剔周圍其他人的位置上。

11｜**情緒化推論**。你相信，自己的感受毫無疑問一定是真實的。如果你感到無聊、不被愛、不聰明、不成功──即使是暫時的──你也會認為這是真的，因為你已經感受到了。許多內在衝突，都是因為無法在我們的情緒與思考過程之間找到平衡點。

12｜**改變謬誤**。你期望他人可以改變，而且他們也必須改變，因為你對幸福的期望，就取決於此。這會導致你給別人很大的壓力，而實際上，你只是在腐蝕自己與他們之間的關係。這種思考方式的基本假設是，你的快樂，取決於他人的行為。但你的快樂，其實取決於你一生中所做的成千上萬個大大小小的選擇。

13 | **標籤化**。你將自己在小小社交圈中看到的一、兩個特質，概括為對全人類的判斷。標籤化創造了一個刻板且單一的世界。以這種方式給自己貼標籤，會妨礙你的自我評價；以這種方式給他人貼標籤，會導致關係問題和偏見。

14 | **永遠正確**。你覺得自己似乎總是在接受考驗，所以你證明自己的觀點、行動和選擇是正確的，或至少比其他選項更正確。你不會與犯錯和「壞」連結在一起。你對正確的渴望，導致思想封閉，因為防禦心態，而無法考慮其他想法──那說不定是一個更有見地的想法。

15 | **善有善報，惡有惡報的謬誤**。你想像有人正在記錄你生活中所有錯誤和正確的行為。你期望自己的犧牲、行善或克己，會得到回報，即使沒有明確、合乎邏輯的方式表示這件事情會成真。即使不喜歡，你也會不斷地做「正確的事」。這會讓你身心俱疲，因為犧牲和克己並不一定會得到實際的回報。

第 92 篇

比身體外貌更重要的
一〇一件事

01｜對那些無法為你做任何事的人，你能多友善？

02｜你知道一個事實：在你死後，人們最不記得的，就是你的褲子穿幾號。

03｜我們皮囊之內的東西，比皮囊之外的東西，或皮囊本身，更為真實。

04｜知道別人對你的外表或褒或貶的評價，並不會讓它產生任何或好或壞的改變。

05｜你能多麼風度翩翩地接受有些事情就是不適合自己。

06｜你有多麼願意為了現有的事物而奮鬥。

07｜不以貌取人。

08｜你接受別人的本來性格。

09｜我們的身體能做的最偉大的事情，就是乘載我們，讓我們能為需要我們的人付出。

10｜你可以隨時隨地、隨心所欲地品嚐自己最喜歡的食物，犒賞自己。

11｜在世上，沒有什麼是永恆不變的，尤其是我們的身體。這是一趟長途旅程。你的身體正努力乘載著你暢遊其中。人們會隨心所欲地評價你，但他們對你的評價是他們自己要去消化的，而不是你要去處理的。

12｜我們真正需要的，是他人無條件的愛和接納。也許不是每一個人。也許沒有很多人。但原則上，會有某個人能給你。我們給予他人愛和接納的能力，遠遠超過給予時我們看起來的樣子。

13｜你可以品嚐披薩。你值得好好吃一塊披薩！

14｜你不能只在你想要的標準時，才對它感到滿意。有時候，你會在非常不舒適的環境中，找到自己的舒適；以及你知道，自己沒有責任去因為別人的舒適與否，而做出改變。

15｜你充分理解一個人，同時用行動表示你的理解。

16｜你可以擁抱自己的寵物，和他們依偎在一起。

17｜你可以支付自己的帳單。

18｜事實上，我們確實擁有內在導航。每當我們感受到一股無法解釋的拉力時，我們就會追隨那股力量，因為它們所知道的，遠遠超過我們大腦所能想像的。

19｜如果（某些）人願意的話，他們可以創造出另一種生活（這本身就是一個驚人的奇蹟）。

20｜你可以游泳、奔跑、哭泣、尖叫、跳舞、漂浮在水面上，感受到無重力和自由。

21｜你的嘴可以告訴那些你愛的人，你愛他們⋯⋯

22｜⋯⋯也用來親吻其中的一些人。

23｜你能夠不斷進化和改變。

24｜你可以為自己做出聰明的決定。

25｜原則上來說，你是有意識的。

26｜你知道如何放手，並好好享有一段超級美好的時光。

27｜你可以放下執著，並擁抱事物原本的模樣。

28｜美是無法量化的。

29｜你意識到食物不是敵人。

30｜你了解我們對美的看法是多麼矯揉造作，它是如何悄悄地烙印在我們的腦海中，我們有意或無意從照片、他人的評語，以及來自同儕和各種大師那邊被灌輸美的看法。

31｜你永遠不必接受對美的狹隘定義。

32｜你明白因為你愛自己，大家就會更愛你。

33｜你知道，愛自己，意味著接受自己的不完美。

34｜你可以透過自己的經驗、學習，以及任何讓你感到真實的召喚，來培養自己的信念。

35｜你可以，也確實會，為自己做出決定。

36｜當被動不再是一種選擇時，你可以為自己挺身而出。

37｜當被動不再是一種選擇時，你可以為他人挺身而出。

38｜只有極度自卑的人，才會評論別人的外表。這樣的行為來自內心深處、非常缺乏安全感的地方，你不應該對這樣的人生氣，而應該向他們表達關愛，因為他們需要。

39｜事實上，你可以閱讀你最喜歡的書，現在就可以開始做。

40｜你的身體，可以幫助你做一生中最喜歡做的事情。你的雙腿讓你旅行，你的手臂讓你擁抱所愛之人。

41 | 你永遠不會知道，人生道路的前方，有什麼遠大的事物存在；以及儘管未知或許看起來很可怕，但你無須恐懼。正是因為難以捉摸，所以事情真的發生時，你才會有驚喜。

42 | 你能對自己多誠實？

43 | 在面對他人時，你能多誠實地做自己？

44 | 你可以和孩子一起玩耍，告訴他們（並且表現出來）你愛他們。

45 | 你可以感受到快樂和喜悅。

46 | 你可以感受到悲傷和痛苦，並且從中成長和學習。

47 | 你體驗到一股前所未有的興奮，因為你意識到過去看似行不通的事情，有一股神祕力量，要把你帶到完全正確的地方，一個遠遠超出你所想像的地方。（如果現在還沒發生的話，之後會發生的。等著瞧吧。）

48 | 你有能力慈悲和同情，即使有時並不是天天如此。

49 | 擁有一雙眼睛，看見你一生的摯愛；有一雙手握住他；有話與他交談；有直覺知道他是你的靈魂伴侶；用心去理解他的認同。

50 | 你的工作表現有多好？

51 | 你堅持自己的信念。

52 | 你有多麼強烈追求自己的志趣。

53 | 你能多真誠地自我解嘲。

54 | 你願意多麼誠實面對自己的缺點，不會視而不見。

55 | 我們每天都會去做的，帶有善意和勇氣的小小舉動。這可能是我們活著的唯一目的。

56 | 你有多常撥出時間，做自己想做的事情，而不是別人期望你去做的事情。

57 | 你停止批判和責備別人不完美的地方。

58 | 你可以聽自己喜愛的音樂。

59 | 或者，就算聽不到音樂，你也有能力感受到音樂帶來的振動。

60 | 知道自己缺乏某種感官、某種天賦、某種能力，並不會降低你的重要性；反而會讓你成為一個比別人更能接受挑戰的人。

61 | 了解到追求外表，終究是徒勞的――我們最終都會下垂、長皺紋和老化。

62 | 清楚知道你不能將健康與外表畫上等號。

63 | 清楚知道你沒有權力透過外表來判斷別人的健康狀況。

64 | 你可以用身體來做最喜歡做的事情（寫作、跳舞、唱歌，隨便什麼都行）。

65 | 你可以擁有身體來做愛：在你想要的時間、地點，進行美好的、雙方同意的、狂野的性行為，而且絕對不是為了任何其他原因。

66 | 你的身體不是他人的消耗品，而且沒有任何理由，可以對它做一些不會讓你感到快樂，卻取悅別人的事情。

67 | 社會對於外貌的看法，並非是你的錯；但你確實有責任且有意識地去反抗這種看法。

68 | 所愛之人最受傷，並且需要安撫的時候，你知道該說些什麼。

69 | 你知道什麼時候應該閉嘴，只是陪伴在他身旁。

70 | 你知道如何哀傷和悼念那些無可避免的、總是會過去的事情。

71 | 你知道如何擁抱和享受那些無可避免的、總是會過去的事情。

72｜你將不需要的東西捐贈給非常需要它的人。

73｜你不會將別人有侷限性的、殘酷的話，當成你自己的話。

74｜你自己賺錢，然後用你覺得合適的方式花用。

75｜你有多常向所愛之人表達你的愛意，在你還擁有他們的時候，每一天，用各種方式。因為你永遠不知道下一秒會發生什麼事。

76｜需要做出犧牲時，你就做出犧牲。

77｜你有能力感受到溫暖、聞到兒時家園的氣味，並讓你的五感扮演發射器的角色，讓你想起可能已經忘記的人事物。

78｜你擁抱愛，無論愛有多可怕。

79｜你是一個誠實的人：無論是話語、承諾、工作，或內心。

80｜需要道歉的時候，你能夠把自己的自尊心放在一旁，好好道歉。

81｜你的道歉有多真誠──這可以看清一個人。

82｜最需要好好照顧自己的時候，你能照顧得多好？

83｜你製作禮物、燒錄一張音樂選輯、寫筆記、寄信給他人，只是為了讓他們露出微笑。

84｜你有多真誠地將所有人視為平等？

85｜你不再為了做想做的事情而道歉。

86｜只要選擇去追求，你就會意識到自己的心靈能力沒有極限。

87｜樂意相信自己的直覺判斷。

88｜你的生活中有一些真正能夠讓你快樂的小事。

89｜你們陷入僵局，而有一方需要妥協時，你有勇氣後退一步，進行和解。

90｜你可以為他人的成功感到喜悅。

91｜而且不因他人的失敗而感到喜悅。

92｜有人給你那種非常具體的「我愛你」的眼神時，你的身體有能力去理解；而且你也知道，有人願意給你這樣的眼神，是多麼幸運的一件事。

93｜你一生都在做一些有意義的事情，而不只是追求當下的快樂。

94｜你意識到在幫助別人之前，你要先幫助自己。

95｜你了解這篇文章的最後兩點是如何相互矛盾又相互必然的。

96｜你給自己充足的睡眠。

97｜還有足夠的蔬菜（嘮嘮叨叨的實在很抱歉，但這件事情真的很重要）。

98｜你對自己的身體有什麼感覺。

99｜你原諒那些因為你的身材而對你殘忍的人，並了解他們也受了傷，而人們只會猛烈攻擊那些挑起內心創傷的東西。

100｜你原諒自己傷害過自己身體。

101｜你寫出這些曾經的傷害，並分享出去。

第 93 篇

生活之禪

我們對能夠指引心靈的系統——無論是否涉及宗教信仰——最大的反感，往往都是（自己認定）這些系統沒有用，從而產生懷疑。

我們會相信生活類型的雜誌、部落格文章和文化規範。只因為對我們來說，它們是有道理的。一旦我們可以輕鬆地應用在生活的問題上，它們就變成了不證自明的「真理」。

但一旦開始相信之後，我們不會去考慮其來源、意圖或長期意義。如果我們的個人哲學，基本上只是不分青紅皂白地照著他人告訴我們的去做時，最後，我們服膺的對象就會變成了消費主義、自我的偏執、誤入歧途的宗教人物，或他人的控制欲。

儘管禪學是佛教教義的衍生，但它只是一種自我覺察的藝術。它並沒有規定你應該有什麼感覺或相信什麼，你應該成為什麼樣的人或做些什麼……只有你應該對自己的經驗保持覺知，並完全沉浸其中。

正因為如此，禪學原則具有普世性——基本上來說，它們可以適用於任何教條或生活方式。以下是禪宗的七條古老教義，以及如何在現代世界中運用這些教義。

01 ｜ 你的經驗是由你的思想所建構的。

瑜伽行派[29]的論述，本質上解釋了我們的心智感知如何創造體驗。因此

---

[29] 譯者註：大乘佛教宗派之一。主張一切現象都是心識所轉化變現。只有心識是真實存在，現象是幻有。也稱為「唯識宗」。

必須意識到，即使有著自己的性情，仍可以透過轉移和選擇關注的地方，來創造不同的體驗。我們從小就相信，無法選擇自己的想法，但事實上，我們是可以的。並非每一個恐懼感或負面想法，都是在邀請我們去探索它，以達到一個確切的結果。

02｜因此，你對自我的概念也是一種幻覺（和構想）。

「真我」是一個本質，一種能量，僅此而已。這就是為什麼，它永遠不會維持「一種樣貌」太久，遇到任何不同情況也都會產生相應的變化。這就是為什麼了解自己是如此困難——你不僅僅是由重複的習慣、各種工作與角色累積而成的。有限的定義與頭銜而已。

然而，多數人了解自己的方式只能透過想像別人對我們的評價（作家、老師、媽媽、學生、籃球運動員、「好人」等等）。

我們圍繞著試圖操控自我，試圖讓自己膨脹或不朽，試圖轉移和改變我們所認為的、別人看待我們的方式（試圖轉移和改變我們所認定的、自己在現實中的存在方式，所以也就是我們應該要如何看待自己）。

掌握自我的概念就是，知道你可以展現關於你是誰、你的職業的幻象，同時不被這些幻象控制而迷失其中。

03｜你不需要相信任何事，你只需要遵循當下的真實感覺。

不分是非地堅信某一套信念系統的麻煩在於，一旦你重視（或認定）那些被別人的教條或教導植入你心中的聲音時，你對那套信念系統的信任程度，會高過信任你自己。到最後，你不是非常迷惘，就是非常困惑，在你認為正確的東西和你覺得真實的東西之間來回掙扎。

如果你沒有按照自己所知道的真實去過生活，就沒有遵循屬於你的至善。允許自己有能力透過思考（和感覺）來自我拓展及成長，讓自己得以超越當前教條的「限制」。

04｜通往快樂的終極道路，就是不執著。

在你有「怎麼可能不在意生活裡的各種後果」這種想法之前，要明白不執著比「不在意」事情的後果，要重要得多（但也簡單得多）。

這件事情關乎一個簡單的理解，那就是所有的事情，都是在為你服務的。「壞」的事情教導你，並讓你看見如何療癒自己，進而向「好」的事情敞開雙手。沒有比這麼做更簡單了。

05｜「什麼都不做」比「做點什麼」更重要。

冥想的狀態，可以透過多種不同的練習來達成，但其中最少被使用的，可能就是「靜靜坐著」。「什麼都不做」的藝術很深奧。它能讓你的心靈平靜下來，帶出你需要承認和療癒的東西，讓你與自己保持連結，而不是與你生命中的執著和責任連結在一起。

關鍵的點在於：你的所作所為並不等於你；你就是你。除了冥想練習之外，讓自己有放鬆、休養和反思的時間，是最重要的。

06｜你可以成為一名觀察者，客觀地觀察自己的思想和生活。

知道可以選擇自己的想法是一回事，但更重要的是，你也可以決定自己要重視哪些想法，前提是要能夠客觀地看待它們。

引導式冥想練習，通常會讓你以第三者的身分，去觀察念頭的來來去去。重點在於要告訴你，你不是那些念頭。你不是自己的感覺。你是體驗這些念頭和感受的存在，你能夠決定要重視哪些念頭和感受，並據此採取行動。

07｜你的自然狀態是「合一」。

我們最終都會回歸的現實，是萬物合一（這是開悟的基礎）。我們從個人主義學到一些概念，因分離、孤立的幻覺而受苦。但最終我們都會回歸於我們的自然狀態——合一。

第 *94* 篇
健康的社交敏感度

在這個外向才是常態，而內向僅存在於非主流文化的世界裡，我們的一言一行，都需要有正當理由和解釋，看起來，我們開始過度思考，什麼才是正常、健康的社交敏感度。

不是喜歡很多人、渴望獨處，只有一、兩個親密朋友而不是一群朋友，這都不是社交功能障礙。我們過度概括「反社會」或「社交焦慮」的含義，而這些都是極端的臨床術語，我們在亂用之前，可能需要三思。以下是幾個判斷你的社交敏感度是否正常的方法：

01｜在不熟悉的場合，你有一定程度的社交焦慮。

所謂的社交焦慮，通常是有先見之明，意識到別人可能會對你做出什麼評價或假設。如果不加以控制的話，社交焦慮會讓你動彈不得，而不是讓你保持自我覺察。社交焦慮是正常的，甚至可以看成是高智商的指標。

02｜你渴望獨處，因為獨處可以讓你的情感更豐沛。

當你願意與他人在一起時，你不會因為害怕或覺得不值得陪伴而孤立自己。

03｜你只喜歡跟少數特定的人為伍。

你本來就不應該喜歡每一個人。說自己「喜歡每一個人」，意味著你在否認和拒絕自己內心的一部分——你可能並不真的喜歡每個人，而我們都知

道，與真實的自我解離是不好的。我們只需要真心喜愛某一些人，並享受跟他們在一起的時光就好。不過當然，我們也得再多忍受幾個人的存在。

04｜想要拒絕別人的邀約時，你會直截了當地說「不要」。

你不會因為感到有義務或壓力而去。你可以對不想見的人說「不要」，也可以對不想做的事說「不要」，因為如果同意了，你要付出的代價是自己的精神或情緒健康。

05｜你之所以會衡量狀況，是因為你當下判斷可能不夠明智，而不是因為你想藉由妄想，來強化自己的焦慮，讓自己感覺好一些。

你之所以會自我審視，是想到自己（或許可能有）的選擇和習慣。你不會為了得出不同的、虛構的結論，而過度評估現況。你也不會為了創造出另類觀點，而過度評估現況：「他看我的眼神很怪，我就知道他討厭我。」

06｜你擔心自己的社交焦慮很不正常。

擔心自己是否對社交場合過度焦慮，可能是最正常不過的事了。這並不表示你「有嚴重的問題」；而是表示你想要有自我覺察能力，來處理可能潛在的問題。

第 95 篇

你唯一擁有的，
只有現在

自從我總是過度分析開始（這種反覆無常的行為，一定不會只有我有），我意識到總是將自己所有的問題，追溯到同一個核心：我不知道如何在不適的感受中自處，我不知道如何才能感受到美好的事物，而不被無可避免的壞事徹底嚇跑。這是我必須克服的問題，這就是……人生。我想我們活在一個幾乎被完整規劃好的世界。

我有個問題，就是把人生的某段時間視為前兆，這個前兆只是為促使我抵達想去的下個階段。而令人作嘔的現實是，如果這段前兆太漫長的話，整個生活就會變成一場等待的遊戲。現在，我已經能夠解決很多糾纏不清、揮之不去的逃避衝動，但它依舊不時會爬上我的心頭。所以我不禁對它產生了興趣。

因為它源於：「從此以後，將會過著幸福快樂的生活。」你熬過痛苦，然後你獲得療癒、和解、改變、再次變得完整和嶄新的喜悅。但在黑暗與光明之間，並不存在可以立刻切換的開關。有很多進進出出的過程，有很多灰色地帶。有些時候，你會覺得自己倒退得太遠，無法相信自己退到了哪裡；有些時候，你會忘記自己一開始是多麼悲慘。你會因此而裹足不前——害怕前進，更害怕後退——這保證是唯一能毀掉你的方法。

一連串的「現在」累積起來，將我們從一種體驗的覺知，提升到另一種體驗的覺知，而這將是我們最終所擁有的一切。我們在體驗中所看到的，就是我們在擺脫單調的日常習慣之前，必須要欣賞的東西，因為另一個選擇就是，我們不復存在。我們受夠了。我們讓一切過去，因為不舒服的感覺，讓

我們覺得自己在倒退，遠離我們渴望不斷趨近的「光明」狀態。我們因為一些糟糕的經歷，而過著糟糕的生活，因為我們無法不去一一核對自己腦海中的那些先決條件，而唯有滿足了那些先決條件，我們才能夠感到滿足，或甚至⋯⋯快樂嗎？但是，快樂並不是一種人為的心理過程——如果你認為事情沒出錯，才會允許自己去擁有這種感受。快樂是一種體驗，是一種情感，而你只能在當下體驗它。

而我認為，這種思維模式，主要是由我們的社會所促成的。我們不僅認為，唯有在經歷了足夠的苦難之後，才有資格獲得永遠幸福快樂的生活，而且還認為所謂的快樂，就是為明天打算。用非常，呃，千禧世代的方式來說（天哪，真不敢相信我竟然用這個來當作範例），就像社群平台Tumblr上的貼文和Pinterest上的圖版一樣，上面充斥著各式各樣的圖像，而那些都是我們想要的、期望的、啟發我們的。看著這些美麗的東西，並決定自己想要它們，是一件很美好的事情。但是，又有多少人真的會起身去獲取那些事物呢——即便只是在窗台旁喝一杯美麗的咖啡，同時讀上一本書，這麼簡單的事情？並不多。我們起床，抱怨自己沒有辦法過著夢寐以求的生活，日復一日，周而復始。

朋友們，我們唯一擁有的，只有現在。你必須選擇在當下。你必須活在令人心碎的現實中，這就是你此刻所看到和感知到的⋯⋯混亂、美麗的分裂，導致了戰爭、愛、締造和平、和諧與變化。有些時候，你的心情會低落到，自己只要有在呼吸就好——然後你會發現，無論情況是好是壞，這件事情其實就是一切。也許生命就是為了潛入深淵，讓「此刻」能夠更上一層樓。意識到一切之所以會無聊而平凡，是因為我們任由它們成為如此。生命中存在著許多奧祕、經歷和令人著迷而陌生的部分，但除非我們接受自己野性的一面，也就是活在當下的一面，接著邁出一大步，否則我們就看不見那些瑰麗魔幻。

第 *96* 篇

無腦無念的藝術

　　許多人都寫了美麗的文章來探討正念的重要性，以及分享自身的經驗。正念是一種古老的練習，也被認為是我們永不饜足的心態的當代解藥。活在當下，意識到你日常經歷的每一個感覺。在我看來，這種覺知，不僅僅是一種值得推薦的、能夠針對人類現狀提供的解方，它更是最終的境界，是我們每個人或遲或早都會發現自己來到的地方：不是在正念的當下擁抱每一刻，就是讓思緒如水流經我們，無念地。因此，我們真正需要努力做到的是無腦無念（mindlessness）時，我絕對不是真的要討論這件事，而是要討論正念（mindfulness）；我只是想玩一下文字遊戲而已。（我想澄清一下，以免造成任何困惑。）

　　在談論正念的重要性時，會提到要有意識地活在當下，完全沉浸在自身的經驗。這是非常重要的，但同樣重要的是，我們要意識到，要能做到上述的事情，跟我們要如何超越自身的想法有很大的關係。我們所生活的文化，以及人類存在的這個時期，太關注我們對事物的想法。雖然理性對我們的發展至關重要，但它有時會否認我們的本能、欲望和歡愉，取而代之的是期望和「常理」。毫無疑問地，一旦試圖限制那流動的、自然的、難以馴服的人類靈魂時，最後只會吃上苦頭，就像現在的我們一樣。

　　我們是一個跟自己的內在斷了連結的物種。儘管在科技上取得了許多進步，但身為智人的我們，在與自我連結的能力上，遠不及自然的、原始的我們。我們每天在討論的話題，都深深地充斥人類社會所賦予的價值，我們過於關注人類能做到什麼，卻不夠關注人類是什麼。我們正在逐漸遠離宗教的概念，視信仰、信任為無知，而不是靈性與智慧。我們根本不重視人類存在的事實，不重視我們可以理解的部分，部分原因在於它是未知的；主要原因

是，我們無法達成一致的意見，也無法確切地知道它到底是什麼，所以只好否認它，而不是擁抱它的未知性。

我們想什麼，就會成為什麼。而如果我們正在成為的樣子，有給我們任何暗示的話，那就是我們對無關緊要的事情想得太多，沒有把腦海裡的空間留給那些不確定的、不適的感受，以及雖然的確是未知，卻能產生最好結果的事情。那些事情確實巨大得超乎我們的頭腦所能理解。

在無止境的念頭中，我們開始為事物貼上標籤、分類和定義。我們習慣了已知的事物，而漠視未知的事物。這讓我們無法接受那些自己所不熟知的人與事物。我們瞧不起其他人，從而棄守對自己的責任。我們宣稱他們的觀點是錯誤的、不公正的，因此我們是高人一等的。我們生活在一個以互相廝殺、將一切價值都商品化的文化中，而這種文化之所以能好好地運作，就是因為我們對此深信不疑。我們喜歡看到其他人有多不如我們；喜歡看到他們的地位不如我們。也因為知道我們比他們更優越，我們就能安心地覺得自己沒有任何問題。但到頭來，還是把自己給困住了。我們無可避免地陷入了自己曾經所說的「錯誤」中，因為我們是人類，心靈若被頭腦緊緊掐住，會被拖入危險的領域。

我們需要教導自己的孩子不要突然大吼大叫，因為這會讓身為照顧者的看起來很糟糕，可是讓他們能夠在不被責罵和羞辱的情況下學會處理負面情緒很重要。我們需要變得主動、有意識地覺察自己正在購買、點擊、和什麼東西產生連結，從而無可避免地支持什麼東西，尤其是當這些東西除了傷害他人之外沒有任何作用的時候（即使我們當時沒有意識到）。我們必須停止對人下定義。必須接受未知事物讓我們產生的不適感，並堅定地習慣它。事實上，我們對未來就是不確定。關於未來，唯一能確定的是，我們永遠無法確定任何事。我們必須意識到，重大的改變只能小規模地發生。滴水穿石。我們必須跳脫出頭腦，進入內心。我們的頭腦可能永遠不能明白人類的共同性，但頭腦仍會不斷嘗試這麼做，而我們也只能去滿足它的這項需求。至於其他次要的一切，就必須學會放下，別再試圖理解。

第 97 篇

內在的小小聲音

　　想像一下，你上次對某件事情產生強烈情緒反應的時候。這份情緒是來自你和當下的情境共處了一會兒、著手處理和內化、掃視全身感受後得來的嗎？可能不是。當我們問對方：「你對那件事情有什麼感覺？」時，那個問題本質上等同於「你對那件事情有什麼看法？」

　　情緒既簡單又微妙。在感受全身時，我們會發現渾身都是感覺的受器，而最後它們都能歸納為兩者之一：緊繃或開放。我們從而產生一些想法，然後以這些想法來誇大緊繃的、快樂的、讓人感到無力的──任何極端的──情緒的強度。

　　這也就是說：我們就是單純透過賦予各種感覺意義，來創造出我們以為的自己的感覺。我們的感覺和我們所認為的、自己應該要有的感覺之間，存在著差異。這就是從暴民心態[30]到社會制約的一切生成原因。這也是人們感到「陷入」無可避免的情緒混亂的主要原因。任何情緒都不會持續一段很長的時間──老天不是這樣設計情緒的。只有認知模式，會讓我們一再地重新喚起某種情緒，或者讓情緒無法引導我們採取行動。

　　我們被教導，對生活中幾乎每一件事，應該抱持著什麼樣的感覺。我們的文化、宗教和家庭教育決定了一系列事情的「好」和「壞」。我們的自我以及對生存、優越感、愛、接納等的渴望，填補了剩下的部分。最後我們就形成了一個由各種行動和各種反應組成的心理生態系統。

　　這些我所謂的「心理情緒」，大體上來說，就是我們受苦的原因──儘

---

30 譯者註：指的是一種集體的非理性行為，通常是受到情緒和同儕壓力的影響，特徵為情緒的傳染、個性的喪失，從而導致各種極端行為的發生。

管比起以往的任何時候來說,現在的我們其實是更進步的。控制我們的,不再是轉瞬即逝的飢餓感,或是交配的慾望,而是「如果某個人不再喜愛我們的話,對我們來說這意味著什麼」的諸多想法,以及潛意識如何去尋求以確認這是真的,以及這種重複思維如何創造出一種信念,而這種信念又如何創造出我們的生活。

我們被教導,無論你走上怎麼樣的人生路,那些不枉此生的生活,都是充滿強烈情感的。它充滿了愛,或者充滿了激情,或者是你在令人難以置信的巨大痛苦中堅持過來的。我們相信,應該對各種事物都有一套自己的看法,才能知道自己是個什麼樣的人。更糟的是,我們相信應該要有一種情緒反應,才能覺得自己的話語是有分量的。這就是讓我們感到不枉此生的東西;這就是讓生命變得不枉此生的東西。

下一次,一旦你感覺自己處於無法逃脫的境地時,請誠實地感受一下自己的全身上下,看看有什麼樣的感覺存在。即使是腹部裡有一種緊繃或不安的感覺,那也只是——一丁點的壓力罷了。就是這樣。僅此而已。這就是感覺能夠對你產生的所有影響。一小時之後、一天之後再回來確認的話……它可能已經消失無蹤。

你會意識到,即使是你的「直覺」、你的本能,也不是壓倒性的、巨大的情緒波動。這就是為什麼它被稱為「內在的小小聲音」。

有時候,內在與生俱來的安靜,會讓我們感到不舒服,所以我們會製造一層又一層的混亂,來分散自己的注意力。可是一旦這種混亂變得令人精疲力盡,你所要做的就是坐下來,讓自己去感覺自己的感覺,而不是去感覺你以為自己有的感覺。

你會意識到,即使情緒糟糕透頂,它正在告訴你:「這是不對的」、「你需要改變」;你與自己溝通的方式,卻始終是柔和的,始終是溫和的,始終充滿愛,並且它總是試圖要幫助你。

你也會意識到,你對自己的情緒,並不帶有天生的反感。它們並不「壞」。即使你的頭腦並沒有被教導說,這些是「好」情緒,它們也不會讓你產生「不好」的感覺。我們在適當的時間、適當的程度上,享受悲傷、痛

苦和其他一切的負面情緒。我們之所以享受負面情緒，是因為這麼做很單純，我們允許單單純純地體驗自己當下的任何情緒。

能夠創造生活的，不是我們的想法，而是如何透過自己的想法，來剖析自身情緒的意義，以及如何透過自己的判斷，來決定什麼是「好」、「壞」、「對」、「錯」。這些形容都不是一翻兩瞪眼的。我們對它們編排所產生的交響樂，使我們能夠感知自己是否過著美好的生活。透過對這些事物的詮釋，我們奏出了一首交響曲。而我們唯有以此來判斷自己是否過著美好的人生。

第 *98* 篇
負面思考也有力量

　　如果想要獲得情緒自由，你只需要明白一件事：無論你認為自己現在遇到什麼問題，那都不是真正的問題。問題出在你不知道如何正確地思考自己的問題。

　　你已經厭倦了老生常談。但這確實不是你可以忽視的事情。不只是在某些時候、某些情況下，或許可能適用於某些人的建議。也不只是在某個艱難的日子裡，一個能夠給你帶來安慰的、帶著善意的想法。更不只是你唯有在無可選擇的情況下，才能夠仰賴的某種東西。

　　經歷所有事情的重點，在於學習如何以不同的方式思考。如果沒有努力學習以不同的方式思考，你就會陷入困境。

　　我們經歷的越多，就越有能力用不同的視角去看世界、思考的層面就越多、考慮到的可能性也越多，而這些可能性是以前的自己無法想像的。真正的教育，不是學習要思考什麼，而是學習如何思考。

　　想要學習如何忽略負面想法的方式，並非只是學習如何思考，而是要學習如何拆解課題。我們的負面想法就像正面想法一樣，能夠告訴我們很多事情。與其害怕它們，我們可以學習將它們視為指引，或者至少能夠分辨出賦予的意義是什麼，我們就可以決定什麼是重要的，以及它的重要程度。

　　這就是負面思考的力量。

　　正如斯多葛學派實踐「消極想像」（想像可能會發生的最壞結果，然後為之做好準備）一樣。學習如何思考，其竅門在於，意識到自己可以選擇如何將意義和情緒，運用到自己的生活中。

　　如果你無法有意識地決定什麼是重要的、什麼是不重要的，那麼你這輩

子都會在相同的感受模式中度過；你對情緒的反應，將建構在自己年輕時所受到的制約。

解決的方法並不是過度聚焦在積極正面上（就像現在主流的心理學想讓你相信的），而是學習如何將心中的陰暗面，轉化為引發改變和激勵成長的力量。

情感的自由和內心的平靜，來自於知道，一旦那些負面的想法和感覺出現時，應該知道要怎麼做，因為它們總是會出現。

一如科學作家雷勒（Jonah Lehrer）所解釋的，要調節情緒的方法，就是去思考它們。我們的前額葉皮質，讓我們得以思考自己的想法，也讓我們的大腦得以思考自身，心理學家稱之為後設認知。

我們知道自己在生氣，每種感覺狀態都必須有一定程度的自我覺知，這樣才能弄清楚為什麼我們會有這種感覺。如果沒有這種覺知，我們就不會害怕向我們衝過來的獅子，導致我們不會為了躲避攻擊而逃跑。倘若我們沒有逃跑，那害怕的感覺又有什麼意義呢？

但更重要的是，如果某種感覺沒有意義——如果杏仁核認定其可能會帶來損失——那麼它就可以被忽略。「前額葉皮質可以刻意選擇忽略情緒大腦」——也就是說，如果它認定賦予意義並無可取之處的話。

這意味著無論你認為生活中遇到了什麼問題，那都不是問題，而是你將它視為問題，卻不是一個你拒絕做出回應的信號，或因為你過度賦予意義、過度推斷，任由非理性想法造就出非理性情緒等等。

事實上這正說明了你將問題視為一個問題，而不是視其為一個謬誤，存在於自己的理解、自己的注意力焦點、自己的認知之中的謬誤。

問題不是出在問題本身，而是出在你如何看待問題。

如果想要好好過日子，就必須學會如何思考自己的感受。讓你動彈不得的焦慮，和伴隨著任何有價值且需要勇氣的事物而來的恐懼，兩者之間的差異，取決於需要你去練習的辨別能力。將障礙轉化為機會的人，與被自身的不確定壓垮的人，兩者之間的差異在於知識和覺察。

不適的感覺，會迫使我們思考，以前想都不敢去想的那些選擇。

這就是為什麼，心碎對於人類的成長至關重要。障礙會因此而成為道路。就算是傻瓜，也可以享受生活中正面的事物，但只有少數人，能夠接受負面的事物，並從中找到更為深刻的東西。

第 99 篇

療癒焦慮之必要

01 | **與成癮相反的不是清醒，而是連結。**焦慮也是如此。焦慮是與當下、其他人或你自己斷了連結。通常是三者都斷了連結。你必須重新與自己的生命產生連結。

02 | **你必須容許自己去渴望真正想要的東西。**除此之外，別無他法。無論是一個戀愛的對象、一份更好的工作、更多的錢、對自己工作的認同，看見它，並接受它，即便你認為別人說你很膚淺、不完整，或不夠「愛自己」。

03 | **如果你搞不清楚自己真正想要的是什麼，那就直視你最深的恐懼。**那些恐懼的另一面是什麼？那就是你想要的。

04 | **謝謝你的不適感。**可悲又奇怪的是，快樂的人都是滿足於現況的人。感到不適是一個訊號，表示你正處於嶄新的、更好的事物的邊緣，但你必須採取行動。

05 | **你最棒的新朋友，將是條理和效率。**這件事情，不是要你列出一份待辦清單，在每完成一項之後打個勾當記號，看自己什麼時候可以拿到滿分。而是你完成了某件事情（無論什麼事），這件事情對你的日常幸福是有所助益的。

06 | **「非理性焦慮」可以透過做非常務實的事情來療癒。**你所擔心的那些荒謬的事情，通常是你沒有去處理的實際問題的誇大投射。

07｜你必須從現有的處境出發，利用現有的事物，去做現在能做的事情。除此之外的行為，都是在逃避自己的問題，放棄生活和自己。真正的改變源於自我進化；除此之外的想法，都是幻覺，將會讓你得不到那些你所需要的、能夠療癒你的事物。

08｜有意識並努力地，跟你生命中已經擁有的那些人建立連結或重修舊好——就算你信任並保有聯繫的只有一個人，那也沒有關係。這麼做，將開始重新形成健康的情感依附。需要愛這件事情並不軟弱。

09｜買一本專門用來寫宣洩日記的筆記本，每當覺得心情不好的時候，你就寫下一些內容。寫下任何出現的想法——無論是多麼恐怖、可怕、丟臉、自我厭惡的想法，都把它們宣洩出來。一旦做了幾次以後，你就會相信我說的，這麼做能把它們統統釋放掉。

10｜感到非常焦慮或驚慌時，你唯一應該嘗試的，就是安慰自己。在這種狀態下，你無法清楚地思考，也不應該為自己的人生做出任何假設或決定。找出能撫慰自己的方法（吃零食、泡澡、找人聊天、做自己真正喜歡的事情），並在做其他事情之前，先讓自己釋放掉這種能量。

11｜你需要想出辦法，讓自己活在當下，縱使這件事情看起來很無聊、不可能、很可怕，或三者兼而有之。焦慮是一個警訊，表示我們太沉迷於過去或未來，而焦慮會影響我們當下的選擇。

12｜採取行動，迎戰你追求想望事物的障礙。正如雪兒・史翠德所說的，「真正的改變，發生在動作的層面。也就是指，一個人用跟以前不一樣的方式，去做一件事情。」

13｜閱讀。如果你不閱讀，那不是因為你不喜歡閱讀，而是還沒有找到自己感興趣的主題。你現在所讀到的內容，將會影響幾十年以後的、未來的你。在網路上閱讀人如何面對恐懼的文章和散文——你會在字裡行間找到志同道合感，有這麼多陌生人都和你有著相同的感受。閱讀

那些你不了解的東西、那些讓你又害怕又著迷的東西。媽的，去讀就對了啦。

14 ｜ **你可以改變自己的感受。**你一定要記住這件事。做法很簡單：「我想對這件事情有不同的感受，所以我將會把注意力，放在它的不同面向上。」

15 ｜ **你相信自己無法「選擇」快樂，無法選擇自己的感受、自己的想法，你就是讓自己陷入絕境。**你現在應該做的，就是放下書去做我前面講的那幾件事，因為這是你拯救自己的唯一方法。

16 ｜ **你總會感到焦慮。你總會感到恐懼。**你關心自己的生活，或者你對此刻所發生的一切，即便哪怕只有一點點關注，有很多事情值得去焦慮和害怕。但最終的目標，並不是要消除那些感覺，而是要鍛鍊精神的韌性，允許自己選擇快樂，而非變得動彈不得。

17 ｜ **對某些人來說，想要鍛鍊精神的韌性，往往只需要轉變一下觀點。**但對於一些人，這需要多年的藥物和治療，以及前所未有的努力和付出。這是一生的奮戰，也是最該為自己去做的事。如果你要參加一場戰役的話，那就選擇這一場吧。

18 ｜ **問題本身不是問題。重要的是你如何看待問題。**你的內在導航，現在正在發出聲音，因為有些事情不太對勁。這並不表示，你正在朝著一種無法逃避的、永遠要受苦的生活狂奔而去。而是表示，在內心深處，你知道還有另一種──一種更好的──生活方式。你知道自己想要什麼，即便這件事情讓你感到害怕。

19 ｜ **你需要選擇愛。**這個建議聽起來很擾人，但是不能放棄那些照亮你內心的人；不能放棄喜歡做的事情（即使不是工作）；不能放棄真心想要的東西。你必須選擇愛，即使愛讓你害怕（事實上，你對做某件事所產生的恐懼和喜愛，是成正比的）。

20 | **感到痛苦時，學習表達出來。**這並不表示，你可以為自己魯莽、不受控的行為辯護；這表示，你需要學習如何承認痛苦，將之清楚地傳達給他人，並在痛苦出現時處理它。

21 | **學會如何消解內心積累的情緒毒素。**舉例來說：如果你不讓自己去感受並接受被前任嚴重傷害的事實，就會不斷地往外投射出去，說新的戀情將會如何地傷害你，以及根本就不應該嘗試新戀情的想法，從而再一次地創造出你最害怕的情況。解決之道是看見、感受和接納。生命有時是殘酷、不公平，而且讓人魂飛魄散的。（「我們都生活在陰溝裡，但有些人仍在仰望星空。」──王爾德）

22 | **將身體的感覺，與你認為它們所代表的意義，區分開來。**感到非常沮喪的時候，問問自己，我現在的身體到底有什麼感覺？比如說，我的真實感受是什麼？很可能只是有點緊張或不適。你多出來的恐慌，只是身體給這種感覺下的意義。

23 | **不要相信你所有的感覺。**傳統觀點認為，所有的感覺是源於非理性的想法和過去的經驗。如果你盲目地相信自己所有的感覺，就會不斷地被它們左右。要決定哪些感覺是有意義的，哪些感覺是沒有意義的。

24 | **利用最強大的成長工具：「未來自我療法」。**如果你正在考慮要不要生孩子，那就想像一下你七十五歲時的生活。你希望家人圍繞著你嗎？還是自己一個人也沒問題？想像一下三年後的生活。你會慶幸沒有在那段感情投注更多心力嗎？還是會後悔沒有存下任何的錢？還是會後悔，明明可以把時間都用來做真正想做的事情，例如寫書、創業、玩音樂，你卻把日子都耗費在看Netflix？從你希望成為的人的角度，來想像自己的生活。這麼做，將會使許多事情重新回到正軌。

第100篇

停止追逐快樂吧

艾倫・沃茨教導說，渴望安全感和缺乏安全感，是一體的——「屏住呼吸就是失去呼吸」。傳統的禪宗也會同意這一點：渴望滿足就是沒有滿足，快樂不是你所追逐的東西，而是你擁有的東西。

這些想法都很好（雖然對大多數人來說，可能只是陳腔濫調），但它們說明了「追逐快樂」這個傳統觀念背後的瘋狂。正如美國替代醫學作家安德列・威爾（Andrew Weil）所言：人類應該永遠快樂的想法是「一種特別當代、特別美國、特別具破壞力的想法」。

正是我們對追求快樂的渴望，推動了消費主義，削弱了其實我們都在奔向未知的死亡的事實，並讓我們不斷地渴望更多。從許多方面來看，這——加上我們對死亡和受苦所抱持的生存恐懼——解釋了我們為何會改變自己所生活的社會並發展成如今的樣貌。滿足感的匱乏驅使著我們，因為我們對快樂的追尋現在不會停止，未來也永遠不會停止。

這種情況主要是源於「享樂適應」，其實就是人類習慣了發生在他們身上的事情。我們改變、我們調整、我們適應、我們渴望更多。心理學家也稱之為「情緒基線」，也就是在不同的生活事件發生之後，我們調節自己回到「中立情緒」的方式。

所謂的追逐快樂，是試圖以一連貫的「正面」事件來維生，而不是整體性地去調整自己的情緒基線。以希望獲得持續性的「美好」感覺來激勵自己，不僅是不健康的，也是不可能的。

如果你想要快樂，就需要停止追逐快樂。快樂是在做有挑戰性的、有意義的、美麗的、有價值的事情時，會產生的副產品。

比起只追逐「感覺良好」，用一生的時間去追逐知識，或更清晰、更多層面的思考能力，這才是更明智的做法。去追逐你在做一些意義深遠、改變生命、讓你轉換人生軌道的事情時，才會出現的不適感，這才是更明智的做法。讓生命的天秤傾斜吧，而不是相信平衡會讓你「開心」，把那些你不喜歡的東西放到天秤上，這才是更明智的做法。去做一些困難的事情吧，哪怕那會讓你覺得脆弱而生疏，不要因為讓你感受到一時的安心、稍縱即逝的美好，而迴避困難的事情，這才是更明智的做法。

　　逃避痛苦，就是逃避快樂（它們是具有相同功能的相反力量）。為了麻木自己，而讓自己的感受力傾向其中一側，就是讓一切停止運作。這種行為會讓我們追逐一種空虛的快樂，這種快樂永遠無法真正地填滿我們的內心，只會讓我們淪為一個空殼，無法成為命中注定要成為的那個自己。

第 *101* 篇

最後，你需要知道的事

在我們一生中反覆經歷，是要以更友善的方式對待他人的轉變，還是殘酷地（但也解放地）意識到要對自己的幸福負責，對這個世界更理解。以上都是艱鉅的課題。有個美麗的詞可以形容這一點：它被稱為「認知轉化」（metanoia），起源於希臘文，意思是「改變一個人的想法或目的」。你從什麼狀態開始，又要改變到什麼狀態，其實並不重要，任何一種大規模的心理或情緒轉變，往往會源於類似的情況和同樣的困境。如果你正在經歷自己的認知轉化，以下是你需要了解的幾件事：

01 | **如果這段感情關係，已經導致你的世界觀產生了巨大改變，那麼這段關係很可能已經達到了它的目的。**許多人會緊緊地抓住那些讓他們「覺醒」的催化劑不放，他們將「真愛」跟「永遠的愛」混為一談。但兩者之間並不相同。

02 | **你不需要對限制自己的陳舊信念感到憤怒：改變在於建構未來，而不是拆除過去。**你不需要因為太晚意識到生命比你以為的更寬廣遠大，而沉浸在對於時光消逝的惋惜裡。重點是，你最終還是想通了。

03 | **困境與渴望更深入理解自我，兩者的源頭是相同的：那就是只有你自己要對你自己負責。**你不能仰賴任何事物——任何事物都辦不到！——去做真正的、艱苦的工作，也就是在世事無常的生命中，尋得安心感。任何工作、任何金錢、任何關係、任何成就，都無法為你填補這樣的安心感。你需要先感到安定，才有餘裕享受其中。

04 | **「愛自己」是一種行動，而不是一種感覺。** 想到浪漫的愛情時，我們會想到荷爾蒙帶來的強烈感受，一種黏稠的情感。我們很少會想到，重視他人的幸福，如同重視自己的幸福，就像我們每天都需要去做的任務和奉獻。愛自己也是如此。我們認為愛自己就是極致的自我感覺良好，但大多數時候，它更像是為自己挺身而出、有勇氣繼續前進、有勇氣放棄，儘管世事無常和無以仰賴，但仍持續尋找幸福……

05 | **你不需要知道所有的答案，也永遠不會知道所有的答案。** 重要的不是你有多確定，而是你有多願意去嘗試。沒有人知道那個神祕深淵——我們由此而來，也將魂歸於斯——的模樣。然而許多人的生命——以及我們整體的社會／文化——都是根據這個未知之地的教義，所形塑和影響的。目前一切的說法，都只是猜測，但有些猜測會帶來一個更快樂、更友善、更和平的世界（有些則不會）。關鍵不在於誰知道什麼是確切的；而是在於誰願意盡一切努力，將我們僅有的現實改造成最好的版本。

06 | **你不需要相信任何事情，但你需要能夠傾聽當下真實的感受，並保持足夠的客觀性，以尊重和友善的言行態度，去對待自己和周圍的每一個人。** 如果你被要求或強迫去相信任何事情，而這件事情基本上跟你身上的每一個細胞都無法產生共鳴的話，你要知道，這是你的內在導航在對你說：「不太對。」

07 | **你的困境會成就你。** 不適感通常迫使我們採取原本不會採取的行動。從表面上來看，這讓人覺得很可怕，因為它是未知的。但你一生中最困難的時刻，將成為你成長的催化劑。這些挑戰讓你成長為從未想像過的自己。為了讓生命超越你想像的樣貌，生命中的那些「壞」事是必要的。你會慶幸事情並沒有按照你所想要的方式去發展，一旦走到了另一頭，你就會對自己所經歷的困境，心存感激。

獻給每天都想改變一點點的人 ── FB與IG讀者串流迴響

★ 讓自己的人生活得豁達　　　　　　　　　　吉哥／42歲／行銷專員／台北

看了本書，讓我對這本書的作者十分敬佩，因為她寫出的內容及思想，是必須對於整個社會與人生有了足夠的體悟後，才能歸納出的處事哲學。

這本書就像是一本「人生底層邏輯」的嚮導指南，讓我在面對不同面向的人生課題時，有最貼近「真實」的溫柔提醒。

其中讓我印象很深刻的地方是〈第14篇：二十多歲後，就該放棄的期望〉。這讓我聯想到，我最近在接觸靈性課程時，常聽到的集體意識的「限制性信念」，在我們的生活中常充斥許多似是而非的信念，影響著我們一生對事情的判斷力。

有些信念可能真的對我們有幫助，而有些卻是包著糖衣的毒雞湯，但我們仍津津樂道。

作者用一種高格局的態度，告訴我們真實世界的現況，直接點出可能某些人花了一生，都未必能夠悟透的道理。

記得我看這段的時候，心中也不免泛起許多漣漪，甚至讓我不斷反思，為什麼在自己還年輕的時候，沒有機會閱讀本書，而讓自己留下許多只能一笑帶過的惆悵。

所以我非常推薦這本書，可以作為年滿十八歲的青年男女，成年必讀的佳作。如果要讓自己的人生少走彎路，活得豁達，我真的很推薦閱讀本書。

★ 將想法付諸實現　　　　　　　　　　　　　意小路／台中／居家照護員

每天睜開眼睛後，腦袋就開始有了各式各樣的想法，舉凡吃早餐要西式或中式，或者要穿搭什麼衣服或搭配彩妝，讓自己看起來更光鮮亮麗。

而想法也在這時千變萬化，常讓人猶豫再三，甚至遲遲下不了決定；因為改變的同時也需要承擔後果，尤其是在與時間賽跑的人們身上，更是清晰可見。

改變觀念或許不容易，在嘗試的同時，也有了不一樣的結果。好比說自我規範成習慣後，也能在思緒走偏時，及時拉回，而完成的日常目標會讓我們更有歸屬感。

改變想法不難，只要願意嘗試，會有許多意想不到的可能性。這本書讓我看見的不只一〇一篇，而是屬於你自己的心之所向，就讓想法付諸實現，創造更美好的結果。

★ 原來一切都會好起來　　　　　　　　雙胞胎的媽媽／48歲／護理師／新北市

　　出社會後，總是比學生時代多了很多很多煩惱，有時候會被這樣的情緒影響自己的生活，書中提到〈比起內耗更值得去思考的一〇一件事〉：「也許你目前遇到的問題根本就不是問題，而是你的觀點有所偏差，或者你壓根就沒有想去解決，只是把注意力集中在自己過不去的點上……」也許平常自己心裡過不去的點就是自己心裡過不去，才會導致自己有時候情緒低潮無法擺脫，所以現在要學著練習克服心中的問題，改變思考策略。

　　如果能跟年輕的自己交談，你有辦法說：「我們做到了，我們成功了，我們從那件可怕的事情挺過來了。」期許自己可以透過不同的練習方式，讓十幾年後的自己，可以跟自己說原來一切都會好起來，自己變得更強大，可以正面迎戰生活中不同的逆境，朝自己心目中理想的幸福邁進。

★ 成為自己想要的那個我　　　　　　　　　　　雅筑／28歲／運動防護員／台中

　　看完這本書後，沉澱了很久。作者的文筆帶著細水長流的風格，卻會在某些瞬間，用反問的語氣，一下子刺中你的心。

　　看完本書的第8篇──身體的任何一部分，都不能代表「我」，讓我產生了就像在沙漠行走很久的人，終於看到綠洲的悸動感。那是一種我終於願意直視自我，敞開心胸與之對話的過程。

　　我們都在社會中不斷選擇要隨波逐流，還是堅守自己的原則，也時常在不同身分的轉換中，感到疲於奔命。

　　但工作的頭銜、家庭中的身分，任何的定位跟身體的一部分都不能代表「我」，唯一能代表我的，是那個會改變、會成長，能促使覺察之光芒閃爍的所有元素。

　　最後，作者說：「我只是想問你有沒有感覺到。」

　　當我們在人生的道路中，感到不適，是因為我們正在打破固有的思維，激勵自己創造出真正的改變。那代表我們正在逐漸成為自己想要的那個我，而不是別人喜歡、別人定義或別人認為的那個我。

　　只有經歷過不適感，我們才會意識到自己是唯一要對自己人生負責的人，既然如此，我們應該把重點放在自己身上，而不是別人嘴巴上說的那個你。

　　這本書的每篇文章給予我實質的建議，讓我反思、反省，也促使我開始行動。

★ 啊！原來可以這麼想
Azrael／36歲／資訊工程師／新北市

　　《改變你想法的101篇文章》沒有單一的中心理念，因為它分享的是生命每一次轉念的契機，而人生在不同階段本來就有不同的目標追求，無法一言蔽之。也沒有掰開揉碎的細細剖析和反覆嘮叨的諄諄教誨，因為多數人需要的不是長篇論證說服，而僅僅需要一個「啊！原來可以這麼想」的提點。

　　《改變你想法的101篇文章》蘊含的觀點從存活擴展到生活，由思想內化成心靈，這不是簡單的心靈雞湯匯總成冊，而是人生的指導索引和自我省思的檢核清單。人人都應該固定一段時間就重新自我檢視一次，方不在錯誤路途上迷茫蹣跚。

★ 開闢一段新的人生道路
愛看書的芙琳／28歲／服務業／新北市

　　之前閱讀過布莉安娜的《你就是困住自己的那座山》就收穫良多，沒想到這次的閱讀體驗也令我大為震撼，還以為腦中浮現的想法是一件沒什麼大不了的事情，原來它是可以用不同的行動和思維去改變的，讀完這本書之後我才逐漸恍然大悟。

　　本書作者筆觸流暢且細膩，書寫101篇豐富的省思，讓讀者們開闊視野。當我以為想法只是一件隨處可見的小事，但是作者卻告訴我們必須學會如何正確思考和試著去做，才能改變成自己真正想要的生活。透過書中布莉安娜所提到的經驗，試著使用前所未有的想法，嘗試改寫自己的人生，藉由這本書學習自我成長。

　　願看完這本書的讀者，都能找到自身的思考捷徑，為自己的人生開闢出一段新的道路。

★ 將自己看待為一個整體
Jay／26歲／商／新北市

　　因為思考，人類自所有物種中脫穎而出，成為了地球食物鏈中的頂級掠食者；因為思考，我們得以建構出極為複雜的社會型態及人我互動，以適應環境的變化；因為思考，我們得以創造出許多劃時代的發明，改善我們的生活並讓社會愈加進步。

　　思考幫助我們建立對所有事物的個人看法，而這些看法建構我們活出來的人生。我們會因為看法而跳脫既定的框架，迎接更多未知的事物並豐富自己，也會因為看法而劃地自限，藉由封閉對外連結來保護自己不受到外界的攻擊而受傷。我們對自己及外界看法的影響力是如此大，以至於只要一個轉念，我們的人生或可發展出另一個嶄新的可能性。這個可能性或許有好有壞，但可以確定的是，我們會發現一個與眾不同的自己。

　　這本書收錄的是各種能夠改變我們原先想法的文章，有些在閱讀當下深深打中了正處徬徨中的我，例如第8篇〈身體的任何一部分都不能代表「我」〉，我們總是在意他人的看法遠

勝過自己本身，不管是外表或是表現皆然，有時就算意識到這點也很難改變好似早已根深蒂固的想法，一旦遇到類似處境就會再度陷入同樣的思維當中無法逃脫。這篇的內容使我能夠從另一個更為全面的角度重新看待自己，將自己視為一個整體，而不是一個可以受到他人評價的部分。

無論是在當前的人生遇到了某些瓶頸，抑或是想要更了解自己的想法跟狀態，都可以嘗試閱讀這本改變想法的書，或許在決定翻開書頁的那一刻，人生就已開始有所改變。

★ 擺脫自我的框架　　　　　　　　　　　　天使飛舞／54歲／會計／台南

生命裡我們總被根深柢固的思維困住，很難跳脫既有的框架，將自己侷限在井底，無法豁達地看到寬廣的視野。像是一種習慣的養成，當你看著滿滿的菜單，但會點的永遠是那幾樣，我們害怕一旦跟往常不同，可能會面臨踩雷，於是不敢改變。

《改變你想法的101篇文章》，或許讓人覺得老生常談，但從另一個角度看來，卻是讓人突破盲點的點睛之作。人在低潮時，內心深感無助之刻，彷徨失措讓人舉棋不定，骨子裡那種執念，讓人更難走出陰霾，這時就能參考此書，或許在字裡行間中，忽然能讓人茅塞頓開。

在101篇短文裡，我們可以參考不同的思考模式，藉此來擺脫自我的框架。人生的道路不會是一直線，難免會有磕絆，這時懂得轉彎轉念就非常重要了。

★ 除了思考，還要行動　　　　　　　　　　祈樂／30歲／平面設計師／新北市

我很喜歡哲學家亞里斯多德的一句話：「反覆不斷的行為造就了我們。於是，優秀不再是一種行為，而是一種習慣。」

羅馬不是一天造成的，成功也從不是一蹴可幾的。即使選擇比努力重要，即使我們無法改變天生的原廠設定，但機會，始終是留給那些願意準備的人。

《改變你想法的101篇文章》並不是一本教你按部就班照做的書，它更像是一位旁觀者，理性指出我們看不見的盲點。用簡單直率的文字，帶你走進另一種思維方式，翻轉那些根深蒂固的念頭。

它提醒我們：思維永遠走在語言之前。想法一旦清明，路便自然明朗。除了思考，更要行動。即使現在不確定為什麼出發，那也足以成為出發的理由。唯有踏出那一步，才能知道前方有怎樣的風景。

以終為始，才能在每一步中認識自我、改變自我，最終超越自我。唯有活在當下，我們才能真正擁抱生命。

★ 重新整理自己的想法　　　　　　　　　　瓶瓶／40歲／行政人員／台南

　　這本書用直白的講法把正面的思維講得淺顯易懂，也聚焦在個人想法角度的不同，代表其意義也不同，讓人跟著書中的意思重新思考整合自己的思維。

　　書中也從日常到人際社會的各種思想一一解析其意義，讓人可以從個人到群體多方面學習更深入了解其想法，是一本引發探討思維的工具書。

★ 活在當下的我會越來越好　　　　　　　　瑩瑩／33歲／軟體工程師／馬來西亞

　　我曾經在社交媒體上分享我生了孩子後最大的感觸。看完了這本書，我再重讀我的文字，才發現不知不覺中，我也在學習「轉念」，即「改變想法」。

　　成為媽媽的第二年，正在「享受」崩潰，也才意識到自己有那麼多精神問題。生個孩子，可以很快樂，也可以讓「原有的問題」完全放大。

　　當你覺得多了個孩子讓你的日子過得很辛苦時，有沒有可能就是因為他的到來，讓你不得不重新面對你之前逃避的所有問題呢？

　　其實，你更應該要感謝孩子。

　　就我而言，孩子讓我再次發現，我自己的情緒很不穩定，我很容易消耗自己的精神、焦慮、想太多。這些問題早已存在，只是我認為自己可以解決，我覺得自己沒有那麼脆弱，然而解決方式只是逃避。所以面對孩子時，所有的情緒一下子全部出現，搞到自己很累，喘不過氣。

　　但我知道自己要保持清醒，所以當我開始不安焦慮時，就會默念「事情沒有你想像的那麼糟糕」這句話，至少這句話是可以讓我冷靜的。

　　這是我二〇二四年寫下的一段自我反省的話，當時我處在一個極度焦慮的狀態，那時候的我幾乎天天都沒精神，不想起床，想閉上眼睛不再醒來。突然間意識到自己超級不對勁，就跟自己說：「必須要轉念，一定要換個想法。」

　　不過今天的我，也依然在練習轉念。遇到這本書之前，我甚至差點要放棄了，因為我覺得自己越來越不好，整個人壞掉了。

　　在讀了幾個篇章後，我就已經畫下滿滿的記號，好多句子都提醒我，甚至點醒我，讓我覺得自己其實不是越來越不好，而是在提升自己的路上。我應該要活在當下，而不是害怕得不到自己想要的未來，製造更多恐懼給自己。

　　謝謝寫出這本書的作者。現在，我要整理我的房間，做出一小步的改變。

【獻給處在人生徬徨階段的你】
布莉安娜・魏斯特 大田出版全作品
譯者◎朱浩一

布莉安娜・魏斯特

她的作品往往成為讀者在跌跌撞撞的人生路上一股支撐的力量。
陷入迷茫而焦慮的你，讀了之後會對自己的方向，
慢慢找出一些頭緒。
作者說，療癒不會只有一次。
成長改變是一段旅程，在探索與建立自信的過程中，
希望布莉安娜的作品陪伴你找到自己的選擇與決定。

©Janelle Putrich

2024年博客來七月選書

你就是困住自己的那座山：終結自我破壞，實現自我控制
THE MOUNTAIN IS YOU

★亞馬遜Kindle 萬人重點劃線★台灣讀者書評 熱烈串流★國際好評 聲浪不斷★
▌獻給攀越人生高山的你，與「自己的山」和解▐

作者透過本書向我提出了一個問題：
是什麼？還有誰？值得你為之受苦？__朱浩一（本書譯者）

恐懼不會保護你，行動才會；憂慮不會保護你，準備才會；
過度思考不會保護你，理解才會。
你必須征服的不是那座高山，而是你自己。

2026年隆重推出

現在，就是療癒你的開始
WHEN YOU'RE READY, THIS IS HOW YOU HEAL

療癒可以從一次開始──通常是某種突然的失去，這種失去干擾了我們對未來的預測。然而，真正的療癒工作，是讓這種干擾，將我們從深層的無意識狀態中喚醒，讓我們能從自己習以為常的外顯性格中解放出來，並且開始有意識地拼湊出我們真實、完整、註定成為的自我。

布莉安娜・魏斯特繼全球暢銷書《改變你想法的 101 篇文章》之後，出版《現在，就是療癒你的開始》。這本作品將幫助你找到內心的聖殿，踏上真正的蛻變之路。對任何一個走在自我成長道路之上的人來說，魏斯特的文字是滋潤人心的豐富泉水。

（書封取自作者網站）

Creative 199

改變你想法的101篇文章

作者―布莉安娜・魏斯特
譯者―朱浩一

出版者―大田出版有限公司
台北市一○四四五 中山北路二段二十六巷二號二樓
E-mail titan@morningstar.com.tw http://www.titan3.com.tw
編輯部專線︱(02) 2562-1383 傳真：(02) 2581-8761
【如果您對本書或本出版公司有任何意見，歡迎來電】

總編輯｜莊培園
副總編輯｜蔡鳳儀
行銷企劃｜許文薰／許人禾／張采軒
行政編輯｜顏子容
校對｜黃薇霓／黃素芬
內頁美術｜陳柔含

初刷｜二○二五年八月一日 定價：四九九元

購書Email｜service@morningstar.com.tw
網路書店｜http://www.morningstar.com.tw（晨星網路書店）
TEL：(04) 23595819 FAX：(04) 23595493
郵政劃撥｜15060393（知己圖書股份有限公司）
印刷｜上好印刷股份有限公司
國際書碼｜978-986-179-888-2 CIP：177.2/113005675

國家圖書館出版品預行編目資料

改變你想法的101篇文章／布莉安娜・魏
斯特著；朱浩一譯. ――初版――台北市：
大田，2025.8
面；公分 . ――（Creative；199）

ISBN 978-986-179-888-2（平裝）

177.2　　　　　　　　　　　113005675

Copyright © 2016 by Brianna Wiest
All rights reserved.
Complex Chinese Copyright ©2025
by TITAN Publishing Co.,Ltd.
Complex Chinese translation Copyright
is arranged with Thought Catalog Books.
through Emily Books Agency Ltd.

版權所有　翻印必究
如有破損或裝訂錯誤，請寄回本公司更換
法律顧問：陳思成